THÈSE

POUR

LE DOCTORAT

PAR

Ernest-François PASSEZ

Avocat à la Cour d'appel de Paris

VERSAILLES

IMPRIMERIE DE E. AUBERT

6, Avenue de Sceaux.

1871

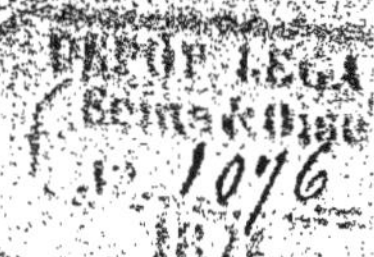

DROIT ROMAIN

DE RETENTIONIBUS DOTIS

DROIT FRANÇAIS

DE LA

SÉPARATION DE BIENS

JUDICIAIRE

THÈSE POUR LE DOCTORAT

Par Ernest-François PASSEZ

AVOCAT A LA COUR D'APPEL DE PARIS

L'ACTE PUBLIC SUR LES MATIÈRES CI-APRÈS SERA SOUTENU

Le Mardi 22 Décembre 1874, à 1 heure et demie,

Président : **M. BUFNOIR**, *Professeur.*

Suffragants :
MM. **Labbé,**
Demante,
Léveillé, *Professeurs.*
Accarias, *Agrégé.*

1874

VERSAILLES. — IMPRIMERIE DE E. AUBERT.

DROIT ROMAIN

DE RETENTIONIBUS DOTIS

INTRODUCTION

Dans les premiers siècles de Rome, alors que l'autorité du chef de famille était illimitée, la législation positive s'occupa peu des conventions arrêtées entre les futurs époux relativement à leurs biens. Cependant déjà à cette époque reculée la dot était l'accessoire ordinaire et presque nécessaire du mariage, accessoire non imposé par les lois, il est vrai, mais que les mœurs rendaient obligatoire. Les enfants à naître de l'union contractée devant être dans la dépendance et à la charge exclusive de leur père, la femme ne pouvait contribuer à cette charge qu'indirectement en abandonnant à son mari la totalité ou tout au moins une partie de ses biens.

La réalisation de cet apport s'effectuait, soit au moyen d'une constitution spéciale de la dot faite par la femme elle-même, si elle était *sui juris,* ou par son père, si elle était encore sous sa puissance ; soit au moyen de la *conventio in manum,* qui était de beaucoup le mode le plus fréquent et qui faisait tomber forcément dans le patrimoine du mari tous les biens de la femme, qu'ils lui appartinssent en propre, si elle était *sui juris*, ou qu'ils lui fussent fournis par son père dans le cas contraire.

Sans nous arrêter à rechercher par quels modes divers la dot pouvait être constituée, ni à examiner quelle était sa nature, suivant qu'elle avait été fournie par telle ou telle personne, il est facile cependant de remarquer que, comme le dit Paul dans la loi placée en tête du titre *De jure dotium* (1), la dot avait une *causa perpetua*, puisqu'elle avait pour objet d'aider le mari à subvenir à l'entretien des enfants dont il devait avoir la charge et le soin exclusifs tant qu'il vivrait. La dot, dans le droit romain primitif était bien, comme aujourd'hui encore, ce que la femme apporte au mari pour subvenir aux charges du ménage; mais cette obligation qui, aujourd'hui, cesse avec le mariage, était alors perpétuelle et ne permettait jamais à la femme de reprendre les biens ainsi affectés, parce qu'elle avait pour fondement l'entretien des enfants qui étaient à la charge du père, comme placés sous sa puissance et qui restaient, pour ainsi dire, étrangers à leur mère, sauf le lien créé par la *manus*. Le mari alors conservait toujours la dot, et il n'y avait pas lieu de se préoccuper de sa restitution, de quelque manière que le mariage vînt à se dissoudre. Aulu-Gelle (2) rapporte que pendant les cinq premiers siècles de la fondation de Rome, il n'y existait, non plus que dans tout le Latium, ni actions ni stipulations *rei uxoriæ*, sans doute parce qu'il n'en était pas besoin, les mariages n'étant point alors rompus par les divorces. Il ajoute que Servius Sulpicius, auteur d'un traité sur la dot, dit aussi que la nécessité des stipulations *rei uxoriæ* ne se fit sentir que lorsque Spurius Carvilius eut répudié sa femme. C'est donc lorsque les mœurs romaines des premiers siècles commencèrent à s'altérer, lorsque

(1) L. I, D. xxiii, 3.
(2) *Nuits attiques*, iv, 3.

le divorce fut mis en pratique dans des cas d'abord rares, mais qui se multiplièrent par la suite dans des proportions inouïes, qu'on songea à protéger la femme contre les abus de pouvoir du mari et à faire obstacle aux répudiations excessives en lui permettant de reprendre sa dot. L'intérêt de l'État, qui inspirait les lois Julia et Papia Poppæa, et qui poussait à favoriser les secondes noces, non moins que l'équité et l'humanité qui s'opposaient à ce que le mariage devint un honteux trafic, le mari gardant la dot et répudiant la femme, exigeait cette réforme qui allait porter une première atteinte à l'autorité jusque-là sacrée du chef de famille et à ce principe d'abord fondamental de la perpétuité de la dot. Le même Paul, qui proclamait tout à l'heure cette antique maxime, prouve par ses propres écrits qu'elle n'avait déjà plus de son temps qu'une vérité historique. « Il importe à la République, dit-il, que les femmes conservent leurs dots, car c'est pour ces dots qu'on les épouse (1). »

C'est sous l'influence de cette théorie inconnue aux Romains des premiers âges que s'introduisit dans la jurisprudence l'obligation de restituer les dots. Avec le changement des mœurs, la dot changea de caractère : elle devint une institution d'ordre public, ayant la double utilité de pousser au mariage et de détourner du divorce, et c'est pour approprier le régime dotal à ces besoins nouveaux que l'action *rei uxoriæ* fut instituée vers le milieu du vi^e siècle, si nous en croyons Aulu-Gelle et le jurisconsulte Servius Sulpicius.

C'est donc pour le cas de divorce que l'action *rei uxoriæ* fut d'abord introduite. Ce ne fut pas une loi formelle qui l'établit, mais la pratique et l'usage. Sulpi-

(1) L. 2, D. *De jure dotium;* conf. l. 1, D. *Sol. matr.* et l. 18, D. *De reb. auct. jud. poss.* XLII, 5

cius nous apprend (1) qu'après les premiers cas de divorce scandaleux, on imagina d'exiger du mari, au moment où il recevait la dot, la promesse formelle d'en rendre quelque chose au cas de divorce.

Puis le bénéfice de l'action *rei uxoriæ* fut octroyé également à la femme en cas de mort du mari. Mais, lorsque c'était la mort de la femme qui mettait fin au mariage, les anciens principes furent maintenus et l'action *rei uxoriæ*, accordée comme une faveur personnelle à l'épouse divorcée ou à la veuve, n'appartint jamais aux héritiers de la femme prédécédée. Le père seul de la femme, lorsqu'il avait lui-même constitué la dot, fut jugé digne de la même faveur.

La coutume et la législation ne tardèrent pas à aller plus loin dans cette voie et à porter de nouvelles atteintes au principe de la perpétuité de la dot. Il fut admis qu'en constituant la dot, on pouvait stipuler qu'elle serait rendue dans telle ou telle circonstance déterminée, une action différente de l'action *rei uxoriæ* fut donnée dans le cas de cette stipulation, et tout naturellement elle prit le nom d'action *ex stipulatu*. Elle put être exercée par tout constituant, que ce fût la femme elle-même, son père ou un tiers.

Ainsi l'action *ex stipulatu* appartenait à toute personne ayant fourni la dot, tandis que l'action *rei uxoriæ* n'était accordée, en principe, qu'à la femme et dans son intérêt exclusif. Cela est si vrai qu'il résulte des textes que si la femme divorcée se trouvait placée sous la puissance paternelle, le père qui, en général, peut exercer toutes les actions qui compètent aux personnes *alieni juris* dépendant de lui, ne pouvait cependant se servir de notre action qu'avec l'agrément et le concours de sa fille (*adjunctâ filiæ personâ*, dit Ulpien) (2) ; et cela, que la

(1) Dans Aulu-Gelle, iv, 3.
(2) Fragm. vi, § 6.

dot fût *profectice*, c'est-à-dire constituée par le père lui-même, ou *adventice*, c'est-à-dire fournie par la femme ou par un tiers. Bien plus, si postérieurement au divorce la femme venait à mourir, son action ne passait à ses héritiers qu'à la condition expresse qu'elle aurait mis son mari en demeure avant son décès.

Indépendamment de cette différence entre les personnes ayant l'exercice de l'action *ex stipulatu* et celles pouvant se prévaloir de l'action *rei uxoriæ*, nous aurions à en signaler beaucoup d'autres, si ce n'était pas sortir de notre cadre et nous éloigner complétement du sujet que nous devons traiter. Il en est une pourtant qui marque le caractère distinctif de chacune de ces deux actions et qu'il importe de relever, parce qu'elle va nous amener à l'objet de notre étude. L'action *ex stipulatu* dérivant d'un contrat de droit strict, participe de la nature de ce contrat et est une action *stricti juris*. L'action *rei uxoriæ* au contraire est une action *bonæ fidei*, et même une action *bonæ fidei* d'une nature un peu spéciale et plus large que les autres actions de cette catégorie. Ce caractère exceptionnel apparaît dans sa formule même : cette formule, nous disent les jurisconsultes de l'époque classique, est « in bonum et æquum concepta (1); » Cujas et après lui Savigny ont constaté que les actions *in bonum et æquum conceptæ* ne sont pas identiques aux actions *bonæ fidei* en général, mais forment parmi elles une classe à part qui se distingue par ces deux traits essentiels : 1° elles confèrent au juge une latitude exceptionnelle et lui permettent de faire l'estimation du litige au gré de son appréciation personnelle; 2° elles sont individuelles, c'est-à-dire attachées non à la personnalité juridique de l'ayant-droit, mais à son individualité physique. Leur formule contenait, nous apprend Cicéron (2),

(1) L. 8, D. *De capit. minut.*
(2) *Topiques*, 17.

ces expressions particulières : « *Quid œquius melius erit;* » et ces termes imposaient au juge l'obligation de donner satisfaction à l'équité d'une manière plus scrupuleuse encore que dans une action de bonne foi ordinaire. C'est ce caractère large des actions *in bonum et œquum conceptæ* et, particulièrement parmi elles, de l'action *rei uxoriæ* qui, à l'origine, permettait au juge de déterminer avec un pouvoir sans limite la portion de la dot que le mari devait prendre à la femme en l'autorisant à faire certaines retenues, à garder *quid œquius melius est non reddi.* Mais on ne tarda pas à sentir les dangers d'un tel arbitraire ; la restitution de la dot ayant pris peu à peu le caractère d'une institution d'intérêt public, le législateur intervint, et une loi restée inconnue fixa, par des règles précises, la portion de biens dotaux que le mari pouvait retenir. Telle est l'origine des *retentiones dotis* ou *ex dote,* derniers vestiges du vieux principe qui conférait au mari un droit perpétuel sur la dot. On fixait ainsi la limite où s'arrêtait le droit de la femme, droit qui, n'ayant pour fondement que l'équité, devait avoir aussi l'équité pour mesure. Mais s'il était possible dans l'action *rei uxoriæ,* à cause de son caractère large et des facilités qu'elle donnait au juge, de satisfaire ainsi l'équité et les principes, il n'en était plus de même dans l'action, *ex stipulatu,* où le juge, lié par la formule de l'action devait nécessairement absoudre ou condamner à la restitution intégrale de la dot. Aussi les *retentiones* ne pouvaient-elles être invoquées par le mari, défendeur à une telle action.

Certains interprètes n'ont voulu voir dans les *retentiones* qu'une application des principes généraux sur la compensation ; le mari serait débiteur envers la femme de la dot tout entière et n'en pourrait déduire que ce dont la femme serait débitrice envers lui. Mais ce qui montre que la compensation et les *retentiones* sont deux

choses fort différentes, c'est que Justinien qui n'a point
aboli la compensation, même en matière dotale (de nombreux textes le prouvent) (1), a supprimé les *retentiones*
en même temps que l'action *rei uxoriæ*, comme nous le
verrons plus tard. Les *retentiones* sont, ainsi que nous
l'avons dit, la détermination légale du *quid æquius melius
est*. On peut les définir, la portion de la dot que le mari,
pour des causes déterminées, retenait légalement en vertu
de l'ancien principe qui lui conférait sur la dot un droit
perpétuel, principe auquel il n'était dérogé que dans la
mesure exigée par l'équité. Le mari n'agit pas comme
créancier de la femme en exerçant les *retentiones*, il ne
fait qu'invoquer des droits qui lui sont conférés par la
loi elle-même ; aussi ne peut-il être question en cette
matière, comme dans celle de la compensation, d'identité de cause de la créance avec la dette, puisqu'il n'y
a ni créancier, ni débiteur, ni d'exigibilité, puisque le droit du mari doit être exercé au moment où se
dissout l'union conjugale. Enfin la compensation avait
fini par être introduite dans les actions de droit strict,
tandis que les *retentiones* furent toujours restreintes à
l'action de bonne foi *rei uxoriæ*.

Il était encore une autre institution qui présentait quelque analogie avec les *retentiones*, c'était le bénéfice de
compétence. Ce bénéfice, qui consistait à permettre au
défendeur de n'être condamné que dans la mesure de
ses ressources, était accordé au mari poursuivi par l'action *rei uxoriæ* et lui fournissait comme les *retentiones*,
le moyen de pas rendre à la femme sa dot tout entière.
Seulement il y avait cette différence profonde entre les
retentiones et le bénéfice de compétence, que les unes
conféraient au mari le droit de garder sur la dot une
portion que la femme ne pouvait jamais réclamer par la

(1) LL. 7 § 5, 15 § 1, 66, § 1. D. *Sol. matr.*; L. 1, C. *Rer.
amot.*, v, 21.

suite ; tandis que l'autre n'affranchissait le mari de l'obligation de rendre la dot entière que momentanément, à cause de sa pénurie, mais laissait subsister à sa charge pour tout ce qu'il n'avait pu payer une obligation civile, dont la femme pouvait poursuivre l'acquittement une fois le mari revenu à meilleure fortune (1).

De plus, tandis que le mari avait seul droit aux *retentiones*, le bénéfice de compétence ne lui était pas exclusivement réservé, mais appartenait encore à l'ascendant poursuivi par son descendant, au patron poursuivi par son affranchi, à l'associé contre qui était intentée l'action *pro socio*, au donateur poursuivi par le donataire en exécution de la donation.

Après avoir établi ainsi l'origine et le caractère des *retentiones*, il ne nous reste plus pour terminer cette partie générale qu'à dire un mot de leur disparition de la législation romaine, et de l'ordre dans lequel nous avons l'intention de les étudier.

Les *retentiones* ne vécurent pas bien longtemps à Rome, et, avant Justinien lui-même qui les supprima formellement par une constitution de l'an 530 (2), elles avaient probablement perdu à peu près toute utilité pratique. C'est ce qui paraît résulter des expressions employées par Justinien, qui déclare que ce ne sont plus là que de *vains mots* (*Taceat in ea retentionum verbositas*). Nous examinerons du reste plus tard d'une manière plus précise le caractère de cette réforme.

Ulpien (3) nous donne l'énumération des *retentiones* que pouvait exercer le mari et en formule les causes. La première, *retentio propter liberos*, a lieu lorsque le divorce arrive par la faute de la femme ou du père sous la puissance duquel elle se trouve. La seconde, *retentio*

(1) L. 8, C. *Solut. matr.* v, 18.
(2) L. unique, § 5, C. *De rei uxor. act.* v, 13.
(3) Fragm. vi, § 9.

propter mores, a pour cause des écarts de conduite de la part de la femme. La troisième, *retentio propter impensas*, a pour fondement les dépenses faites par le mari pour les choses dont la dot se compose. La quatrième, *retentio propter res donatas*, est la sanction de la prohibition des donations entre époux; le mari peut retenir sur la dot la valeur des choses indûment données par lui à sa femme. Enfin la cinquième, *retentio propter res amotas*, a pour cause la soustraction commise par la femme en vue du divorce, de choses appartenant à son conjoint.

De ces cinq causes de *retentiones* il n'y en eut qu'une qui, jusqu'à Justinien, ne donna jamais lieu qu'à une exception et ne put s'exercer par voie d'action; les quatre autres furent munies d'actions que le mari eut la faculté d'intenter à côté de la *retentio*. Nous aurons donc, dans l'étude que nous ferons des quatre dernières causes de *retentiones* mentionnées par Ulpien, à dire un mot des actions auxquelles elles donnaient ouverture.

Nous tirons de cette remarque une division logique de notre sujet. Nous étudierons dans un premier chapitre la *retentio propter liberos* qui n'a jamais été qu'une exception; puis nous examinerons dans un second les quatre autres causes de *retentiones*, qui donnèrent naissance à des exceptions et à des actions parallèles. Enfin dans un appendice, nous verrons quelle a été la réforme apportée par Justinien en cette matière.

CHAPITRE PREMIER

Retentio qui ne s'est jamais exercée que par voie d'exception.

RETENTIO PROPTER LIBEROS

Ulpien (1) nous donne d'une manière très-complète et en même temps concise la définition et les cas d'application de cette *retentio* : *Propter liberos retentio fit, si culpâ mulieris, aut patris cujus in potestate est, divortium factum sit : tum enim singulorum liberorum nomine sextæ retinentur ex dote; non plures tamen quàm tres. Sextæ in retentione sunt, non in petitione* (2).

D'après ce texte, la *retentio propter liberos* s'exerce, comme nous l'avons dit, en cas de divorce provenant de la faute de la femme ou de celle du père sous la puissance de qui elle se trouve. La *culpa* de la femme peut venir de ce qu'elle a, par sa conduite antérieure, motivé le divorce ou envoyé sans motif le libelle de répudiation à son mari.

Cette *retentio* a un double but : punir la femme à qui est imputable la rupture du mariage, et indemniser le

(1) Fragm. vi, § 10.
(2) Tel est le texte donné par M. Pellat. Le jurisconsulte allemand Huschke et après lui M. Giraud ont produit une version toute différente de la fin du § 10 d'Ulpien. Selon eux, le paragraphe se termine aux mots *non plures tamen quàm tres*, et la phrase *Sextæ in retentione sunt non in petitione* n'existe pas. Seulement ils commencent le § 11 ainsi : *Sextorum retentione, si matrimonium repetitum sit, dos*, etc. Nous ne sommes pas arrêté à cette variante qui n'est donnée que par Huschke et nous avons suivi le texte tel qu'on le trouve dans M. Pellat et qui est généralement accepté comme exact.

mari des charges que lui laisse cette rupture qui ne peut lui être imputée. Il résulte de là que si le divorce s'est produit sans qu'il y ait eu faute de la femme ou par suite d'une faute du mari, la *retentio propter liberos* ne s'exerce pas ; car, dans le premier cas, la femme n'a pas mérité de subir une peine, et, dans le second cas, le mari s'est rendu indigne de recevoir une indemnité. Cicéron nous le dit clairement dans ses *Topiques* (1), et Paul également ment dans ses *Institutes* (2).

Pour déterminer quel est l'époux qui est en faute, il faut rechercher quel est celui qui a amené le divorce et non quel est celui qui a envoyé le *repudium* ; et c'est seulement dans le cas où la femme a causé cette rupture, alors même que le mari aurait pris l'initiative de l'envoi du libelle que la *retentio* aura lieu (3).

Nous avons dit que la *retentio propter liberos* avait, outre son caractère pénal, un autre trait distinctif : c'est d'être une indemnité accordée au mari pour le cas où des enfants seraient nés du mariage rompu par la faute de la femme. Nous trouvons la confirmation de cette idée dans le passage suivant de Cicéron (4) : « *Si mulier quum nupta fuisset, cum eo, quicum connubium non esset, nuntium remisit, quoniam qui nati sunt matrem sequuntur, pro liberis manere nihil oportet.* » Cicéron prévoit le cas où deux personnes se sont mariées, sans avoir le *connubium* ; le mariage est nul, sans doute, mais cette nullité est ignorée des époux. La femme envoie sans motif le *repudium* à son mari ; il n'y a pas lieu à opérer une *retentio propter liberos*, quoique des enfants soient nés de cette union. Telle est la décision de l'orateur jurisconsulte, qui aurait pu l'appuyer sur ce que la *retentio* n'ayant lieu qu'à la dissolution du mariage et le mariage n'existant pas dans son

(1) Chap. 4.
(2) L. 2, titre *De dotibus*.
(3) Frag. Vat. § 121.
(4) Top., chap. 4.

hypothèse, il ne pouvait être question de *retentio ;* mais il est frappé surtout de cette idée que les enfants, en pareils cas, suivant la condition de leur mère, le divorce ne cause aucun préjudice au père. Or, sans préjudice, pas d'indemnité, par conséquent pas de *retentio.*

La quotité des *retentiones propter liberos* nous est indiquée par Ulpien : elle est d'un sixième pour chaque enfant sans jamais pouvoir dépasser trois sixièmes, quel que soit le nombre des enfants.

La *retentio propter liberos* n'avait lieu de plein droit que dans le cas où le divorce était arrivé par la faute de la femme ; mais nous pensons avec M. Pellat, dans son savant ouvrage sur la dot, qu'il était possible aux époux de convenir qu'elle aurait lieu même dans le cas où le divorce se produirait sans aucune faute de la femme. Tel nous paraît être le sens des §§ 106 et 107 des Fragm. Vat. qui s'expriment ainsi : § 106, *Convenit in pacto dotali, ut divortio facto sextæ liberorum nomine retinerentur ; quæro an discidio interveniente sextæ retineri possint ? Paulus respondit, secundum ea, quæ proponuntur, posse.* — § 107, *Item quæsitum est, si vir repudium misit, et eamdem reduxit, eaque mulier, absente viro, de domo ejus discesserit, an æque sextæ retineri possint ex priore pacto ? Paulus respondit, si verum divortium intercesserit, et ad eumdem rursum reversa, non renovato pacto, manente doic divortii, sextas liberorum nomine ita demum retineri posse, si culpd mulieris divortium intercessit.*

Si le *divortium* prévu dans ce pacte et le *discidium* qui s'est réalisé d'après le § 106 étaient l'un et l'autre le divorce occasionné par la faute de la femme, quel changement ce pacte apporterait-il au droit commun ? Quelle serait son utilité ? On ne concevrait pas non plus pourquoi Paul, dans le § 107, dit qu'en cas de second divorce la *retentio* n'aura lieu qu'autant qu'il y aura eu faute de la femme, si cette condition était déjà sous-entendue dans le cas du premier divorce.

Il est bien plus naturel d'admettre que le pacte prévoit le divorce en général, quelle que soit la cause qui le produise. Un divorce amiable (*discidium*) arrivant, on peut se demander s'il y a lieu d'exercer la *retentio propter liberos* qui est une peine infligée à la femme en cas de faute. Le jurisconsulte répond que, quoique la femme soit ici innocente du divorce, il faut se conformer au pacte dont elle est convenue avec son mari. Il envisage alors la *retentio* non plus comme une peine, mais comme une indemnité des charges que le mariage dissous laisse au mari, indemnité que la convention peut lui assurer pour le cas de divorce en général.

Si, après le divorce et avant la restitution de la dot, un nouveau mariage a été contracté entre les mêmes époux sans que le pacte ait été renouvelé, ce pacte, qui aurait trouvé son application dans le cas où la dot aurait été demandée après le premier divorce, s'appliquera-t-il également à la dot demandée après le second divorce ? Paul répond que, le pacte n'ayant pas été renouvelé pour le second mariage, on rentre, quant à celui-ci, dans le droit commun, et que, par conséquent, il n'y aura lieu de retenir un sixième par enfant qu'autant que le divorce sera arrivé par la faute de la femme. Tel est le sens du § 107.

Les époux pouvaient par un pacte non-seulement étendre à tous les cas de divorce la *retentio* établie pour le cas de divorce causé par la faute de la femme, mais encore augmenter la quotité à retenir pour un nombre donné d'enfants, jusqu'à permettre pour un seul enfant la retenue de la dot entière (1).

On pourrait penser que, quoiqu'il n'y ait de peine

(1) L. 2, D. *De pact. dot.*

formellement prononcée que contre la femme, cependant la faute du mari est punie par le refus de la retenue, comme la faute de la femme par la retenue qui lui est infligée. Mais, à nos yeux, il est plus exact de voir dans la non-existence de la *retentio propter liberos*, en cas de faute du mari, non pas une punition infligée à ce dernier, mais un retour au droit commun, puisque cette *retentio* n'existe pas non plus au cas où il n'y a faute ni du côté du mari, ni du côté de la femme.

La *retentio* s'opère, continue Ulpien dans notre paragraphe 10, par voie d'exception, mais jamais par voie d'action.

On pourrait être tenté au premier abord d'interpréter autrement ces expressions : « *Non plures tamen quàm tres sextæ in retentione sunt, non in petitione,* » et supposer, d'après cette phrase, que la *retentio* ne peut avoir pour objet que trois sixièmes quand on l'oppose par voie d'exception, et que le maximum est différent quand on se sert de l'action. Ce serait là une confusion complétement inadmissible et, pour la prévenir, la restitution proposée par Hugo nous paraît très-heureuse. Cet auteur sépare les deux propositions en plaçant un point après le mot *tres :* « *Non plures quàm tres. Sextæ in retentione sunt, non in petitione.* » On ne comprendrait pas, en effet, qu'on pût obtenir par l'action plus que par l'exception. Ce serait contraire aux principes et aux textes.

La phrase, qui suit le § 10 du titre VI d'Ulpien et qui forme le § 11, a donné lieu à de sérieuses difficultés et à de nombreuses interprétations dont nous devons dire un mot. Ce § 11 est ainsi conçu : « *Dos quæ semel functa est, ampliùs fungi non potest, nisi aliud matrimonium sit.* » Pour l'explication de ce texte plusieurs systèmes sont en présence. Nous nous bornerons à indiquer les deux plus saillants, celui de Cujas et celui de Hugo, et nous essaierons ensuite d'en proposer un troisième qui, s'il ne satisfait pas tout le monde, aura du moins le mérite d'échapper aux critiques dont les deux autres ont été l'objet.

Explication de Cujas. — D'après lui, le § 11 doit être ainsi entendu : une dot qui a rempli sa fonction de dot (*functa*) ne peut redevenir dot que par un nouveau mariage. Un jurisconsulte allemand, Schilling, fait observer, pour confirmer l'opinion de Cujas, que l'expression du texte, *dos quæ semel functa est*, est parfaitement traduite, et qu'une *dos functa* est bien une dot qui a servi suivant sa destination.

Cette interprétation de Cujas ne nous paraît pas acceptable. D'abord, si elle était admise, le § 11 du titre VI d'Ulpien serait singulièrement mal placé dans la matière qui nous occupe. Nous dire à-propos des *retentiones* qu'une dot, qui a déjà servi comme dot, ne peut le redevenir que par un mariage subséquent, c'est produire une affirmation entièrement étrangère au sujet ! C'est au moment où le jurisconsulte traite de la dot en général, c'est-à-dire dans les premiers paragraphes du titre, qu'il eût dû placer cette proposition parfaitement inutile, du reste; car, entendue ainsi, elle est une sorte d'axiome dont personne ne pourrait songer à contester l'évidente vérité.

Nous rejetons donc l'explication qui précède, comme ne répondant pas à la place qu'occupe le § 11, et comme le rendant absolument inutile. Il est vrai qu'on a voulu prouver que, même en adoptant la leçon de Cujas, le § 11, placé comme il l'est dans la matière des *retentiones*, présente une utilité positive, et qu'un jurisconsulte allemand, Schilling, a prétendu qu'il sert à faire comprendre ou à expliquer les mots qui terminent le § 10, « *sextæ in retentione sunt, non in petitione.* » Pourquoi, dit Schilling, peut-on effectuer la *retentio propter liberos* par voie d'exception et non par voie d'action? La réponse se trouve dans le § 11 d'Ulpien. Le mari peut opposer l'exception, parce que la dot existe encore, parce qu'elle est entre ses mains ; dès lors, on conçoit qu'il demande à en retenir une certaine part. Mais s'il se porte défendeur à l'action *rei uxoriæ* et qu'il restitue la dot, celle-ci cessant *ipso facto* d'exister, étant *functa*, comme le dit le texte, le mari ne pourra pas intenter une action tendant à lui faire obtenir la réalisation d'un droit qui a pour objet une fraction d'une chose qui n'existe plus.

Quelque spécieuse que puisse être cette explication, elle ne nous paraît pas plus admissible que celle de Cujas. Si elle était juste, elle devrait s'appliquer à toutes les *retentiones* en général, aussi bien qu'à la *retentio propter liberos* en particulier ; les *retentiones*, quelles qu'elles fussent, ne pourraient jamais s'effectuer par voie d'action lorsque la dot aurait été restituée, puisque cette dot n'existerait plus. Or, il est certain que les *retentiones* autres que celle *propter liberos* peuvent s'exercer aussi bien par voie d'action même après la restitution de la dot que par voie d'exception avant cette restitution. Par conséquent, il n'est pas exact de dire que le § 11 sert à expliquer pourquoi la *retentio* s'oppose comme exception et n'est pas une action directe, puisqu'en général on peut recourir à une action, alors même que la dot est *functa*. Tel n'est donc pas le sens du texte d'Ulpien.

Explication de Hugo. — D'après ce commentateur allemand, les expressions *dos quæ semel functa est* signifieraient qu'une dot, qui a déjà servi, mais qui a servi dans le sens de la matière des *retentiones*, ne peut plus servir de la même manière, à moins d'être constituée à nouveau. En un mot, Hugo pense qu'Ulpien voudrait nous apprendre qu'une dot qui a déjà subi une *retentio* n'en peut pas subir une seconde. Mais le jurisconsulte ne pose pas ce système d'une manière absolue ; car il conduirait à des conséquences manifestement inadmissibles. Comment concevoir, en effet, qu'une *retentio propter liberos* ayant eu lieu pour cause de divorce arrivé par la faute de la femme, le mari ait perdu le droit d'exercer, par exemple, une *retentio propter impensas*, qui a pour fondement des dépenses faites par lui pour conserver la dot? Évidemment, deux causes différentes doivent engendrer deux droits distincts, et on ne comprendrait pas dès lors qu'une *retentio* ayant été effectuée pour un motif déterminé, une seconde *retentio* ne fût plus possible, alors même qu'une autre cause lui aurait donné naissance. Bien plus, ce système conduirait, dans certains cas, à des résultats immoraux en encourageant la femme dont la dot doit subir, par exemple, une *retentio propter impensas* considérable, à commettre une faute motivant le divorce, certaine qu'elle serait que cette faute ne pourrait être réprimée, et espérant même que celle donnant lieu à une *retentio propter liberos*, pourra lui être pécuniairement favorable, si le mari a la maladresse d'exercer d'abord cette *retentio*.

Hugo n'a pas voulu aller aussi loin et entreprendre une thèse aussi insoutenable. D'après lui, Ulpien n'a pas eu l'intention de dire que le cumul des *retentiones* serait toujours impossible, mais seulement qu'on ne pourrait faire subir à la même dot une *retentio propter mores* après une *retentio propter liberos*. Il fait remarquer, à l'appui de cette idée, que notre paragraphe se trouve placé après le § 10 où il est question de la *retentio propter liberos*, et avant le § 12, où il est question de la *retentio propter mores*. Ulpien n'avait donc en vue que ces deux *retentiones*, lorsqu'il disait que le cumul était impossible. La décision d'Ulpien ainsi entendue était, continue Hugo, logique et rationnelle, car les *retentiones propter liberos* et *propter mores* ne sauraient être exercées simultanément sans punir doublement le même fait. La première, en effet, a lieu en cas de faute de la femme

motivant le divorce, et la seconde dérive d'une cause
identique, qui produirait donc deux effets différents et
serait la source de deux pénalités distinctes.

Mais si, d'après Hugo, nos deux *retentiones* s'ex-
cluaient réciproquement, elles n'en avaient pas moins
toutes deux une utilité particulière. La femme ayant
commis une faute, qui entraînait le divorce et l'application de la *retentio propter liberos*, en même temps que
celle de la *retentio propter mores*, le mari pouvait choisir
celle qui lui était le plus profitable ; existait-il des enfants nés du mariage, le mari avait intérêt à la *retentio
propter liberos*, à l'aide de laquelle il obtenait autant de
sixièmes qu'il y avait d'enfants ; n'existait-il aucun enfant, le mari avait la ressource de la *retentio propter
mores*. Il pouvait arriver que, même dans le cas où il y
aurait des enfants issus du mariage, le mari eût intérêt
à invoquer la *retentio propter mores*. Si, par exemple,
la dot avait été restituée, il était devenu impossible,
ainsi que nous l'avons vu, de se prévaloir de la *retentio
propter liberos*, mais le mari aurait encore la ressource
d'user de la *retentio propter mores* au moyen de l'action
de moribus.

Malgré tout ce que ce système présente d'ingénieux
et de spécieux, nous ne croyons pas devoir l'admettre
plus que celui de Cujas. Toute la doctrine de Hugo
repose sur ce que la *retentio propter liberos* et la *retentio
propter mores* ayant la même cause, on ne peut les annuler sans frapper de deux peines différentes une seule et
unique faute. C'est là de la part du savant jurisconsulte
une affirmation sans preuves et qui est contredite par
les faits.

Si une femme se rend coupable d'une faute envers les
mœurs, le mari peut, en se fondant sur cette faute d'une
gravité déterminée, invoquer la *retentio propter mores* ;
mais si à la faute elle-même vient se joindre cette cir-

constance aggravante que la femme qui l'a commise a des enfants, elle est évidemment plus coupable, car elle doit à ses enfants l'exemple des bonnes mœurs et la conservation de la famille. Dès lors, qu'y a-t-il d'étonnant à ce que dans cette hypothèse la peine soit plus forte, et à ce que la *retentio propter liberos*, si le mari la réclame, vienne s'ajouter à la *retentio propter mores?* Certes il serait peu logique d'interdire en pareil cas le cumul des deux *retentiones*. Il serait facile de multiplier les exemples où il est naturel que les choses se passent ainsi. La femme qui envoie sans motif le *repudium* est punie, si elle a des enfants, par la *retentio propter libe-ros;* si à cet envoi sans motif vient s'ajouter une faute grave contre les mœurs, telle que l'adultère, pourrait-on ne pas trouver juste qu'une nouvelle pénalité vînt frapper ce deuxième fait sous la forme de la *retentio propter mores?* — Le système de l'interdiction du cumul des deux *retentiones*, au moyen duquel Hugo veut expliquer le texte d'Ulpien, n'est donc pas exact et ne saurait être adopté.

Nous allons maintenant tenter une explication de notre § 11. Selon nous, il doit être ainsi entendu : une dot sur laquelle une *retentio propter liberos* a déjà eu lieu (1), ne peut pas subir, dans le même mariage, une nouvelle *retentio propter liberos;* elle le peut au contraire dans un nouveau mariage (2).

En faveur de notre opinion nous pouvons d'abord tirer un argument de la place occupée par le texte, qui n'est que la suite du § 10 dans lequel Ulpien parle de la *retentio propter liberos.*

(1) Nous donnons aux mots *dos functa* le sens que leur a donné Hugo et qui nous paraît être le plus exact : une dot qui a déjà servi, mais qui a servi au point de vue des *retentiones.*

(2) Cette solution ne souffre même aucune difficulté avec la restitution du texte telle qu'elle est présentée par Huschke et M. Giraud; mais nous avons dit que nous ne nous y attachions pas.

En lisant nos deux paragraphes sans idée préconçue, il est certainement naturel d'admettre que le § 11 est le complément du § 10 et que le jurisconsulte y donne un détail s'appliquant à ce qui précède; tandis qu'il serait difficile de comprendre qu'Ulpien, dans le § 11, se fût préoccupé d'indiquer une règle applicable à la fois à ce qu'il avait dit et à ce qu'il allait dire.

Une objection peut nous être faite. Comment, dira-t-on, comprendre qu'une dot, qui a subi une *retentio propter liberos*, puisse être exposée, dans le même mariage, à être grevée d'une seconde *retentio* de même nature? Cette situation étant impossible, il est également impossible qu'Ulpien ait voulu la prévoir.

Un exemple puisé dans les textes du Digeste va prouver que, dans le même mariage, deux *retentiones propter liberos* auraient pu, en fait, avoir lieu successivement, et que, par conséquent, il était nécessaire de prévoir cette hypothèse et de la régler juridiquement. Supposons qu'une femme, ayant des enfants, ait envoyé sans raison le *repudium* à son mari; le divorce intervient, l'action *rei uxoriæ* est intentée; le mari oppose la *retentio propter liberos* et garde sur la dot autant de sixièmes qu'il y a d'enfants. Voilà déjà une première *retentio* effectuée.

Mais admettons que, *peu de temps après* (1), une réunion s'opère entre les époux divorcés; quoique la dot ait été restituée et les *retentiones* exercées, le mariage n'a pas cessé d'exister, suivant la plupart des jurisconsultes. Marcellus l'atteste, quoique d'une manière un peu implicite, dans un texte que nous venons de citer. Or, si après cette réunion la femme provoque de nouveau et sans motif un second divorce, la question peut se poser de savoir s'il y a lieu encore d'opérer une

(1) *Non multo tempore interposito,* dit Marcellus dans la loi 33, D. *De ritu nuptiarum,* XXIII, 2.

retentio propter liberos. C'est à cette question qu'Ulpion, dans notre § 11, répond négativement. Il faut, dit-il, qu'un nouveau mariage ait lieu pour qu'une nouvelle *retentio* soit possible ; non pas un second mariage entre la femme divorcée et un autre époux, car, en pareil cas, la question ne peut pas faire de doute ; mais un nouveau mariage entre les deux époux divorcés eux-mêmes. Ulpien partageait probablement l'opinion de Marcellus ; il pensait que, lorsqu'un espace de temps assez court séparait le divorce de la réconciliation, la reprise de la vie conjugale devait être considérée comme la suite du premier mariage, que par une *interpretatio benigna* on supposait n'avoir pas été juridiquement interrompu. Il réglait dès lors pour ce cas l'exercice de la *retentio propter liberos,* qui, ayant eu lieu une première fois, ne pouvait plus s'exercer une seconde, puisque c'était le même mariage qui avait continué depuis.

Si, au contraire, après le divorce, un intervalle de temps considérable s'était écoulé avant que la vie conjugale fût reprise, Ulpien devait admettre avec Marcellus qu'il y avait nouveau mariage entre les époux divorcés ; qu'il fallait donc accorder au mari les mêmes droits que s'il n'avait pas eu autrefois la même épouse et soumettre celle-ci aux mêmes obligations que celles qu'elle aurait contractées en épousant un nouveau mari, par conséquent imposer à sa dot une *retentio propter liberos* pour les motifs ordinaires.

Ainsi entendu, la place que le § 11 occupe et son utilité se dégagent très-nettement. Notre explication ne nous paraît contredite par aucun texte du Digeste, et elle cadre très-bien avec les textes sur la dot, qui pourraient nous être opposés, et desquels il résulterait seulement que la décision d'Ulpien étant une conséquence des principes, le jurisconsulte aurait pu se dispenser de la mentionner.

CHAPITRE II

Retentiones qui donnent lieu à une action en même temps qu'à une exception.

I

RETENTIO PROPTER MORES

Parmi les quatre *retentiones* qui s'exercent par voie d'exception et par voie d'action, la première mentionnée par Ulpien aux §§ 12 et 13 du titre VI est la *retentio propter mores*.

Lorsqu'une femme avait commis une faute grave contre les mœurs, le mari pouvait retenir un sixième de la dot. Si, au contraire, l'écart de conduite de la femme était léger, la *retentio* n'était plus que d'un huitième. L'adultère seul constituait l'inconduite grave (*graviores* ou *majores mores*) qui donnait lieu à la *retentio* la plus forte. L'immoralité légère (*leviores* ou *minores mores*) était caractérisée par toute autre faute dans la vie de la femme.

Nous avons vu que la femme était déjà soumise à une *retentio propter liberos*, en cas de divorce arrivé par sa faute ; mais si nous avons déjà rencontré certaines pénalités réprimant les atteintes aux mœurs de la part de la femme, nous n'avons pas encore trouvé de disposition légale frappant le mari qui enfreint ses devoirs d'époux. Cette disposition existe ici dans le § 13 d'Ulpien, qui prononce certaines peines contre le mari coupable des mêmes faits qui attirent sur la femme une répression. Seulement la peine infligée au mari ne pouvait,

à raison de la nature même des choses, avoir le caractère d'une *retentio*; la femme n'avait rien à lui rendre,
elle ne pouvait donc rien retenir. Alors on avait décidé
que de même que la femme coupable recevait à la dissolution du mariage moins qu'elle n'avait apporté en
dot, de même le mari convaincu d'adultère ou d'immoralité devrait rendre à la dissolution du mariage plus
qu'il n'avait reçu par la constitution de la dot. La quotité de la peine du mari ou de l'indemnité due par lui à
la femme avait été réglée de la manière suivante : s'a-
gissait-il d'une dot consistant en choses fongibles et que
le mari devait rendre par portions et dans un délai de
trois ans (*annud, bimd, trid die*), il était tenu, si la faute
était grave, de la rendre sur-le-champ; si la faute était
légère, il était obligé de restituer la dot par tiers de six
mois en six mois. Le mari encourait ainsi la déchéance
de son délai pour la totalité dans le premier cas, pour
la moitié dans le second. Si la dot avait pour objet un
corps certain et qu'elle fût restituable aussitôt après le
mariage dissous, le mari devait rendre sur les fruits la
quantité correspondant au temps dont la restitution était
avancée pour la dot remboursable en trois ans. Ainsi la
faute grave qui aurait obligé le mari à rembourser immédiatement la dot consistant en choses fongibles resti-
tuables seulement par tiers et en trois ans, et qui lui
aurait ainsi enlevé l'intérêt d'un an pour le premier
tiers, de deux ans pour le second tiers et de trois ans
pour le troisième tiers, ce qui revient à l'intérêt de deux
ans pour la totalité du capital, cette faute grave l'obli-
gera, pour la dot consistant en corps certains restitua-
bles sans délai, à rendre, avec les objets qui la composent, les fruits de deux années. La faute légère qui,
pour la dot de quantité, réduirait à six mois chaque
terme d'un an et priverait ainsi le mari de l'intérêt de
six mois pour le premier tiers, d'un an pour le second

tiers, et de dix-huit mois pour le dernier tiers, soit de l'intérêt d'un an sur le capital entier, cette faute légère fera perdre au mari, pour la dot immédiatement restituable, les fruits d'une année. Ainsi, comme le fait remarquer M. Pellat (1), « suivant la gravité de la faute, la femme coupable perd un sixième ou un huitième du capital de sa dot ; le mari coupable perd deux ans ou un an de jouissance ou de revenu de cette dot. »

On a beaucoup discuté pour savoir si la peine qui frappait le mari était égale à celle infligée à la femme. Cette discussion ne nous paraît offrir aucun intérêt sérieux, et les calculs compliqués, essayés par Niebuhr et Schraeder, pour prouver que la quotité des peines infligées à la femme était égale à celles qui atteignaient le mari, tombent devant cette simple observation : que la peine varie pour la femme dans la proportion d'un sixième à un huitième, suivant qu'il s'agit de faute grave ou de faute légère, tandis qu'elle varie pour le mari dans la proportion d'un à deux.

Le sixième ou le huitième, dû par la femme au mari dans l'hypothèse qui nous occupe, pouvait être réclamé par voie d'exception à l'action *rei uxoriæ*, mais si le mari avait négligé d'effectuer la *retentio* avant la restitution de la dot, il avait encore la ressource d'obtenir par l'action *de moribus* ce qu'il avait restitué en trop.

L'action *de moribus* était une action pénale privée ; mais elle présentait certains caractères particuliers que nous trouvons indiqués dans les textes du Digeste. Le mari est libre de ne point l'intenter (2), et cependant il ne peut pas d'avance, par une convention particulière, s'interdire de l'exercer (3).

En second lieu, en général, une action privée, tendant

(1) Textes sur *la Dot*, p. 27.
(2) L. 2, § 3, D. *Ad leg. jul. de adult.*, XLVIII, 5.
(3) L. 5 princ., D. *De pact. dot.*, XXIII, 4.

à la réparation d'un dommage causé par un fait coupable, peut se cumuler avec l'action publique dérivant du même fait, et celui qui a recours à l'action publique peut y renoncer pour s'en tenir uniquement à l'action privée. Or, il n'en est pas ainsi de l'action *de moribus*, et Papinien décide qu'une fois l'action publique intentée pour adultère, le mari ne peut plus renoncer à cette action pour recourir à l'action civile, qui se trouve en fait anéantie (1). L'action *de moribus* contient une *coercitio publica*, c'est-à-dire qu'outre l'intérêt privé elle a encore en vue l'intérêt public, de telle sorte que, comme le dit Paul (2), on ne peut pas plus changer par une convention particulière, la quotité qui doit être obtenue par l'action *de moribus* ou par la *retentio propter mores*, qu'il n'est possible de stipuler que cette action ne sera pas intentée dans le cas où la loi l'accorde.

Enfin le même jurisconsulte Paul (3) nous apprend que l'action *de moribus* ne passe pas aux héritiers du mari, tandis qu'il en est tout autrement pour les actions qui naissent dans les cas de *retentiones propter impensas, propter res donatas, propter res amotas*. Mais il serait inexact de tirer de là un argument pour soutenir que l'action *de moribus* n'est pas une action privée; car il résulte d'un autre texte de Paul que cette action renferme, de plus qu'une action pénale privée ordinaire, la *coercitio publica*. Le mari, qui a recours à ce moyen légal, veut venger une offense bien plutôt qu'obtenir une indemnité; dès lors, il n'y a rien de plus étonnant à ce que les héritiers soient exclus du bénéfice d'une telle action, qu'à leur voir refuser également dans le cas d'injures le droit d'exercer l'action née dans la personne de l'outragé.

(1) L. 11, § 3, D. *Ad leg. jul. de adult.*
(2) L. 5 princ., D. *De pact. dot.*
(3) L. 15, § 1, D. *Solut. matr.*, xxiv, 3.

II

RETENTIO PROPTER IMPENSAS.

Nous savons déjà que le mari peut exercer une *retentio* sur les biens dotaux *propter impensas*, c'est-à-dire pour se faire indemniser des impenses ou dépenses qu'il a faites pour la dot. Qu'entend-on ici par cette expression *impensæ*? Ce sont les dépenses faites par le mari pour la conservation, l'amélioration ou l'embellissement du fonds dotal. D'où trois catégories diverses de dépenses qu'Ulpien signale dans le § 14 de notre titre VI ; dépenses nécessaires, utiles et voluptuaires. — Cette classification des dépenses est évidemment faite d'après le but que le mari s'est proposé en les opérant, et c'est ce qui résulte encore mieux de la manière dont chacune de ces sortes de dépenses est définie par le jurisconsulte romain dans les §§ 15, 16 et 17.

1° DÉPENSES NÉCESSAIRES. — *Necessariæ sunt impensæ quibus non factis dos deterior futura esset, velut si quis ruinosas ædes refecerit.* — Ce texte nous indique clairement qu'il faut entendre par dépenses nécessaires toutes celles qui ont empêché une destruction totale ou une diminution de valeur de la dot. Mais à cette définition il importe d'ajouter une observation que fournissent les textes du Digeste et qui marque le trait distinctif des dépenses en matière de dot.

Nous trouvons d'abord au titre *De impensis in res dotales factis* deux textes d'Ulpien (1) qui ne font que re-

(1) LL. 1 § 1, et 14 princ., D. xxv, 1.

produire sa définition en l'appuyant de divers exemples. C'est dans la loi 4 du même titre que Paul nous indique l'observation que nous cherchons. Il y a dépenses nécessaires, nous dit ce jurisconsulte, quand le juge condamne le mari qui a négligé de les faire, au paiement de dommages-intérêts envers la femme (*judex tanti maritum damnabit quanti mulieris interfuerit eas impensas fieri*). Donc si le mari ne fait pas les réparations dont le montant forme les *dépenses nécessaires*, il devra être condamné au paiement des dommages-intérêts. Avec ce texte la notion sur la nature des *impensæ necessariæ* se complète, et on ne peut plus les confondre avec ce qu'on appelle aussi dépenses nécessaires, lorsqu'il s'agit de revendication ou de pétition d'hérédité. Ainsi, un individu possède de bonne foi un immeuble appartenant à autrui, et fait sur ce fonds des dépenses nécessaires; il pourra sans doute réclamer, lorsque l'action en revendication sera intentée contre lui, le montant de ses dépenses, et le propriétaire sera tenu de les lui rembourser. A ce premier point de vue, les impenses en matière de dot et celles en matière de revendication présentent le même caractère. Mais si nous supposons que notre possesseur de bonne foi n'ait pas fait les dépenses dites nécessaires, le propriétaire revendiquant pourra-t-il demander des dommages-intérêts de ce chef? Nullement; le possesseur se croyait de bonne foi propriétaire et par conséquent pouvait se conduire en propriétaire légitime, qui n'est pas tenu de faire sur son fonds des dépenses, de quelque nature qu'elles puissent être.

Si, au contraire, c'est un mari qui a négligé de faire les réparations nécessaires à la conservation du fonds dotal, les raisons de décider seront tout autres : le mari sait parfaitement qu'il pourra être tenu un jour ou l'autre de restituer la dot, il doit donc agir non pas en propriétaire, mais en bon administrateur et par conséquent faire les dépenses que la conservation du fonds dotal rend nécessaires.

On peut donc définir les dépenses nécessaires, celles à défaut desquelles la dot périrait ou diminuerait de valeur, et que le mari est tenu de faire à peine de dommages-intérêts.

2° DÉPENSES UTILES. — « *Utiles sunt,* dit Ulpien (§ 16), *quibus non factis quidem deterior dos non fieret, factis autem fructuosior effecta est, veluti si vineta et oliveta fecerit.* » Les dépenses utiles sont celles, fauto desquelles la dot ne périrait pas et ne subirait pas de diminution, mais qui ont servi à en augmenter la valeur.

3° DÉPENSES VOLUPTUAIRES. — Ce sont les dépenses de pur agrément, de luxe, qui n'augmentent pas la valeur de la dot et ne servent en rien à sa conservation. C'est ce que dit Ulpien dans le § 17 : « *Voluptuosæ sunt quibus neque omissis deterior dos fieret, neque factis fructuosior effecta est; quod evenit in viridariis et picturis similibusque rebus.* »

Après avoir ainsi défini le caractère de ces trois catégories de dépenses, nous allons examiner de quelle manière la *retentio propter impensas* s'exerce à l'occasion de chacune d'elles.

§ I. — Dépenses nécessaires.

En principe, ainsi que nous l'avons vu, les dépenses nécessaires donnent lieu à une *retentio*, et le mari peut, pour s'en indemniser, retenir une portion de la dot, lors de la dissolution du mariage. Mais ce principe est loin d'être sans exception, et la *retentio* ne saurait être réclamée comme un droit par le mari toutes les fois qu'il a fait pour le bien dotal des dépenses tendant à la conserver ou à en prévenir la détérioration. Il existe donc des hypothèses dans lesquelles le mari ne peut retenir quoi que ce soit sur la dot pour assurer le remboursement des dépenses cependant nécessaires qu'il a faites. Quelles seront les dépenses donnant lieu à une *retentio?* Quelles seront au contraire celles qui ne pourront y donner lieu? Telle est la question à laquelle répond le jurisconsulte Nératius dans la loi 15 au Digeste *De impensis in res dotales factis*, et il essaie en même temps de donner une sorte de *criterium*, à l'aide duquel on puisse distinguer les dépenses motivant une *retentio* de celles qui ne la motivent pas. Toutes les fois, dit-il, que le mari aura fait sur le bien dotal une dépense excédant les frais ordinaires d'administration (*extra tutelam necessariam*), ce sera là une dépense nécessaire garantie par une *retentio*. Quant aux dépenses ordinaires qui restent en général à la charge de l'usufruitier, si le mari les a faites, il ne pourra en demander le remboursement. C'est ainsi que les dépenses considérables occasionnées par le mauvais état du fonds dotal et faites pour sa conservation, seront des dépenses nécessaires et donneront lieu à une *retentio;* car ici s'applique exactement le critérium de Nératius : « *Aliquid extra tutelam necessariam impensum.* » Au contraire, et pour prendre des exemples donnés par le texte même, si le mari a nourri à ses frais les esclaves qui font partie de la dot, s'il a fait aux bâtiments des réparations de peu d'importance, la dépense qu'il aura faite aura bien été destinée à conserver le fonds et par conséquent sera bien nécessaire, mais elle ne donnera lieu à aucune *retentio;* car on estime qu'il y a dans ce cas plutôt diminution dans les revenus ou fruits perçus par le mari que dépenses réelles : « *Sed ipsæ res ita præstare intelliguntur, ut non tam impendas in eas, quàm deducto eo minus ex his percepisse videaris.* »

Il y a donc là une question de fait à résoudre pour savoir dans quels cas une dépense motivera ou ne motivera pas une *retentio*; il faudra, du reste, dans cette appréciation, tenir compte du principe posé par Nératius et décider que toutes les dépenses qui sont à la charge d'un usufruitier, comme les dépenses de culture (1) destinées à rendre le fonds plus productif en le conservant, ne pourront en aucun cas motiver une *retentio*. Toutes celles au contraire qui sortiront des frais habituels de l'administration devront y donner lieu.

Les dépenses nécessaires garanties par une *retentio* produisent, nous disent les jurisconsultes romains, un effet immédiat et définitif, *ipso jure dotem minuunt*. Quel est le sens exact de cette formule? Voilà ce qu'il n'est pas toujours facile, mais ce qu'il importe de déterminer.

Nous trouvons ici deux textes de la plus haute importance : l'un est la loi 5 *princ.* au Dig., *De impensis in res dotales factis*, et l'autre forme le § 3 de la loi 56 au Dig., *De jure dotium*. Dans le premier de ces textes, Ulpien, après Pomponius, nous avertit qu'il ne faut pas entendre ces expressions *dotem minuere* dans le sens d'une diminution matérielle de la dot; il est bien évident, en effet, que le fonds Cornélien, composant la dot, ne sera pas matériellement diminué à la suite d'une dépense qu'il aura nécessitée. Il serait absurde, ajoute Ulpien, qu'une dot immobilière pût être amoindrie à raison d'une somme d'argent. Paul dit de même dans la loi 56, § 3, que le fonds dotal n'est pas diminué et ne cesse pas pour partie d'être dotal par suite des dépenses nécessaires. Jusqu'ici donc pas de difficulté, les deux textes s'accordent parfaitement. Mais il n'en est plus de même quand il s'agit d'expliquer cette phrase du

(1) L. 16, D. *Eod. tit.*

princ. de la loi 5, dans laquelle Ulpien, immédiatement après avoir posé le principe, ajoute : « *Ceterum hæc res faciet desinere fundum esse dotalem, vel partem ejus.* » Ce membre de phrase paraît contredire ce qui précède et surtout la règle énoncée par Paul dans la loi 56, que les dépenses nécessaires n'ont pas pour effet d'enlever aux choses dotales ou à quelques-unes d'entre elles leur qualité de *res dotales.* Faudra-t-il donc, pour mettre cette phrase d'accord avec les premières du texte d'Ulpien, interpréter la pensée de ce jurisconsulte en ce sens qu'il aurait seulement voulu dire d'abord que la dot ne peut pas être diminuée matériellement, mais que si la dépense égale, par exemple, le quart de la dot, celle-ci ne comprendra plus que les trois quarts de sa valeur primitive? Ulpien serait alors en désaccord avec Paul, et il y aurait antinomie flagrante entre les deux textes.

Pour la faire disparaître, plusieurs interprétations ont été présentées. Des jurisconsultes allemands ont proposé de remplacer le futur *faciet* dans le membre de phrase *ceterum hæc res faciet.....* par l'imparfait du subjonctif, de telle sorte que le membre de phrase devient une confirmation de l'idée émise d'abord par Ulpien, à savoir : que les objets corporels compris dans la dot ne sont pas diminués à la suite des dépenses nécessaires. D'après l'opinion de ces interprètes, il faudrait donc lire : « *Ceterum hæc res faceret desinere esse fundum dotalem, vel partem ejus.* »

Quant à nous, nous pensons qu'il n'existe aucune antinomie entre le *princ.* de la loi 5 et le § 3 de la loi 56, et qu'Ulpien et Paul professent la même doctrine. Nous croyons qu'il est facile de le démontrer sans faire subir aucune modification aux textes et en conservant à chaque mot son sens naturel. En effet, Paul pose nettement en principe, dans la loi 56, que les dépenses nécessaires diminuent la dot en ce sens que le mari pourra, en la restituant, en retenir une partie ou la totalité, à moins que les dépenses ne lui soient remboursées, mais que les expressions *dotem minuere* ne signifient pas du tout que le fonds doive cesser d'être dotal en partie ou en totalité. Tel est aussi l'avis d'Ulpien dans la loi 5 ; il commence, comme Paul, par nous apprendre qu'à la suite des dépenses nécessaires, les biens dotaux ne sont pas diminués, c'est-à-dire qu'après la dépense faite, le fonds ne cessera pas d'être dotal pour le tout ou en partie. Il ajoute que, lors de la restitution, le mari pourra retenir les immeubles dotaux pour se couvrir du montant de ses dépenses. Les deux jurisconsultes arrivent au même résultat ; il faut donc qu'ils soient partis du même principe. Pour Ulpien comme pour Paul, la formule *impensæ necessariæ dotem minuunt* signifie que le mari a droit à une *retentio* ; quels que soient les termes dont ils se servent, il faut nécessairement qu'ils s'appuient sur des règles de droit identiques, puisque leurs décisions le sont aussi. Sans doute, si on oppose la phrase : « *Ceterum hæc res faciet desinere esse fundum dotalem, vel partem ejus,* » prise isolément, l'antinomie entre les deux textes devient manifeste. Paul soutient que le fonds ne cesse pas d'être dotal ; Ulpien, au contraire, décide qu'il cesse de l'être pour le tout ou pour partie. Mais, si on explique la phrase douteuse d'Ulpien par celles qui la précèdent et par celles qui la suivent, on comprend aisément alors comment Ulpien, tout en étant de la même opinion que Paul, a pu s'exprimer en des termes qui paraissent contredire ceux de ce dernier dans la loi 56. Cela tient à la diversité des points de vue auxquels se sont placés les deux jurisconsultes. L'un, Paul, en disant que le fonds ne cesse pas d'être dotal en entier, ou en partie, se préoccupe uniquement de *l'inaliénabilité du fonds dotal ;* la dot ne sera pas diminuée en ce sens, dit-il, qu'une partie en pourra être aliénée après la dépense ; mais le mari pourra exercer une *retentio*.

Ulpien, au contraire, examine la dot sous un double aspect : au point de vue de l'inaliénabilité d'abord, elle ne sera pas diminuée par suite de la dépense, dit-il, en ce sens qu'après comme avant, le mari sera également incapable d'aliéner tout ou partie du fonds dotal ; puis au point de vue de la restitution, et alors il constate qu'elle ne conservera pas sa qualité de dot, car, si elle la conservait au moment de la restitution, elle devrait être intégralement rendue à la femme. Elle sera donc diminuée à ce point de vue par la *retentio* qu'opérera le mari pour se payer de ses dépenses nécessaires, qui auront fait perdre aux biens composant la dot leur qualité de biens dotaux, pour une valeur égale au montant de la somme par lui dépensée. Or, telle est bien aussi la décision de Paul. Ulpien a, du reste, pris soin d'expliquer et de confirmer sa pensée en terminant par ces mots : « *Non ipso jure corporum, sed dotis fit deminutio.* »

Ainsi disparaît l'apparente antinomie de nos deux textes, qui, du reste, de l'avis de tous les commentateurs, sont en parfaite harmonie et dans lesquels la formule *impensæ necessariæ ipso jure dotem minuunt,* signifie que les dépenses nécessaires donnent lieu à une *retentio*.

Ce premier point éclairci, examinons, en vertu de quels principes et par suite de quelles raisons juridiques, Ulpien pouvait dans la même loi 5 *princ.,* après avoir déterminé le sens des expressions *dotem minuere,* ajouter : « *Absurdum est deminutionem corporis fieri propter pecuniam.* »

Il est d'abord certain qu'Ulpien n'a pas voulu envisager la question en ce sens qu'à la suite de la diminution causée par les dépenses nécessaires le fonds dotal serait matériellement diminué ; sans aucun doute, si la dot se compose de 100 *jugera* de terre, par exemple, une dépense faite pour le fonds n'aura pas pour conséquence de le réduire à 80 *jugera*. Si Ulpien avait prévu la possibilité d'un tel résultat, il aurait eu raison de le qualifier d'absurde. Mais évidemment le jurisconsulte n'entendait pas parler d'un amoindrissement matériel de la dot, rendu aussi complétement impossible par la nature même des choses, il voulait dire : que si le fonds dotal, par exemple, les 100 *jugera* de terre, ont une valeur de 100,000 sesterces et qu'une dépense de 25,000 ait été faite, la dot ne sera pas diminuée d'un quart de sa valeur. Même en se plaçant à ce point de vue, il est facile de comprendre la qualification énergique qu'Ulpien applique à l'idée que la diminution de la dot pourrait avoir lieu à cause d'une somme d'argent.

En effet, cette diminution ne pourrait se produire ainsi qu'en vertu d'une compensation. Pour qu'il y ait compensation, il faut nécessairement que les deux dettes soient de la même nature : le débiteur ne peut pas se libérer en payant une chose autre que celle qu'il doit. Or, le mari, débiteur de la dot, doit la restituer *in specie*, si elle a pour objet des corps certains ; d'un autre côté, la femme est débitrice d'une somme d'argent à raison des dépenses faites par le mari ; il n'y a donc pas là les éléments essentiels d'une compensation, et dès lors Ulpien a raison de dire : « *Absurdum est deminutionem fieri propter pecuniam.* » Cela serait étrange, car on violerait ce principe de droit qui exige que le débiteur l'acquitte en payant la chose due, et ne peut pas forcer se créancier à recevoir autre chose ; enfin, si la diminution avait lieu de plein droit comme à la suite de la compensation, la dot deviendrait en tout ou en partie aliénable, contrairement à la disposition de la loi Julia. La conséquence de cette idée, c'est que dans l'opinion

d'Ulpien, comme dans celle de Paul, il y a lieu seulement à l'ouverture d'une *retentio*.

Le même jurisconsulte Ulpien, dans un autre texte (1),
confirme et développe la pensée que nous venons d'indiquer. Il dit en effet que les *impensæ necessariæ* diminuent la dot de plein droit, mais que les expressions
dotem ipso jure impensis minui ne signifient pas que
chacun des objets corporels compris dans la dot cessera
d'être dotal pour le tout ou pour partie, mais seulement
que *l'universitas*, que l'ensemble de la dot est de plein
droit diminué d'une quantité égale au montant des dépenses.

Après avoir posé les principes, Ulpien, dans la suite
du *princ.* de notre loi 5, se demande s'il n'y a cependant
pas des hypothèses dans lesquelles on peut dire que la
dot est diminuée *matériellement* en donnant à ce mot son
sens technique. Il répond affirmativement et déclare que,
lorsque des dépenses nécessaires ont été faites pour une
dot consistant en argent, il y a diminution matérielle de
cette dot ; car, ajoute-t-il, les principes du droit (*ratio*)
conduisent à admettre dans ce cas particulier une diminution *ipso jure*.

Cette solution est juridiquement très-exacte ; mais elle
ne sera presque jamais applicable en pratique. Comment
comprendre en effet que des dépenses nécessaires soient
faites pour la conservation d'une somme d'argent ? Si on
peut rencontrer des cas où cela se présente, ils sont as-
surément tout à fait exceptionnels et il est peu probable
que le jurisconsulte s'en soit occupé. Aussi pensons-
nous qu'Ulpien, en parlant de sommes d'argent constituées en dot, a eu en vue les créances entrées dans la
dot et qui sont en définitive la représentation d'une
somme d'argent. En conséquence, il nous semble que le

____

(1) L. 1, § 4, D. *De dote prælegata*, xxxiii, 4.

jurisconsulte a voulu dire que, lorsque le mari aurait fait des dépenses nécessaires pour le recouvrement d'une créance dotale, celle-ci serait diminuée de plein droit. Nous pouvons ajouter qu'alors même que le texte se rapporterait uniquement aux sommes d'argent, sa décision pourrait être étendue aux créances. En effet, lorsque des créances ont été constituées en dot, le mari a le droit d'en opérer la réalisation ; il est même obligé de poursuivre des débiteurs pour éviter leur insolvabilité possible dans l'avenir. Or, la réalisation effectuée, la dot, qui consistait primitivement en créances, va se trouver remplacée par une dot en argent ; le mari n'aura à restituer à la dissolution du mariage que la somme par lui obtenue des débiteurs, et dès lors sa créance, à raison des dépenses faites pour le recouvrement, étant de la même nature que celle de la femme, on comprend que la diminution de la dot puisse avoir lieu *ipso jure*. Si donc le mari a fait certaines dépenses pour conserver ou réaliser les créances de la femme, il pourra se payer sur l'argent provenant de la réalisation des autres créances ; il n'y aura plus là l'exercice d'une *retentio*, mais une simple compensation. Cette observation nous paraît prouvée jusqu'à l'évidence par la suite du texte que nous étudions. Ulpien termine, en effet, le *principium* de la loi 8 en disant que si la dot consiste en objets corporels estimés au moment où elle a été constituée, elle est diminuée de plein droit par les dépenses nécessaires. Or, quel est le motif de cette décision ? C'est que l'estimation permet au mari d'opérer la restitution non pas *in specie*, mais au moyen d'équivalents pécuniaires ; de telle sorte que les créances du mari et de la femme étant de même nature, la compensation peut ici avoir lieu. Dans l'hypothèse de créances dotales la situation est identique et par conséquent la décision doit être la même.

Paul, dans le § 3 de la loi 56 *De jure dotium,* prévoit l'hypothèse dans laquelle il a été successivement (*per partes*) fait, à l'occasion du fonds dotal, des dépenses nécessaires dont le total est égal à la valeur de ce fonds, et il décide, d'après son maître Scévola, qu'en pareil cas. le fonds cesse d'être dotal pour le tout; la diminution de la dot s'opère donc *ipso jure.* Mais faut-il, comme le dit Paul, que les dépenses aient été faites *successivement,* ou bien le même résultat se produirait-il, alors qu'une dépense égale à la valeur totale du fonds, aurait été faite d'un seul coup. Nous n'hésitons pas à répondre, quoi-qu'on ait essayé de soutenir le contraire, que les mots *per partes* ne sont pas indifférents dans le texte, et qu'il faut que les dépenses aient été faites successivement pour que la dot soit diminuée de plein droit. En effet, les dépenses nécessaires sont celles à défaut desquelles la dot périrait et que le mari est tenu de faire à peine de dommages-intérêts. Or, y a-t-il un dommage subi par la femme, ou une responsabilité encourue par le mari, si celui-ci n'a pas employé à la conservation du fonds dotal une somme égale à la valeur de ce fonds? Évidemment non; car si le mari avait fait la dépense, le fonds aurait cessé par cela même d'être dotal et la femme en aurait été dépouillée. Autant vaut le laisser périr. Au con-traire, lorsque chacune des dépenses qu'il a fallu faire pour la conservation du fonds dotal était fort inférieure à la valeur de ce fonds, lorsque l'immeuble dotal ayant une valeur de 100,000 sesterces, par exemple, les dé-penses, qui égalent maintenant sa valeur totale, ont été faites 20,000 par 20,000, elles se justifient d'elles-mêmes et sont d'un bon administrateur; même la dernière dont le montant, additionné à celui des autres, a fait arriver le total à une somme égale ou même supérieure au fonds conservé. Sans cette dernière dépense, en effet, les autres auraient été inutiles. Le mari, étant ainsi à l'abri

de tout reproche, gardera le fonds, en quelque sorte, à
titre de dation en paiement pour les dépenses par lui
faites. Une scholie des Basiliques (XXIX, 1, 52, schol. 0,
4, tome III, page 392) ne laisse aucun doute à ce sujet
d'après la traduction qu'en donne M. Pellat : « Les dépenses nécessaires sont celles à défaut desquelles la dot
périrait. Ainsi donc, puisque le mari serait blâmable
d'avoir, sur un fonds valant 400 écus, dépensé en une
seule fois 400 écus, sa faute ne pourrait donner naissance en sa faveur à un droit qui aboutirait au dépouille-
ment de la femme ; c'est pourquoi le jurisconsulte Scévola suppose avec raison que la dépense a été faite *par
parties*. »

L'observation, qui suit dans le § 3 de la loi 56 la règle
que nous venons de dégager, a pour but de décider que
le fonds, à l'occasion duquel ont été faites *per partes* les
dépenses qui en absorbent la valeur, ne cesse pas d'être
dotal, si la femme rembourse au mari dans le délai d'un
an les dépenses par lui faites. Nous croyons avec
Cujas (1) et M. Pellat (2) qu'elle n'est pas de Scévola à
qui les compilateurs des Pandectes ont voulu l'attribuer.
Cette fixation arbitraire d'une année rappelle les allures
législatives de Tribonien ou de ses collègues, plutôt que
les habitudes interprétatives d'un vieux jurisconsulte.
Il convient de remarquer, en outre, qu'en décidant que
la dot cesse d'exister dans notre hypothèse, l'auteur du
texte ne fait que déduire des principes juridiques les
conséquences qui lui paraissent logiques ; comment donc
passerait-il tout à coup à la fixation d'un délai invariable pendant lequel la femme pourrait rendre la qualité de dotales aux choses qui avaient cessé de l'être ?

Après avoir indiqué l'opinion de Scévola, Paul décide,
d'après le jurisconsulte Nerva, que quand il s'agit d'une

(1) *Obs.*, 23, 12, tome III, page 623.
(2) *Textes sur la Dot*, p. 268.

dot composée de corps certains et de sommes d'argent, les dépenses nécessaires faites à l'occasion de ces corps certains diminuent de plein droit la dot pécuniaire. Il y a bien là en effet les éléments nécessaires à la compensation.

Enfin, revenant à la décision de Scévola, Paul se demande ce qui arrivera si la femme rembourse au mari les dépenses par lui faites sur le fonds dotal. La dot sera-t-elle augmentée ou sera-t-elle réputée constituée à nouveau. C'est-à-dire, en supposant que la dot primitivement constituée valût 100 et que le mari ait fait une dépense nécessaire égale à 25, ce qui a réduit la dot à 75, faudra-t-il décider que ces 25, étant remboursés par la femme, forment une nouvelle dot de 25, ou bien que la réduction qu'avait subie la dot primitive est effacée, et que c'est cette même dot qui est ramenée au chiffre originaire de 100 ?

La question offre peu d'importance si la diminution porte sur une dot purement pécuniaire ; aussi Paul n'examine-t-il pas la question à ce double point de vue. Mais Ulpien, dans le § 1 de la loi 5 *De impensis in res dotales factis*, se prononce dans cette hypothèse pour le maintien de la dot réduite, qui se trouve augmentée de tout ce que la femme a payé au mari pour le désintéresser du montant de ses avances. Quel peut être l'intérêt de cette solution ? Vraisemblablement la pensée du jurisconsulte est qu'il existera, après le remboursement fait par la femme, deux dots bien distinctes et qui ne seront pas nécessairement traitées l'une comme l'autre. C'est, par exemple, une fille émancipée qui a reçu de son ascendant paternel une dot de 100 ; le mari fait des dépenses nécessaires s'élevant à 25, et la femme les lui rembourse ; puis elle meurt le mariage durant et son ascendant vivant encore. D'après la décision d'Ulpien, il y a depuis le remboursement deux dots, l'une de 75, qui en sa qualité de *profectice* devra être rendue au constituant, l'autre de 25, qui restera au mari. Ce résultat ne nous paraît du reste susceptible d'aucune difficulté.

La question de savoir si la conséquence du remboursement opéré par la femme est l'augmentation de la dot réduite par les dépenses, ou la constitution d'une dot nouvelle prend surtout de l'importance lorsque la dot se compose de corps certains. Ceux, en effet, qui composent la dot étant inaliénables pendant le mariage, il est évident qu'elle n'aura jamais pu être aliénée, si on décide que la dot primitive continue d'exister, quoique diminuée, et qu'elle est augmentée à la suite du paiement fait par la femme. Si au contraire on préfère la seconde solution, qui consiste à traiter la somme payée par la femme comme une nouvelle constitution dotale, la dot primitive ayant perdu cette qualité pourra être valablement aliénée.

Quelle que soit celle des deux solutions présentées par Scévola à laquelle on s'arrête, nous croyons avec Paul qu'elle conduit à des résultats également fâcheux et iniques. En effet, si, supposant que le montant des dépenses absorbe la valeur du fonds dotal, nous adoptons la première solution et nous admettons que le fonds cesse d'être dotal, mais qu'il recouvre cette qualité après le remboursement fait par la femme, il faudra bien décider que l'aliénation qu'en aurait faite le mari pendant la cessation de la dotalité sera considérée comme non avenue, résultat fort inique et fort préjudiciable pour le tiers acquéreur et pour le mari tenu de la garantie en cas d'éviction.

Si, au contraire, adoptant la seconde solution, on décide que la dot se compose désormais de la somme remboursée par la femme, la dot aura donc changé de nature sans que la femme, ni peut-être le mari, aient voulu cette conversion ; au lieu d'un droit immobilier parfaitement garanti, elle aura acquis contre son mari un simple droit de créance sur une somme d'argent. On comprend donc que Paul ait proclamé la flagrante injustice des deux solutions qui entraînent de telles conséquences ; car, selon nous, les mots *cujus rei manifestior iniquitas* du texte s'appliquent aux deux hypothèses prévues par Scévola, quoique quelques interprètes aient voulu soutenir que Paul n'avait entendu qualifier ainsi qu'une des deux.

Mais ce qui paraît étrange, c'est que Paul, après avoir critiqué l'injustice des solutions de Scévola, se résigne à adopter l'une d'elles. Or, c'est ce que lui fait dire la fin du § 3 de notre loi 56 telle que nous la trouvons au Digeste. Paul se déciderait pour la première solution en la modifiant par un tempérament peu conforme aux principes : « *Et magis est ut ager in causam dotis revertatur, sed interim alienatio fundi inhibeatur.* » Le fonds, qui aura cessé d'être dotal, reprendra cette qualité après le remboursement des dépenses, et, *en attendant*, l'aliénation de ce fonds sera interdite. C'est-à-dire que l'aliénation du fonds qui n'est plus dotal sera impossible précisément à l'époque où elle pourrait avoir lieu selon les règles du droit sur la dot. Comme l'ont pensé Cujas et après lui M. Pellat, cette phrase a été probablement ajoutée au texte de Paul par les compilateurs du Digeste, qui, en adoptant la première des deux conséquences possibles de l'opinion de Scévola, y ont joint un correctif sans s'inquiéter s'il serait en parfaite harmonie avec les principes. Ce qui achève de nous confirmer dans cette présomption d'interpolation, c'est l'emploi dans la phrase que nous venons de citer du mot *ager* au lieu du mot *fundus*, dont le jurisconsulte a eu soin de se servir jusque-là, parce qu'il est général et comprend tous les genres d'immeubles, les maisons comme les terres ; c'est là une habitude grecque qui apparaît constamment dans les Basiliques, où *fundus* est presque toujours traduit par *αγρος*.

Quoi qu'il en soit, il est certain qu'à l'époque de Justinien lorsque les dépenses nécessaires ont dépassé la valeur totale du fonds, celui-ci cesse d'être dotal, mais que la femme, en les remboursant au plus tard dans le délai d'une année, peut rendre au fonds la qualité qu'il a perdue ; et si le paiement est fait par la femme, on décide que l'aliénation du fonds, même pendant la période où il n'est plus dotal, sera impossible.

Le rapprochement des deux passages, interpolés par les commissaires de Justinien dans le § 3 de la loi 56, a soulevé une difficulté. S'il a été fait pour le fonds dotal des dépenses égales à sa valeur, ce fonds cesse d'être dotal ; *nisi mulier sponte marito intrà annum impensas obtulerit*. Si la femme rembourse les dépenses au mari, trouvons-nous dans la seconde interpolation, il faut dire que le fonds recouvrera sa dotalité, et qu'*en attendant* (*interim*) son aliénation est interdite. Mais pendant quel espace de temps le fonds, qui aura cessé d'être dotal, continuera-t-il d'être inaliénable, et à partir de quel moment le fonds cessera-t-il d'être dotal ? Suivant Cujas, le fonds cesse d'être dotal à l'expiration de l'année accordée à la femme pour rembourser les dépenses nécessaires ; il peut alors être aliéné. Mais la femme a le droit plus tard, en désintéressant le mari, de restituer au fonds sa qualité de fonds dotal.

Le jurisconsulte Glück, au contraire, pense que le fonds cesse d'être dotal, dès le moment où les diverses sommes dépensées étant additionnées, leur total absorbe la valeur du fonds entier. Mais la femme jouit d'un délai d'un an pour rembourser son mari ; si, pendant ce laps de temps, elle désire recouvrer le fonds dotal, la loi lui en accorde la faculté, pourvu qu'elle rembourse au mari les avances par lui faites. Pour en assurer la propriété à la femme, il est décidé que pendant ce même délai d'une année, le fonds, quoique ayant cessé d'être dotal, ne pourra pas être aliéné. Nous nous rallions à ce second système qui nous paraît plus conforme au sens du texte, et qui offre l'avantage d'éviter les recours contre le mari qu'entraînerait l'adoption de l'opinion de Cujas.

En résumé, nous pouvons maintenant tirer des lois 56 § 3, *De jure dotium*, et 5 *princ.* et § 1 *De impensis in res dotales factis* la règle suivante : *La dot est diminuée de plein droit à la suite des dépenses nécessaires dans ces quatre hypothèses :*

1° Si elle se compose d'un fonds qui a été estimé de telle sorte que la restitution doive comprendre une somme d'argent;

2° Si ce sont des créances qui composent la dot;

3° Si elle comprend un fonds et une somme d'argent;

4° Enfin si elle comprend un fonds à l'occasion duquel le mari a fait des dépenses successives, dont le total égale ou dépasse la valeur entière du fonds, qui se trouve en conséquence absorbé.

Dans cette hypothèse, le fonds recouvre sa qualité de dotal, si la femme rembourse les dépenses à son mari dans le délai d'un an à partir du jour où la dernière dépense a été faite.

En dehors de ces quatre cas, la diminution de la dot, qui suivra les dépenses nécessaires, ne se produira pas *ipso jure*. Elle donnera lieu à une *retentio* que le mari pourra exercer au moment de la restitution de la dot. Si le mari avait restitué la dot sans profiter de la *retentio* qui lui est accordée, Ulpien et Marcellus (1) lui reconnaissent le droit de réclamer le remboursement des

---

(1) L. 5, § 2, D. *De imp. in res dot. fact.*

dépenses au moyen d'une *condictio*, qui ne peut être que la *condictio indebiti*, puisqu'il a rendu plus qu'il ne devait, en restituant la dot entière à la femme. Un grand nombre de jurisconsultes n'admettaient pas l'opinion d'Ulpien et de Marcellus, à l'époque de la jurisprudence classique. Mais elle finit par être consacrée sous Justinien.

§ II. — Dépenses utiles.

Nous avons déjà défini les dépenses utiles : celles qui ne préviennent pas la perte de la dot, mais qui servent à son amélioration.

En principe, les dépenses utiles ne donnent pas lieu à une *retentio* (1), car le mari n'est pas tenu de les faire. S'il les accomplit de son chef, il pourra sans doute réclamer à la dissolution du mariage la plus-value provenant de ses déboursés ; mais la femme ne sera obligée de l'indemniser que si elle est dans une situation qui lui permette de le faire sans un préjudice trop grave pour elle.

Si, au contraire, la femme, ne pouvant disposer d'aucun autre bien, se voit dans la nécessité d'arriver, pour rembourser les dépenses utiles, à la vente du fonds dotal, elle ne pourra y être contrainte ; car il ne peut point dépendre du mari d'obliger par son fait sa femme à aliéner le fonds dotal.

Dans un seul cas, le mari était certain d'être indemnisé de ses dépenses utiles : c'était lorsqu'il les avait faites avec le consentement de la femme (*voluntate mulieris*). Alors une *retentio* lui était accordée, et il avait le droit de garder le fonds dotal et de ne le lui restituer qu'après avoir été complètement désintéressé. On hési-

---

(1) L. 8, D. *De imp. in res dot. fact.*

tait du reste à admettre, à l'époque du droit classique, que les dépenses utiles, alors même qu'elles devaient être remboursées par la femme, pussent donner lieu à une action au profit du mari. Celui-ci, ayant fait des dépenses sur un bien dotal, c'est-à-dire sur un bien dont il est propriétaire, ne semblait pas pouvoir être traité comme un mandataire et avoir l'action *mandati contraria*, non plus que l'action *negotiorum gestorum*, comme un gérant d'affaires.

Justinien a décidé (1) que le mari aurait, à la dissolution du mariage, l'action *mandati* si les dépenses utiles avaient été faites du consentement de la femme, et l'action *negotiorum gestorum*, si ce consentement avait fait défaut.

§ III. — Dépenses voluptuaires.

Les dépenses voluptuaires, ne servant ni à la conservation, ni à l'amélioration du fonds dotal, mais étant de pur agrément, ne donnent lieu ni à une *retentio*, ni à plus forte raison à une action au profit du mari contre sa femme, alors même que celle-ci aurait donné son consentement à ces dépenses (2).

Ce n'est pas à dire pourtant que la femme aura le droit de profiter des dépenses faites par son mari sur le fonds dotal sans lui payer aucune indemnité. Ulpien décide, en effet, dans la loi 9 *De impensis in res dotales factis*, que l'épouse ne sera pas tenue de rembourser à la dissolution du mariage le montant des dépenses voluptuaires, mais à la condition de permettre au mari d'enlever les choses qui peuvent être détachées du fonds sans qu'il soit détérioré. Quant à celles qui ne sauraient

(1) L. unique, C. v, 13.
(2) L. 11 princ., D. *De imp. in res dot. fact.*

être enlevées sans dommage pour le fonds, elles seront acquises définitivement à la femme.

III

RETENTIO PROPTER RES DONATAS

Les donations entre époux n'étaient pas interdites à l'origine ; elles ne l'étaient pas encore vers l'an 550 de Rome ; car la loi Cincia, portée à cette époque, mentionnait les conjoints parmi les personnes exceptées des restrictions qu'elle apportait et entre lesquelles la faculté de faire et de recevoir des donations continuait de subsister sans modifications (1). Les libéralités entre époux devaient en effet présenter peu d'inconvénients tant que les divorces étaient rares et les mœurs simples. Mais lorsque le mariage ne fut plus respecté, on craignit qu'un époux avide n'abusât de la tendresse de son conjoint pour s'enrichir à ses dépens, ou ne lui extorquât des libéralités par la menace du divorce, et que la durée et la paix du ménage ne fussent achetées à prix d'argent (2). Les donations entre époux furent alors prohibées, et celles qui étaient faites contrairement à cette prohibition étaient nulles et dépourvues d'effet (3).

Telle fut la législation jusque vers la fin du règne de Septime Sévère, époque où elle fut modifiée par un sénatus-consulte rendu sur la proposition d'Antonin Caracalla. Désormais, tout en restant nulle du vivant du

(1) Fragm. Vat., §§ 298 et 302.
(2) L. 1, D. *De donat. inter. vir. et ux.*, XXIV, 1.
(3) L. 3, § 10, D. *De donat. inter. vir. et ux.*

donateur, la donation entre époux fut regardée comme valable, non-seulement lorsqu'elle était confirmée expressément par le testament de l'époux donateur, mais encore lorsque le donateur mourait sans la révoquer et le mariage subsistant encore (1). La nullité ne devenait donc définitive que par le repentir du donateur, le prédécès du donataire et le divorce.

Mais la donation n'en restait pas moins nulle, en principe, et l'époux donateur pouvait toujours reprendre ce qu'il avait donné; au moyen de la revendication, si la chose existait encore dans le patrimoine du donataire à qui la propriété n'avait pas été transférée; au moyen d'une *condictio sine causâ* ou *ex injustâ causâ*, si la chose n'existait plus. Par cette dernière action le donateur ne pouvait obtenir restitution du donataire que jusqu'à concurrence du profit qui lui reste au moment de la *litis contestatio* (2).

Outre ces actions, le mari donateur avait droit à une *retentio* et pouvait, à la dissolution du mariage, refuser de rendre à la femme tout ou partie des biens dotaux, jusqu'à ce qu'elle lui eût rendu elle-même ce qui avait été l'objet de la donation prohibée.

La *retentio propter res donatas* est donc avec la *condictio* et la revendication la sanction de la prohibition des libéralités entre époux. Son existence est prouvée par trois textes qui ne laissent place à aucun doute ; c'est d'abord le § 9 du titre VI d'Ulpien, qui mentionne formellement cette cause de *retentio* dans son énumération ; c'est ensuite la loi 66 § 1 au Digeste *De donationibus inter virum et uxorem*, dans laquelle Scévola, prévoyant le cas où une donation aurait été faite par un futur époux à sa future épouse, décide que cette donation ne donnera pas naissance à une *retentio*. D'où on

(1) L. 32 princ., §§ 1, 2 et 10, D. *De donat. inter. vir. et ux.*
(2) LL. 5 § 18, et 7 princ., D. *Eod. tit.*

doit conclure qu'à l'inverse, si la donation avait été faite entre époux, la *retentio* aurait été fondée. Enfin Paul, dans la loi 15 § 1 au Digeste *De soluto matrimonio*, déclare que les *retentiones*, qui ont une cause pécuniaire, peuvent être excercées par les héritiers du mari, et, parmi elles, il cite la *retentio propter res donatas*.

IV

RETENTIO PROPTER RES AMOTAS

La dernière cause de *retentio* est la soustraction frauduleuse, commise par la femme en vue du divorce, de choses appartenant au mari. L'existence de cette *retentio* est constatée par Ulpien dans le § 9 du titre VI, et par Paul dans la loi 15 § 1 *De soluto matrimonio* que nous avons déjà citée. Cette *retentio* s'exerçait comme les autres à la dissolution du mariage, et permettait au mari de recouvrer les objets que la femme avait détournés.

Mais ce n'était pas la seule voie qui lui fût ouverte. S'il avait restitué la dot sans profiter de la *retentio*, il lui restait encore la ressource de l'action *rerum amotarum*. Cette action remplaçait en pareil cas l'action *furti*, qu'on ne voulait pas, à cause de la relation qui unissait les deux époux, accorder au mari, quoique les jurisconsultes romains reconnussent que le fait de la femme avait bien tous les caractères du vol (1). On s'était donc contenté d'établir une action en restitution *rei persecutoria*, qu'on appelait par ménagement *action pour les choses détournées, actio rerum amotarum*. Le mari pouvait, après la

(1) LL. 1 et 2, D. *De act. rer. amot.*, xxv, 2.

dissolution du mariage, intenter cette action toutes les fois que la femme avait, en vue du divorce (*divortii consilio*), soustrait des objets mobiliers appartenant à son conjoint (1).

Il ne faudrait pas conclure, du reste, de ce que l'action dont nous parlons n'était possible qu'en cas de divorce, que le mari fût désarmé en face de sa femme commettant des détournements pendant la durée du mariage. En pareil cas Marcien, dans la loi 25 au Digeste *De actione rerum amotarum*, nous apprend que le mari avait une *condictio* pour reprendre les objets à lui appartenant de celle qui les détenait injustement. Enfin la propriété de la chose détournée demeurant dans tous les cas au mari, il pouvait utilement intenter une revendication (2).

Nous trouvons dans les fragments d'Ulpien une phrase (titre vii, § 2), dont la restitution est du reste douteuse, et qui donne à la femme l'action *rerum amotarum* contre le mari, dans les mêmes cas où elle est donnée au mari contre la femme. Sans doute, dans une phrase précédente qui a disparu, le jurisconsulte disait que la soustraction commise par la femme donnait lieu à cette action et à la *retentio*.

(1) L. 17, § 1, D. *Eod. tit.*
(2) L. 24, D. *Eod. tit.*

APPENDICE

DROIT DE JUSTINIEN

Les *retentiones*, qui avaient pris naissance à l'occasion de l'action *rei uxoriæ*, disparurent avec elle. Justinien supprima l'une et les autres par la même constitution de l'année 530 (1). Elles avaient d'ailleurs, déjà avant lui, perdu à peu près toute utilité pratique, si bien que Justinien peut dire qu'en les supprimant il n'efface que de « vains mots » et qu'il ne change rien au fond même de la législation.

Après avoir fondu les deux actions *rei uxoriæ* et *ex stipulatu* en une action unique qui prend le nom de *ex stipulatu*, parce que la stipulation de restitution de la dot est désormais toujours sous-entendue, et qui emprunte ses caractères à l'une et à l'autre des deux actions anciennes, Justinien déclare que les *retentiones* sont abolies, comme inutiles, puisque le mari a des actions qui lui permettent d'arriver au même résultat. C'est ainsi que la *retentio propter mores* est remplacée par l'action *de moribus*; la *retentio propter res donatas* par la revendication ou une *condictio*; la *retentio propter res amotas*

(1) L. unique, § 5, C. v, 13.

par l'action *rerum amotarum*. La *retentio propter liberos*
n'a plus de raison d'être, puisque le divorce survenu par
la faute de la femme est puni par les lois, et puisque la
mère comme le père est chargée désormais de subvenir
à l'entretien des enfants. Enfin, Justinien paraît effacer
également la *retentio propter impensas* d'une manière
complète. Mais ici une distinction est nécessaire. En ce
qui concerne les dépenses voluptuaires, il ne pouvait
être question de supprimer une *retentio* qui n'avait jamais existé. Il est vrai qu'à l'égard des dépenses utiles
Justinien a opéré une réforme consistant à donner au
mari, qui avait fait ces dépenses avec le consentement
de la femme, l'action *mandati contraria* au lieu de la
retentio qu'il pouvait exercer auparavant, et l'action
negotiorum gestorum lorsque les dépenses avaient été
faites sans le consentement de la femme. Mais le langage
de Justinien cesse d'être exact lorsqu'il déclare supprimer la *retentio propter impensas necessarias* comme inutile, « puisque, dit-il, ces dépenses diminuent la dot de
plein droit. » Justinien, évidemment, n'avait pas compris
le sens de ces expressions *necessariæ impensæ dotem minuunt*. Il paraît croire qu'elles indiquent une diminution
matérielle de la dot à la suite des dépenses nécessaires,
alors que les jurisconsultes de l'époque classique, à qui
Justinien a emprunté leurs expressions, entendaient par
là que les dépenses nécessaires donnaient lieu à une
retentio au profit du mari, sauf dans le cas d'une dot pécuniaire qui subissait en effet une diminution matérielle.
Que veut donc dire Justinien dans ce passage? A-t-il
voulu changer la signification que les termes *dotem minuere* avaient à l'époque classique et ne plus les entendre que dans le sens d'une diminution matérielle de
la dot? ou bien faut-il ne voir ici que l'inadvertance d'un
réformateur qui, en train de détruire, dépasse sa pensée?
Il n'est pas douteux que ce passage de la constitution de

Justinien ne soit le résultat d'une erreur; car nous trouvons aux Instituts, promulguées trois ans après la constitution dont nous nous occupons, le § 37 du titre *de actionibus* (1) qui parle de la *retentio* accordée au mari à la suite des dépenses nécessaires par lui faites, et qui l'indique comme la conséquence du principe que ces dépenses diminuent la dot de plein droit (*propter retentionem quoque dotis repetitio minuitur; nam ob impensas in res dotales factas marito retentio concessa est, quia ipso jure necessariis sumptibus dos minuitur*). C'est donc que Justinien, quoiqu'il en dise dans sa constitution de l'année 530, a maintenu les anciennes règles sur la *retentio propter impensas necessarias*, et que, s'il a supprimé les autres, celle-là du moins a été conservée par lui.

(1) L. IV, titre 6.

DROIT FRANÇAIS

SÉPARATION DE BIENS JUDICIAIRE

Toute législation, après avoir posé les règles qui doivent présider à la formation et à la rédaction des conventions matrimoniales, doit prévoir le cas où ces
conventions ne seraient plus suffisantes pour conjurer
les périls d'une situation devenue critique, où elles devraient même prendre fin pour rendre à chacun des
époux dans la gestion de sa fortune une liberté devenue
nécessaire. Elle doit, surtout quand elle donne au mari
des pouvoirs étendus et presque souverains dans la direction des affaires du ménage, placer à côté de ces
pouvoirs et en faveur de la femme certaines garanties
qui serviront de contre-poids et empêcheront que l'un
des époux ne soit complétement asservi à l'autre et livré
sans défense à sa discrétion. Ces garanties, ces contre-
poids sont nécessaires non-seulement à la femme, mais
aux enfants et à toute la famille; car si le législateur
français, en particulier, a eu raison de donner un chef
au ménage et à la famille, de choisir le mari pour être ce
chef et de concentrer dans ses mains une autorité suffi-

sante pour que l'exercice de ses prérogatives fût efficace, il a voulu que des devoirs fussent corrélatifs de ces droits et qu'il fût impossible de conserver les uns en négligeant les autres. Ainsi le mari, à qui la femme doit obéissance, doit de son côté à celle-ci protection, secours et assistance ; et, comme sanction de ces devoirs, la loi a établi en faveur de la femme le droit de demander la séparation de corps, droit qui dans la législation romaine allait jusqu'au divorce, qui, dans notre ancienne France et sous le Code civil, ne fait plus que relâcher les liens du mariage sans les dissoudre. A un autre point de vue, le mari, chef de l'association conjugale, administrateur du patrimoine de la femme et de la famille, doit gérer les biens qui lui sont confiés avec soin et prudence ; il doit pourvoir à l'entretien de sa femme, à l'éducation et à l'instruction des enfants ; percevant les revenus, ou tout au moins une partie considérable des revenus, c'est à lui qu'incombe l'obligation de faire vivre le ménage. S'il manque à ces devoirs, la femme peut alors reprendre son indépendance, lui enlever la gestion de sa fortune, en faisant prononcer contre lui sa séparation de biens.

Remarquons tout de suite que le droit de demander la séparation de biens appartient à la femme seule, tandis que l'un et l'autre des époux peuvent provoquer la séparation de corps. C'est que la séparation de biens a surtout pour objet de créer au profit de la femme un contre-poids aux pouvoirs exorbitants du mari sur les biens du ménage ; et que la séparation de corps est la sanction des obligations réciproques que les deux époux ont contractées en se mariant.

C'est de la séparation de biens, garantie judiciaire établie en faveur de la femme au point de vue pécuniaire, que nous avons l'intention de nous occuper. Ainsi que nous le disions en commençant, cette institution n'est pas une innovation de notre Code. Elle existait dans le droit romain, sous la forme de la restitution de la dot pendant le mariage, restitution qui pouvait être demandée par la femme au mari, quoiqu'il fût *dominus dotis*, lorsqu'il se montrait mauvais administrateur, dissipateur, ou lorsque, pour une cause quelconque, ses ressources se trouvaient insuffisantes pour répondre de la dot.

De la législation romaine, la séparation de biens a passé dans notre ancienne jurisprudence, c'est là que les rédacteurs du Code l'ont trouvée, pour ainsi dire, toute faite, et qu'ils ont puisé les principes qui la régissent encore aujourd'hui.

Il est donc nécessaire de jeter un coup d'œil rapide sur cette source de notre droit moderne, pour se rendre compte des origines de la séparation de biens et des modifications qu'elle a subies.

ANCIEN DROIT

Dans l'ancien droit, la femme pouvait demander contre le mari la séparation de biens pour les mêmes causes qu'en droit romain la femme pouvait, pendant le mariage, demander la restitution de sa dot. La loi 24 (*Dig.*, *Soluto matrimonio*) nous apprend que ces causes se produisaient toutes les fois que la dot de la femme se trouvait en péril, et qu'il était manifeste que les biens du mari devenaient insuffisants pour en répondre. Du reste, dans l'ancien droit, comme dans le droit romain, il n'était pas nécessaire, pour que la femme fût reçue à demander sa séparation de biens, que le mari fût devenu entièrement insolvable; il suffisait qu'il commençât à le devenir, et que le mauvais aspect de ses affaires donnât lieu de craindre qu'il ne le devînt de plus en plus.

Il était même un cas où la séparation de biens était acquise de plein droit : c'était en cas de faillite du mari. La femme pouvait immédiatement obtenir l'autorisation d'exercer ses reprises, et, si elle ne le faisait pas, ses créanciers pouvaient les exercer à sa place. « Cela sert au mari même, disait Lebrun (*Comm.*, *l. III*, *chap.* 1er, n° 7), à lui sauver une table du naufrage. »

Une controverse existait sur le point de savoir s'il fallait, pour que la femme pût obtenir sa séparation de biens, que le mauvais état des affaires du mari lui fût imputable, ou s'il suffisait qu'il fût constaté, quelle que fût d'ailleurs sa cause. Lebrun pensait que, lorsque par suite de circonstances fortuites et majeures le mari voyait ses affaires péricliter, la femme ne pouvait pas ajouter à ses embarras en provoquant sa séparation de biens. Pothier soutenait, au contraire, qu'il ne fallait pas s'attacher à la cause du désordre survenu dans les affaires du mari, et qu'il suffisait que ce désordre existât pour autoriser la femme à prendre les mesures de précaution dont la séparation de biens fait partie. Nous verrons que, sous l'empire du Code, c'est cette dernière solution qui doit prévaloir.

Le défaut d'emploi des deniers dotaux n'était, dans notre ancienne jurisprudence, une cause de séparation de biens que s'il mettait la dot en péril, « soit, disait Pothier (*Comm.*, n° 511), parce que le mari n'aurait pas assez de biens-fonds pour répondre de la dot, soit parce qu'il aurait des dettes considérables antérieures au mariage. » Il était en outre nécessaire que cet emploi fût stipulé par le contrat de mariage.

Le péril de la dot de la femme était donc le fondement des demandes en séparation de biens ; et cependant nos anciens auteurs avaient fini par admettre que la séparation pouvait être obtenue même par une femme qui ne s'était pas constituée de dot, mais qui tirait des produits de l'exercice d'un talent, d'une industrie.

Après avoir ainsi établi dans quels cas on pouvait demander la séparation de biens, nos anciens jurisconsultes se posaient la question de savoir par qui cette séparation pouvait être demandée. Il y eut à cet égard une controverse qui dura jusque dans les derniers temps de la jurisprudence ; les uns admettant que dans certains cas le mari pouvait, comme la femme, provoquer sa séparation de biens ; les autres faisant de ce droit le privilége exclusif de la femme.

Dans le premier sens se prononçait Lebrun (*Comm.*,

l. III, n°˚ 11 à 13), qui admettait que dans trois cas le mari pouvait demander sa séparation contre sa femme ; c'était : 1° quand les affaires de la femme étaient *si embrouillées, que toute sa fortune ne suffisait pas pour les débrouiller* ; il citait un arrêt, qui avait fait droit sur la demande en séparation formée par un mari et fondée sur ce que sa femme avait, en se mariant, cent quatorze procès indécis ; 2° quand les arrérages annuels des rentes, dues par la femme, excédaient considérablement ses revenus ; 3° quand un héritage de la femme était chargé de rentes foncières qui excédaient le revenu, et que la femme ne voulait pas consentir au déguerpissement. Toutefois Lebrun, en admettant que le mari pouvait dans ces trois cas demander sa séparation de biens, faisait cette différence entre les effets de la séparation prononcée à son profit, et ceux de la séparation prononcée au profit de la femme, que cette dernière, une fois séparée de biens, renonçait à la communauté tant pour le passé que pour l'avenir, tandis que le mari ne pouvait renoncer à la communauté que pour l'avenir, et restait tenu pour le passé de toutes les dettes de la femme qui étaient entrées dans la communauté. Beaucoup d'arrêts s'étaient prononcés dans le sens de cette opinion de Lebrun.

Mais Pothier, Renusson et plusieurs autres auteurs considérables refusaient de l'admettre, même avec la limitation qu'y apportait Lebrun, et ils maintenaient avec fermeté ce vieux principe : *Qui épouse la femme, épouse les dettes.* Leurs énergiques protestations, en faveur du droit exclusif de la femme de provoquer la séparation de biens, paraissaient recevoir un commencement de consécration dans la jurisprudence vers la fin de notre ancien droit, et elles devaient définitivemen l'emporter dans notre droit moderne.

La séparation de biens volontaire était formellement

prohibée par nos anciens auteurs; elle devait résulter d'une sentence du juge rendue avec connaissance de cause. Cette prohibition avait même fait l'objet de textes formels dans quelques coutumes, telles que celles de Dunois (art. 58), de Sedan (art. 97), d'Orléans (art. 108), de Melun (art. 215). Il est vrai que deux provinces, l'Artois et la Flandre, avaient dans leurs coutumes formellement admis les séparations volontaires et contractuelles; mais c'étaient là des exceptions au droit commun, particulières à ces pays devenus plus tardivement français, et qui avaient joui longtemps de leur autonomie législative sous la domination espagnole. Nos pays coutumiers en immense majorité n'admettaient, pas plus que le Code civil ne l'admet aujourd'hui, que les conventions matrimoniales pussent être changées pendant le mariage par le simple consentement des parties, de tels changements pouvant contenir des avantages indirects interdits entre conjoints, et par conséquent repoussaient les séparations de biens volontaires. On décidait même que les séparations n'étaient pas valables quand la sentence qui les prononçait n'intervenait que d'après le consentement des époux, par exemple pour homologuer une transaction qui rendait à chacun des conjoints la disposition et la jouissance de ses biens, parce que, disait Duplessis, *cela ne serait toujours que volontaire.*

Quant à la procédure, la femme présentait au juge une requête pour exposer les motifs de sa demande et demander l'autorisation d'agir. Le juge autorisait et nommait à la femme, si elle était mineure, un curateur sous l'autorité duquel elle procédait ensuite, ce curateur était ordinairement son procureur. Les juges compétents étaient les juges laïques; les juges d'église avaient bien prétendu, dans le principe, avoir seul le droit de connaître des demandes en séparation de biens comme touchant au mariage; mais cette prétention, qui avait été repoussée pour les procès de séparations de corps, n'avaient pas à plus forte raison été admises pour des séparations de biens. La femme n'était déclarée séparée que quand elle avait fourni devant la justice la preuve des faits établissant que sa dot était en péril; et elle devait faire cette preuve alors même que le mari aurait reconnu l'existence des faits par elle allégués, pour qu'aucune collusion ne fût possible entre les deux époux. La conviction du juge pouvait du reste se former soit par l'audition de témoins, soit par l'examen de pièces.

La séparation de biens portait une atteinte trop profonde aux rapports des époux avec les tiers pour que nos coutumes ne cherchassent pas à lui donner toute la publicité nécessaire. La demande elle-même, qui annonçait que de graves changements allaient être apportés à la situation du mari et de la femme, devait être portée à la connaissance du public; et cependant nous ne trouvons que dans deux coutumes, celles de Normandie et de Bourgogne, un système de précautions en vigueur pour avertir les tiers de l'existence de la demande en séparation. En Franche-Comté, la demande recevait aussi une certaine publicité au moyen d'un édit appelé *Proclamat*.

Quant au jugement prononçant la séparation de biens, la plupart des coutumes lui donnaient une large publicité. L'art. 108 de la coutume d'Orléans ordonnait que *la sentence serait publiée en jugement, à jour ordinaire, le juge séant, et enregistrée en la juridiction dudit juge.* — En Normandie, un arrêt de règlement du Parlement de Rouen du 30 août 1688, exigeait que les noms des époux séparés fussent inscrits sur un tableau affiché dans le greffe du tabellionage de la ville où siégeait le tribunal qui avait rendu la sentence. — En Bourgogne, l'art. 143 de l'ordonnance de 1629, qui y faisait loi, prescrivait une formalité semblable, dont l'inaccomplissement entraînait la nullité de la séparation. — Les coutumes de Dunois (art. 58) et de Sedan (art. 97) voulaient que la séparation fût annoncée au prône. — Enfin dans la plupart des autres pays, on donnait toujours à la sentence de séparation une certaine publicité, en la faisant insinuer au bureau dans l'étendue duquel le mari avait son domicile, ainsi que le prescrivaient les articles 4 et 12 de l'édit de décembre 1703 et l'article 1 de la déclaration du 19 juillet 1704. Mais le défaut d'insinuation n'entraînait pas la nullité de la sentence, dont les effets étaient seulement paralysés, jusqu'à ce que cette formalité eût été remplie.

L'insinuation a été abolie par la loi du 5 novembre 1790.

L'ordonnance de 1673, titre VIII, sur le commerce, prescrivait des formalités particulières pour les séparations des femmes des marchands, tant en gros qu'en détail. Elle voulait que les sentences de séparation fussent publiées à l'audience de la juridiction consulaire dans les villes où cette juridiction existait, sinon dans l'assemblée de l'Hôtel-de-Ville, et qu'elles fussent insérées dans un tableau exposé en lieu public.

Nos anciens auteurs craignaient beaucoup que les séparations de biens ne devinssent entre les mains d'époux peu scrupuleux, des moyens de frustrer leurs créanciers.

« Les séparations, disait Bourjon, sont presque toujours des épouvantails dont les débiteurs injustes se servent pour écarter leurs créanciers et mettre leurs meubles à couvert de la poursuite de ces derniers. »

Aussi les coutumes de Paris (art. 224) et d'Orléans (art. 198), et les arrêtés de Lamoignon (art. 82), exigeaient pour la validité de la séparation, indépendamment de sa publicité, qu'elle fût exécutée *sans fraude*, c'est-à-dire qu'il fallait que le mari eût restitué à sa femme sa dot, ou du moins que celle-ci eût commencé des poursuites pour en obtenir la restitution et qu'elle ne les eût pas abandonnées. Le moyen le plus ordinaire de prévenir toute contestation de la part des créanciers sur la sincérité de l'exécution, était de faire procéder publiquement à la vente des objets mobiliers du mari au profit de la femme. Par là cette dernière devenait propriétaire de tout ce qui se trouvait dans le domicile conjugal, et elle en imputait la valeur sur le montant de sa dot. Cette exécution de la sentence de séparation devait être immédiate, sans toutefois qu'il y eût aucun délai fatal imposé par la doctrine et la jurisprudence.

Le principal effet de la séparation de biens était de dissoudre la communauté. Si la femme, qui avait obtenu cette séparation, renonçait à la communauté, aucun inventaire, aucun partage des biens de la communauté n'était nécessaire ; la femme pouvait seulement exercer contre son mari des poursuites afin de recouvrer sa dot. Mais on n'admettait pas que la femme pût demander ni *préciput* ni *douaire*, qui étaient des gains de survie. Il n'existait d'exception qu'en Normandie, où le douaire s'ouvrait par la séparation soit de corps, soit de biens.

On discutait la question de savoir si la femme pouvait, après avoir obtenu une sentence de séparation de biens, accepter la communauté et en demander le partage. Beaucoup d'auteurs faisaient remarquer que cette demande impliquait contradiction avec la séparation de biens, qui ne pouvait être fondée que sur le mauvais état des affaires du mari, et, par conséquent, de sa communauté. Mais d'autres, au nombre desquels se trouvaient Lebrun, Pothier et Denisart, signalaient des cas dans lesquels la femme, séparée de biens judiciairement, était fondée à accepter la communauté et à en demander le partage.

La femme, en effet, n'était pas obligée d'attendre la

ruine complète de son mari, il suffisait qu'il se montrât dissipateur, qu'il commençât à entamer le capital, pour que la femme pût provoquer sa séparation de biens ; elle pouvait alors avoir un très-grand intérêt à ne pas renoncer à une communauté déjà amoindrie, mais non pas absolument mauvaise et qui renfermait peut-être les seuls biens qu'elle eût apportés en mariage, si, par exemple, elle n'avait apporté que des meubles qui étaient tombés nécessairement en communauté, faute de clause contraire dans le contrat de mariage. Dans une telle hypothèse, il paraissait singulier et injuste de lui refuser le droit d'accepter la communauté et d'en demander le partage, alors que probablement elle n'avait provoqué la séparation de biens que pour sauver le reste de son mobilier déjà compromis par les dissipations de son mari. C'est ce qu'avait fort bien mis en lumière un acte de notoriété du Châtelet de Paris, du 27 juillet 1707, qui accordait à la femme, séparée de biens, le droit d'accepter la communauté.

La communauté étant dissoute par la séparation de biens, chacun des conjoints commençait à acquérir pour son compte. Mais la sentence de séparation avait-elle un effet rétroactif ? Pouvait-elle empêcher de tomber en communauté ce que la femme avait acquis pendant le temps qui s'était écoulé entre la demande et le jugement ? Cette question, que le Code civil a tranchée dans le sens de l'affirmative, avait fait longtemps l'objet d'une controverse dans la doctrine de notre ancien droit. Des auteurs soutenaient que le jugement de séparation de biens n'avait pas d'effet rétroactif et établissait à cet égard une différence entre les sociétés ordinaires et la communauté entre époux.

Quant à la jurisprudence du Châtelet de Paris, elle s'était fixée, ainsi que le constate Pothier, et elle donnait aux sentences de séparation un effet rétroactif au jour de la demande; parce que, la sentence de séparation établissant que la femme avait un juste sujet de demander la dissolution de la communauté, il était équitable d'accorder cette dissolution dès le jour où elle avait été demandée, sans que son effet pût être retardé par les longueurs qu'entraîne l'administration de la justice.

Comme conséquence de cet usage du Châtelet, la femme avait l'habitude de faire au greffe, dès le jour de sa demande, sa renonciation à la communauté (Pothier, n° 521).

Par suite encore du même usage, il était généralement admis que la femme avait droit aux intérêts de sa dot du jour de la demande. Cependant, un arrêt du 8 avril 1672 n'avait accordé à la femme séparée de biens les intérêts de sa dot que du jour du jugement. Malgré cet arrêt, Lacombe (v° *Séparation*) soutenait que l'usage constant du Châtelet était d'accorder à la femme les intérêts du jour de la demande, sous la déduction, bien entendu, des aliments qui ont été fournis à la femme par le mari depuis ce temps, et de la part pour laquelle elle a dû contribuer aux charges du ménage. Pothier (n° 521) pensait, lui, que cela devait être laissé à l'arbitrage du juge, qui compensait les intérêts de la dot depuis la demande jusqu'à la sentence avec les aliments fournis à la femme pendant le même temps et avec la part pour laquelle elle aurait dû contribuer aux charges du ménage. Il décidait ainsi surtout pour les cas où la différence entre ces diverses sommes n'était pas grande, et lorsque l'instance n'avait pas duré longtemps. Nous verrons qu'il y a là, même en admettant le principe que la femme séparée de biens a droit aux intérêts de sa dot du jour de la demande, un règlement de compte qui est assez délicat à opérer, et qu'on n'est pas d'accord, même aujourd'hui, sur l'autorité à laquelle le soin de faire ce règlement doit être confié.

La séparation de biens modifiait la capacité de la femme. Pendant l'instance on lui permettait généralement de faire saisir, arrêter et gager les meubles de son mari, en vertu d'une ordonnance du lieutenant civil. Tel était du moins l'usage constant du Châtelet de Paris, que Denisart (v° *Séparation*, n° 48) critiquait vivement, mais que le plus grand nombre des auteurs approuvait.

Lorsque le jugement prononçant la séparation de biens était intervenu, les coutumes se montraient plus ou moins favorables à la femme et différaient beaucoup entre elles sur la somme de capacité qu'on devait lui accorder. Certaines coutumes se montraient fort larges. Celles de Montargis, de Dunois et de Sedan permettaient à la femme séparée de biens de contracter et d'aliéner, comme si elle n'avait jamais été soumise à l'autorisation maritale. Telle était aussi la jurisprudence des provinces de la Belgique. Dans le duché de Bourgogne, il était d'usage que le jugement qui prononçait la séparation de biens autorisât la femme à contracter et à aliéner, comme si elle n'avait pas été mariée ; mais si le jugement de séparation de biens ne conférait pas ce pouvoir à la femme, tout ce qu'elle faisait sans l'autorisation de son mari était nul. Les Placités de Normandie (art. 126) reconnaissaient à la femme le droit de vendre et hypothéquer, sans permission du juge et sans le consentement de son mari, ses meubles, de quelque valeur qu'ils fussent, ainsi que les immeubles qu'elle avait acquis depuis sa séparation. Mais quant aux immeubles qui lui appartenaient lors de sa séparation, ou dont elle avait hérité depuis, elle ne pouvait les vendre ou hypothéquer sans la permission de justice et un avis de parents. Toutefois les actes de disposition qu'elle avait faits pouvaient être exécutés sur ses meubles et sur les revenus de ses immeubles (art. 127).

Ces dispositions des coutumes que nous venons de citer sur la capacité de la femme séparée de biens venaient de ce qu'aux yeux de plusieurs jurisconsultes, tels que Dumoulin, Chopin, Coquille, Gousset (1), la séparation de biens faisait cesser les effets civils du mariage et dépouillait le mari de tous les droits que les coutumes lui donnaient sur la personne et sur les biens de sa femme. D'où la conséquence nécessaire que la femme séparée de biens était complétement affranchie de l'autorité maritale.

Mais, au milieu de toutes ces divergences, le droit commun, consigné dans la coutume de Paris (art. 234) et dans la nouvelle coutume d'Orléans (art. 196), était que la femme séparée de biens ne pouvait aliéner ses immeubles ni les engager sans l'autorisation de son mari. Il est vrai que ces coutumes lui donnaient le droit de s'obliger personnellement sur ses meubles sans être autorisée ; mais la jurisprudence, corrigeant ce que cette latitude pouvait avoir d'excessif, limita le droit de la femme aux seuls actes d'administration. Il fut encore admis par le droit commun de notre ancienne France que le mari conservait, malgré la séparation de biens, sa puissance sur la personne de sa femme. C'est ce système qui forme la base de la législation du Code civil en ce qui touche la capacité de la femme séparée de biens.

Nos anciens auteurs signalaient déjà cette différence entre la séparation de biens résultant d'une sentence judiciaire et la séparation de biens établie par le contrat de mariage, que cette dernière est irrévocable, tandis que l'autre peut être détruite par le consentement des parties. La séparation de biens contractuelle est immuable, parce qu'elle est une convention de mariage.

(1) Sur la coutume de Chaumont (art. 00, n° 7). « Mulier exit extra potestatem viri, disait-il ; sui juris et legitima persona efficitur æque ac si vir naturaliter moreretur. »

Au contraire, le retour au régime du contrat de mariage était, après une séparation de biens prononcée en justice, considéré comme favorable. Bourjon et Denisart cependant étaient d'un avis contraire, qu'ils motivaient par la crainte que le rétablissement de la communauté ne dissimulât un avantage indirect de la part de la femme au profit du mari. Mais c'étaient là deux opinions isolées, et tous les autres auteurs, s'appuyant sur le droit romain (loi 19, Dig., *Soluto matrimonio*, et loi 3, Dig., *De divortiis*), répondaient que le rétablissement de la communauté se faisant à l'occasion d'un plus heureux progrès qu'on aperçoit dans les affaires du mari, il ne doit pas passer pour un avantage indirect. La coutume d'Orléans (art. 199) autorisait en termes formels le rétablissement de la communauté.

Mais suffisait-il, pour que ce rétablissement eût lieu, que la femme renonçât au bénéfice de la séparation de biens, ou fallait-il le consentement des deux époux ? La jurisprudence était unanime : elle exigeait rigoureusement une adhésion mutuelle (1).

Quant à la forme que cette adhésion devait revêtir, on faisait une distinction. Dans le cas où la séparation de biens n'était que la conséquence de la séparation de corps, la réunion publique des époux avait pour effet d'opérer le rétablissement de la communauté. Au contraire, quand la séparation de biens avait été prononcée directement, on exigeait une déclaration précise et authentique de la part des époux ; cette déclaration devait être faite au greffe ou devant notaire. Il ne pouvait pas y avoir de rétablissement tacite de la communauté. Le rétablissement de la communauté devait être constaté par un acte authentique pour deux motifs : d'abord pour éviter les procès sur les modes de preuve des faits allé-

(1) Arrêts du Parlement de Paris des 4 sept. 1721, 6 août 1723, 20 août 1725, 3 mars 1752 (Denisart, v° Sépar., n°⁵ 57 et 58).

gués comme constituant le rétablissement de communauté; en second lieu, pour que ce rétablissement fût connu des tiers qui voudraient traiter avec l'un ou l'autre des conjoints. Lebrun (*Comm.*, l. III, chap. 1, n° 25) exigeait même que l'acte de rétablissement fût passé au greffe du tribunal qui avait rendu la sentence de séparation, ou que, s'il avait été passé devant notaire, il fût enregistré au greffe du tribunal de ce notaire.

Le rétablissement de la communauté détruisait les effets de la séparation de biens si complétement qu'il remettait les choses dans le même état que s'il n'était jamais intervenu de séparation; de telle sorte que la communauté était censée avoir toujours duré et n'avoir point discontinué. L'article 199 de la coutume d'Orléans le disait formellement; toutefois, cette fiction du rétablissement rétroactif de la communauté ne pouvait préjudicier aux tiers, qui avaient traité avec la femme pendant sa séparation, et ne portait pas atteinte aux obligations qu'elle avait valablement contractées alors dans la limite de l'administration de ses biens.

Les époux séparés, qui rétablissaient la communauté entre eux, devaient la rétablir telle qu'elle existait antérieurement à leur séparation, sans changer ses clauses et ses termes. Toute convention dérogatoire au régime antérieur faite dans l'acte de rétablissement de la communauté était nulle, disait Pothier (n° 520). Il ne pouvait exister entre les époux que la seule communauté qui avait commencé au moment de leur mariage, et qui devait durer jusqu'à sa dissolution définitive par la mort d'un des conjoints.

Il ne paraît pas du reste que dans l'ancien droit, on se soit préoccupé d'assurer la publicité de cet acte qui rétablissait la communauté entre époux séparés, et c'est là une lacune que le Code civil a eu soin de combler (art. 1451), tout en adoptant dans son entier le système de nos anciens auteurs sur cette possibilité de faire revivre la communauté dissoute par une séparation de biens prononcée en justice.

Telles étaient, esquissées à grands traits, les solutions de doctrine et de jurisprudence qui régissaient la séparation de biens dans nos anciennes coutumes. Si nous n'avons pas parlé des pays de droit écrit, c'est qu'ils étaient gouvernés en cette matière, comme en toute autre, par les principes du droit romain de Justinien.

Ces quelques détails, nécessairement incomplets, se trouveront complétés dans les excursions que nous serons amenés à faire sur le terrain de l'ancien droit, toutes les fois que nous aurons besoin de remonter aux principes dans le cours de cette étude, et de chercher dans l'histoire de notre législation des lumières pour résoudre les questions laissées obscures par les rédacteurs du Code civil.

SÉPARATION DE BIENS JUDICIAIRE

SOUS LE CODE CIVIL

DIVISION DU SUJET

La séparation de biens prononcée en justice intéresse deux catégories de personnes à des degrés presque égaux : les époux d'abord, dont elle modifie la situation respective quant à leur fortune, en altérant leurs conventions matrimoniales; les tiers ensuite, qui, voulant traiter avec les époux plaidant en instance de séparation de biens ou déjà séparés, ont besoin de connaître les modifications si graves qui vont être ou sont déjà apportées au régime des biens, tel qu'il était auparavant déterminé par le contrat de mariage. — La séparation de biens judiciaire doit donc être étudiée à ces deux points de vue auxquels le législateur s'est du reste placé lui-même; car toutes les dispositions, que nous trouvons, soit dans le Code civil, soit dans le Code de procédure, ont pour objet de déterminer, pendant l'instance et une fois la séparation prononcée, les droits respectifs des époux à l'égard l'un de l'autre, et les droits des tiers vis-à-vis des époux.

Cette idée générale va nous servir à tracer une division du sujet, qui nous permettra de mettre en relief et d'examiner distinctement, tout en montrant les liens qui les rattachent les uns aux autres, d'abord les rapports des époux entre eux pendant l'instance en séparation de biens, au moment du prononcé du jugement, après la séparation effectuée ; et ensuite parallèlement les rapports des époux et particulièrement de la femme, qui joue le rôle principal ici, avec les tiers dans les mêmes situations que nous venons d'énumérer et en suivant les mêmes phases de l'opération. En un mot, nous placerons après chaque chapitre traitant des modifications, que la demande, que le jugement, que la séparation de biens exécutée apportent dans la situation respective des conjoints, un autre chapitre consacré aux modifications que ces mêmes faits apportent dans la situation des époux vis-à-vis des tiers.

Ce travail se trouve ainsi divisé en sept chapitres.

Chapitre I. — De la demande en séparation de biens.

Chapitre II. — De l'intervention des créanciers dans l'instance en séparation de biens.

Chapitre III. — Du jugement de séparation de biens.

Chapitre IV. — Des droits des créanciers et des voies de recours qui leur sont ouvertes contre le jugement de séparation de biens.

Chapitre V. — Des effets de la séparation de biens sur les rapports respectifs des époux.

Chapitre VI. — Des effets de la séparation de biens sur les rapports des époux avec les tiers.

Chapitre VII. — Ce chapitre, tout spécial et sortant un peu du cadre de la division que nous avons adoptée, sera consacré à la cessation de la séparation de biens.

CHAPITRE PREMIER

De la demande en séparation de biens

La séparation de biens, avec les conditions énumérées dans l'article 1443 du Code civil, peut être demandée pour mettre fin non-seulement au régime de communauté, mais aussi au régime dotal, puisque l'article
1563 renferme à cet égard une disposition expresse.
Si le Code a traité de la séparation de biens judiciaire
dans le chapitre où il expose les règles de la communauté et dans la section où il parle de la dissolution de
ce régime, la raison en est que, le plus souvent, c'est
en faveur d'une femme mariée sous le régime de communauté que la séparation de biens sera prononcée,
parce que ce régime est le plus fréquent.

La seconde raison de la place assignée dans la loi à la
séparation de biens judiciaire est qu'au moment où ces
articles ont été rédigés, les rédacteurs du Code n'étaient
pas encore fixés sur le point de savoir s'ils admettraient
le régime dotal, et qu'il y avait même parmi eux de
grandes répugnances à faire entrer ce régime dans la
loi. Voilà pourquoi, quand ensuite le régime dotal fut
définitivement adopté, on inscrivit un article de renvoi,
qui est l'article 1563, pour bien marquer que la séparation de biens y est applicable, comme elle l'est à la communauté. Nous admettons de même que la séparation
de biens judiciaire peut mettre fin au régime sans communauté, quoique nous n'ayons ici aucun texte ; mais il

y a absolument les mêmes raisons de décider que pour le régime dotal.

Il n'y a qu'un régime auquel la séparation de biens judiciaire ne puisse pas mettre fin, c'est celui de la séparation de biens contractuelle. Pourquoi, en effet, la femme aurait-elle recours à une mesure aussi grave que la séparation de biens judiciaire, lorsqu'elle trouve dans son contrat de mariage les mêmes avantages que celle-ci pourrait lui procurer ?

On pourrait même ajouter que les époux, en adoptant la séparation de biens comme régime matrimonial, ont voulu prévenir l'adoption d'une mesure toujours pénible et que l'état de leurs affaires pourrait rendre nécessaire dans l'intérêt de la femme.

Cependant, si le contrat de mariage avait restreint les pouvoirs accordés ordinairement à la femme mariée sous le régime de séparation de biens en attribuant, par exemple, l'administration et la jouissance de certains biens au mari, nous pensons alors, avec la Cour de cassation (1), que la femme pourrait demander sa séparation en justice, parce qu'elle y aurait un intérêt sérieux.

Si la femme mariée sous le régime dotal n'a et ne peut avoir que des paraphernaux, parce qu'aucune dot ne lui a été constituée par le contrat de mariage, elle ne peut pas obtenir sa séparation de biens judiciaire. Elle n'a aucun intérêt à faire valoir, puisqu'elle conserve l'administration et la jouissance de ses biens (art. 1576), et qu'elle ne les apporte point au mari pour soutenir les charges du ménage. Dans ce dernier cas, il est vrai, comme dans celui de la séparation contractuelle, la femme pourrait avoir des reprises à exercer, parce que le mari aurait touché tout ou partie de ses capitaux ou

(1) 8 juin 1859 (Dall., 1859, 1, 315).

du prix de ses biens; mais il lui suffit, pour obtenir ce paiement de ses reprises, de suivre la voie d'une action ordinaire. Si elle avait laissé son mari gérer ses biens, et qu'il se fût mal acquitté de son administration, elle préviendra tout danger en lui retirant les pouvoirs qu'elle lui aurait donnés tacitement ou expressément.

Après avoir ainsi déterminé sous quel régime la femme peut réclamer sa séparation de biens judiciaire, pénétrons dans les détails de la disposition contenue dans l'article 1443 du Code civil, qui est ainsi conçu :

« La séparation de biens ne peut être poursuivie qu'en justice par la femme dont la dot est mise en péril, et lorsque le désordre des affaires du mari donne lieu de craindre que les biens de celui-ci ne soient point suffisants pour remplir les droits et reprises de la femme. Toute séparation volontaire est nulle. »

Cet article, qui pose ainsi les conditions dans lesquelles peut intervenir la séparation de biens, fera l'objet des deux sections suivantes, où nous examinerons successivement : 1° les causes de la séparation de biens ; 2° les personnes qui peuvent la demander.

SECTION PREMIÈRE

Des causes de la séparation de biens.

Dans l'ancienne jurisprudence, aucun texte positif n'avait déterminé pour quelles causes la séparation de biens pouvait être demandée. Les pays de coutumes, comme les pays de droit écrit, acceptaient à cet égard les principes du droit romain. Nous avons dit déjà que, d'après les lois romaines, le remède de la séparation de biens pouvait être appliqué lorsque le mari, mauvais administrateur, dissipait la dot, ou lorsqu'il était réduit à l'indigence, ou même lorsque ses ressources étaient reconnues insuffisantes pour répondre de la dot.

On l'entendait de même dans l'ancien droit, où on admettait la séparation de biens dès que le mari marchait à la misère, *quum maritus vergit ad inopiam.*

Il y avait donc dans notre ancienne jurisprudence deux causes bien distinctes de séparation de biens : la dissipation de la dot et le mauvais état des affaires du mari, pouvant rendre ses biens insuffisants pour répondre des créances de la femme.

Ces deux causes sont reproduites aujourd'hui par l'article 1443 du Code civil, en ces termes :

« La séparation de biens ne peut être poursuivie qu'en justice par la femme *dont la dot est mise en péril, et lorsque le désordre des affaires du mari donne lieu de craindre que les biens de celui-ci ne soient point suffisants pour remplir les droits et reprises de la femme.* »

Nous allons examiner successivement le caractère et la portée de ces deux sources de séparation de biens, et nous occuper en premier lieu du *péril de la dot.*

Sous le régime de la communauté, comme sous le régime dotal, la dot est le bien que la femme apporte au mari pour l'aider à supporter les charges du ménage (art. 1540, C. civ.). Ainsi la dot de la femme mariée en communauté consiste non-seulement dans les propres qu'elle s'est constitués en mariage, mais encore dans dans les divers apports que la communauté doit comprendre, comme les valeurs mobilières. Si, au lieu de faire fructifier les biens que la femme lui a confiés, le mari les dissipe et compromet l'actif social par une mauvaise gestion, la femme, trompée dans sa confiance, a le droit de mettre fin à une administration négligente ou prodigue en provoquant sa séparation de biens. On ne comprendrait pas qu'on voulût protéger seulement la femme qui, par son contrat de mariage, s'est réservé

en propre son mobilier, ou en a stipulé la reprise en cas
de renonciation à la communauté, ou bien celle dont les
propres ont été aliénés; tandis qu'on laisserait sans défense celle qui aurait apporté une fortune mobilière
considérable sans faire de contrat, ou sans stipuler dans
celui qu'elle aurait fait la reprise de son apport. Ce résultat était déjà repoussé par nos anciennes coutumes.
C'est ainsi que l'article 424 de la coutume de Bretagne
disposait que les époux sont communs en meubles et
acquêts, *jusqu'à ce que le mari fût trouvé mal usant de
ses biens.*

Ces coutumes préparaient un principe que la doctrine
et la jurisprudence de notre époque n'ont pas hésité à
confirmer.

La dot comprend donc les immeubles propres de la
femme et les capitaux qu'elle a apportés. Elle comprend,
en outre, les fruits des immeubles propres, quoiqu'ils
tombent dans la communauté, et les fruits des immeubles dotaux, ainsi que les revenus des capitaux que
la femme s'est constitués, ou qui sont tombés dans la
communauté, soit qu'elle possédât ces capitaux au moment du mariage ou qu'ils lui soient échus depuis.

Etant ainsi déterminé ce qui est compris sous ce mot
général *dot*, le péril, auquel elle peut être exposée,
provient des dissipations ou de la mauvaise administration du mari; il peut évidemment exister, alors même
que le mari posséderait des biens plus que suffisants
pour assurer le remboursement des sommes dotales. La
femme ne doit pas être obligée, pour pouvoir provoquer
sa séparation de biens, d'attendre que sa dot soit gra-
vement compromise. Il suffit que l'administration du
mari lui donne des inquiétudes sérieuses (1).

(1) Bordeaux, 1er mai 1818 (Dall., 1818, 2, 102); Montpellier,
20 janvier 1832 (Dall., 1832, 2, 171); Grenoble, 16 mars 1835 (Dall.,
1835, 2, 170).

Il ne suffit pas au mari, pour éviter la séparation de biens, de pouvoir représenter, à la dissolution de la communauté, les capitaux formant les reprises de la femme; il faut que, pendant le mariage, il puisse consacrer aux charges du ménage et aux besoins de la vie les intérêts et les fruits des biens de celle-ci, et que, par conséquent, ces intérêts et ces fruits ne soient point dissipés par lui. Ce n'est pas seulement lorsque le capital de la dot est mis en péril, que la séparation de biens peut être obtenue, elle peut l'être encore dans le cas où ce capital restant intact et garanti par une hypothèque légale suffisante, les revenus de la dot sont, à raison du désordre des affaires du mari, détournés de leur destination naturelle et légale qui est de subvenir aux besoins de la famille.

C'est ce qu'ont décidé une doctrine et une jurisprudence (1) constantes. Les fruits et revenus, en effet, font partie de la dot; ils sont particulièrement apportés au mari pour qu'il les emploie à satisfaire aux besoins de la famille. Dès qu'il cesse de remplir cette condition, la dot est en péril, car elle est frappée de stérilité.

Tel était déjà sur ce point l'esprit de notre très-ancien droit, et on lit dans la première rédaction de la coutume de Bretagne (Chap. 82) : « Les meubles sont, par coutume, au mary attribués, et en peut faire sa volonté, *faisant providence advenante à sa femme durant le mariage entre eux,* jusqu'à tant que le mary soit trouvé mal usant des choses. » D'Argentré s'exprime d'une manière analogue dans son Commentaire sur la nouvelle coutume de Bretagne (art. 433). Le Code ne pouvait faire

(1) Cass., 28 janv. 1812 (Dall., 1812, 1, 128); Orléans, 7 août 1815 (Dall., 1816, 2, 115); Cass., 17 mars 1817 (Dall., 1817, 1, 110); Riom, 10 août 1818 (Dall., 1830, 2, 10); — Toullier, XIII, n° 21; Duranton, XIV, n° 103; Rodière et Pont, III, n° 2102; Favard, v° *Sépar. entre époux,* § 1, n° 3.

6

à cet égard moins que notre ancien droit pour la protection de la femme et de la famille.

On a voulu aller plus loin et décider que la dot est réputée mise en péril et que la séparation de biens peut intervenir, lorsque le désordre des affaires du mari donne lieu de craindre que les revenus de la dot ne soient détournés de leur destination légale pour servir au paiement des dettes personnelles du mari.

Posée en règle générale, cette solution nous paraît dangereuse, car elle peut conduire la femme à s'ériger en censeur de son mari, et elle l'excite à s'arroger un pouvoir d'immixtion et de contrôle que la loi ne lui a jamais reconnu dans les affaires du ménage. En outre, il n'y a pas là une affectation des revenus de la dot à d'autres besoins qu'à ceux de la famille, et, d'autre part, le capital des biens dotaux n'est nullement compromis. Les tribunaux ne pourraient prononcer en pareil cas la séparation de biens, que si les dettes personnelles du mari provenaient de désordres et de dissipations, et si elles absorbaient les revenus dotaux, au point que la femme et les enfants seraient dans le besoin (1).

Si la dot de la femme était purement immobilière, ou si le remboursement de la dot mobilière était assuré par les immeubles du mari, et que d'ailleurs ce dernier subvînt convenablement aux besoins de la famille, le dérangement de ses affaires, les poursuites mêmes dont ses biens seraient l'objet, ne pourraient pas motiver une séparation. La femme alléguerait vainement que le mari fait des dépenses folles, des spéculations hasardeuses, des emprunts irréfléchis ; il ne faut pas qu'elle puisse par ses tracasseries ajouter à ses embarras.

Mais dès que le capital de la dot a reçu quelque atteinte, ou que les revenus ont été détournés de leur

(1) Cass., 15 juillet 1867 (Dall., 1867, 1, 286).

destination, la femme est autorisée à poursuivre sa séparation de biens, quelle que soit l'importance des ressources du mari, et à quelque cause qu'il faille attribuer son administration compromettante. Peu importe alors que les revenus de la dot servent à payer les dettes du mari ou soient absorbés par toute autre dépense. Il n'y a pas lieu non plus de faire des distinctions entre les dettes du mari, suivant qu'elles auraient une origine honnête ou non, suivant qu'elles seraient antérieures ou postérieures au mariage. Si, en effet, la femme ne peut pas répudier les dettes du mari antérieures au mariage, si elles font partie du passif de la communauté (art. 1409-1°, C. civ.), s'il en est de même pour les dettes que le mari a contractées au cours du mariage, comme maître et administrateur de la communauté (art. 1409-2°), ce n'est qu'autant que le mari n'amortit ces dettes antérieures ou postérieures au mariage qu'avec les revenus des biens de la communauté. S'il veut les payer avec les revenus des biens propres de la femme, celle-ci peut l'accuser de mauvaise administration, car ces revenus ne sont entrés dans la masse que pour permettre au mari de subvenir aux besoins de la famille, ils n'ont pas pour destination de payer les dettes du mari.

Si nous examinons la même question du paiement par le mari, de ses dettes personnelles avec les revenus de la dot sous le régime dotal, nous trouvons que c'est mettre la dot en péril d'une manière encore plus grave que sous le régime de communauté. En principe, rien ne peut autoriser le mari, sous le régime dotal, à employer les revenus de la dot à l'acquittement de ses dettes, à moins que celles-ci ne se rattachent aux besoins de la famille, auquel cas le mari sera à l'abri de tout reproche, puisqu'alors les revenus auront reçu leur destination naturelle et légale. De même qu'il est certain que la femme ne serait pas fondée à se plaindre, si, les revenus de ses propres ou de ses biens dotaux étant plus que suffisants pour faire face aux charges du ménage, le mari en avait employé l'excédant à l'acquittement de dettes qui auraient une cause honorable.

On décidait déjà dans l'ancien droit que même la femme, qui ne s'était pas constituée de dot au moment de son mariage, pouvait cependant faire prononcer sa séparation de biens, si la mauvaise administration du mari prive la famille du bien-être que les produits du travail de la femme pouvaient lui assurer, soit dans le présent, soit dans l'avenir. Cette solution est universellement admise encore aujourd'hui, quoiqu'il y ait eu quelques hésitations dans le principe. L'objection consisterait à dire qu'il ne peut être question ici du péril de la dot, puisqu'il n'y a pas de dot ; mais on répond avec une grande force que la dot ne consiste pas seulement dans les immeubles ou dans les capitaux mobiliers remis par la femme au mari. La dot est, d'une manière plus large, le bien que la femme apporte au mari pour subvenir aux charges du ménage (art. 1540). Ainsi, toutes les ressources que la femme par son travail, par son industrie, ou par son commerce, peut fournir au mari pour l'aider à soutenir la famille, constituent la dot.

Par produit du travail de la femme, nous entendons ici non-seulement les gains obtenus par la femme à l'aide de sa profession, mais aussi toutes les économies et l'augmentation de ressources réalisées par sa collaboration, par ses soins domestiques, par sa bonne administration du ménage. Il n'est pas nécessaire, comme le soutiennent quelques auteurs (1), que la femme non dotée exerce un art ou une profession dont elle a intérêt à s'approprier exclusivement les produits, pour qu'elle puisse demander la séparation de biens. L'intérêt de la

____

(1) Aubry et Rau, iv, p. 331, note 9.

femme à recueillir sa part dans la communauté, avant que le mari la dissipe, est un motif suffisant pour autoriser son action (1).

La femme mariée sous le régime dotal, qui n'a pas apporté de dot, nous paraît être en droit de demander la séparation de biens, tout autant que la femme commune qui ne s'est pas constituée de dot, pour soustraire aux dissipations de son mari les épargnes qu'elle a peut-être amassées au prix de pénibles privations.

Il faut observer que, sous le régime de la communauté comme sous le régime dotal, la femme, qui n'a pas apporté de dot, ne peut être admise à demander sa séparation de biens que si, par sa collaboration, elle a contribué, à un titre quelconque, à l'augmentation des ressources du ménage.

On s'est demandé si une femme qui n'a ni dot actuelle, ni industrie spéciale, mais qui a des espérances de fortune, qui va recueillir des successions, pourrait, pour mettre à l'abri ces biens qui doivent lui advenir, faire prononcer la séparation en se fondant sur le péril de sa dot. Quant à nous, nous n'hésitons pas à répondre affirmativement. Sans doute, ces espérances de la femme ne constituent pas une dot actuelle, mais il ne faut pas oublier que la séparation de biens est souvent une mesure préventive, autorisée par le législateur pour parer à des événements qui vont compromettre d'une manière grave les ressources de la femme et du ménage. Il nous paraît donc être dans l'esprit de la loi que la femme d'un dissipateur obéré ne soit pas réduite à attendre l'ouverture d'une succession qui, si elle était mobilière, deviendrait aussitôt, avant qu'aucune mesure ait pu être prise, la proie des créanciers du mari (2).

(1) Marcadé, vi, p. 582; Duranton, xiv, n° 401; Rodière et Pont, iii, n° 2201.
(2) Bordeaux, 1er mai 1818 (Dall., 1818, 2, 102).

La seconde cause de séparation de biens, indiquée dans l'article 1443, est le désordre des affaires du mari, qui fait craindre que ses biens ne soient pas suffisants, à la dissolution du mariage, pour remplir la femme de ses reprises.

Le principe général est que la femme n'est pas obligée d'attendre que le mari soit complétement dépouillé des biens servant de garantie au remboursement de ses droits et reprises, car alors le mal serait sans remède. Il n'y a point, du reste, de règles précises pour déterminer à quels signes se reconnaîtra le désordre des affaires du mari. La loi s'en remet sur ce point à la sagesse des tribunaux. Il est de leur devoir, dans une matière aussi importante, de comparer l'actif et le passif du mari, afin de ne pas confondre un simple état de gêne avec un véritable état de désordre. Si le mari, par exemple, fait annuellement des dépenses plus fortes que ses revenus sans terme ni mesure, ou s'il est poursuivi par ses créanciers, voilà des cas où les craintes de la femme sont fondées.

Le désordre des affaires du mari n'est du reste une cause de séparation de biens que lorsqu'il s'y joint l'insuffisance de sa fortune personnelle ; ce que nous disons sans rien enlever à la femme du droit que nous lui avons reconnu de provoquer sa séparation, quand la dot a été dissipée d'une manière quelconque, ou détournée de sa destination légale. C'est ainsi que la femme dont l'hypothèque légale frapperait des immeubles d'une valeur beaucoup plus considérable que le montant de ses reprises et qui ne seraient grevés ni d'hypothèques ni de priviléges antérieurs, ne pourrait pas demander sa séparation de biens en alléguant le désordre des affaires de son mari, à moins que celui-ci ne détournât les revenus de la dot, car les deux causes de séparation mentionnées par l'article 1443, sont indépendantes l'une de l'autre.

Les termes *désordre des affaires du mari* sont une expression légale dont il est dans les attributions de la Cour suprême d'indiquer le sens et la portée. Mais l'appréciation des faits qui motivent la séparation de biens, échappe à la censure de la Cour de cassation et est de la compétence des juges du fond.

Une question, qui a fait l'objet de certaines hésitations en jurisprudence (1), est celle de savoir si le mari qui a dissipé ses propres ressources, peut se soustraire à la séparation de biens en offrant, pour garantir la restitution de la dot, le cautionnement d'un tiers. Pour nous, il nous paraît impossible de reconnaître à la femme le droit de se plaindre du désordre des affaires du mari, du moment que sa dot est en sûreté, n'importe par quel moyen, et cette sûreté existe ici, puisqu'un tiers s'est porté garant de la restitution.

Bien qu'à l'origine les immeubles du mari fussent d'une valeur plus considérable que le montant des reprises de la femme, celle-ci peut obtenir sa séparation de biens, si le mari, par sa mauvaise administration, rend ces immeubles insuffisants.

Nous avons vu qu'une controverse existait dans notre ancienne jurisprudence sur le point de savoir si la force majeure était, en matière de séparation de biens, comme en toute autre, exclusive de la responsabilité du mari. Pothier (*Comm.*, n° 510) pensait que, quelle que fût la cause du désordre des affaires du mari ou du péril de la dot, la séparation de biens pouvait être obtenue par la femme. C'est ce sentiment qui prévaut dans la doctrine moderne, et avec grande raison, selon nous. Le législateur, en effet, ne pouvait admettre aucune distinction entre les causes qui engendrent le désordre des

(1) Arrêt de la Cour de Riom du 13 déc. 1844, cassé par la Cour suprême, 27 avril 1847 (Dall., 1847, 1, 123.)

affaires du mari et l'insuffisance de ses biens. Sans doute les liens, qui unissent les époux, les obligent à se secourir, à ne pas s'abandonner dans le malheur, mais non pas à se ruiner ensemble. La femme n'est pas infidèle à ses devoirs, quand elle sauve du naufrage les débris de sa fortune dans l'intérêt de sa famille entière, dont le sort est plus intéressant que l'intérêt particulier du mari; d'autant mieux que la séparation de biens n'est pas une injure, un acte d'hostilité contre le mari, mais un moyen de prévenir les suites désastreuses du malheur qui l'a frappé et d'en atténuer pour lui-même les conséquences. La séparation de biens peut donc être demandée quand même le désordre des affaires du mari aurait pour cause des événements tout à fait fortuits (1).

Nous donnerions la même solution pour le cas même où la femme aurait perdu ses sûretés par sa faute et de son consentement; par exemple, en consentant imprudemment à la vente des immeubles de son mari et en renonçant à son hypothèque légale. On doit penser qu'elle n'a fait cet abandon qu'avec l'espoir de voir la position de son mari s'améliorer. Mais puisque le mari a dissipé le prix de ses immeubles au lieu de l'employer à rétablir ses affaires, elle ne doit pas être liée par le consentement qu'elle a donné dans une autre prévision. Du reste, elle n'a pu aliéner le seul moyen de sauvegarder les intérêts de la famille.

Le mari ne pourrait repousser la demande en séparation de biens, sous le prétexte que le désordre de ses affaires a été produit par les prodigalités de sa femme. C'était au mari à arrêter ces prodigalités; et, si, sans s'associer aux folles dépenses de sa femme, il s'est montré coupable de faiblesse en ne lui résistant pas, il ne mérite plus la confiance que la loi avait mise en lui qui

(1) Riom, 20 août 1848 (Sirey, 1810, 2, 236). — Contrà, Lyon, 11 juin 1833 (Dall., 1833, 2, 217).

avait le pouvoir de veiller au sort de la dot. Quant à la femme, si elle conserve après la séparation les mêmes habitudes, le mari ou les parents pourront lui faire donner un conseil judiciaire.

La séparation de biens ne peut pas être prononcée quand rien ne prouve la mauvaise administration du mari, ni le désordre de ses affaires, mais parce que ses biens immobiliers, les seuls sur lesquels la femme ait un droit de préférence, paraissent insuffisants pour répondre de la dot. Le mari, en effet, n'est pas tenu de fournir caution pour recevoir la dot, s'il n'y a été obligé par le contrat de mariage (art. 1550, C. civ.). Il suit de là que la femme, qui, dans son contrat, n'a exigé aucune sûreté, s'en est tout à fait remise à l'intelligence et à la probité de son mari pour la gestion de sa dot, et, tant que rien ne prouve que ce dernier manque de ces qualités, la femme ne peut pas se soustraire à une chance qu'elle a volontairement acceptée. Vainement invoquerait-elle l'intérêt de la famille, car rien n'a été changé à l'état de choses sous lequel la famille s'est formée. S'il en était autrement, si la femme pouvait invoquer l'insuffisance des biens immobiliers du mari comme garantie de sa dot, la dispense de caution, prononcée par la loi en faveur du mari, serait illusoire, puisque cette dispense est faite particulièrement pour les maris dont les biens apparents ne suffisent pas à la garantie de la dot, et que la femme, en pareil cas, pourrait toujours éluder la dispense en demandant la séparation de biens (1). Si, au contraire, le mari pauvre, au lieu de se montrer économe et bon administrateur, trompe la confiance que la femme avait mise en lui, alors celle-ci pourra demander la séparation de biens en se fondant sur le péril que font courir à la dot les habitudes de dissipation contractées

(1) Caen, 18 juillet 1830, et Cass., 2 juillet 1831 (Dall., 1831 1, 272).

par le mari depuis le mariage, ou qui existaient déjà antérieurement, mais dont elle espérait le voir se corriger.

Le mari était pauvre au moment de la réception de la dot, pour laquelle aucune sûreté n'a été exigée de lui. Sa fortune s'est ensuite accrue, mais elle a plus tard diminué sans pourtant qu'il paraisse plus pauvre qu'il ne l'était au moment du mariage. Cette diminution de fortune autorise-t-elle la femme à demander la séparation de biens?

Nous croyons que la question doit se résoudre par une distinction. Si l'appauvrissement du mari résulte de sa mauvaise administration, la séparation de biens pourra être provoquée. Si, au contraire, cet appauvrissement est la conséquence d'événements fortuits, la séparation nous paraît inadmissible, même dans le cas où la diminution de fortune a été amenée par la faute du mari, si ce dernier n'a cessé de pourvoir aux besoins de la famille. La femme, en effet, ne peut prétendre que le mari, dans ce cas, ait mis sa dot en péril, ni qu'il ait diminué le gage qui garantissait ses droits, puisque les accidents survenus la replacent dans la situation de fortune où elle se trouvait lors du mariage.

Lorsque le contrat de mariage impose au mari l'obligation de fournir une sûreté de la dot, par exemple, de faire emploi des sommes dotales, le défaut d'emploi n'est pas nécessairement une cause de séparation de biens; l'absence d'une sûreté ne constitue pas toujours un péril, et c'est précisément ce péril de la dot qui est nécessaire pour que la femme puisse avoir recours au moyen si grave dont nous parlons. Le défaut d'emploi autorise la femme à demander l'emploi, mais ne suffit pas pour motiver la séparation de biens, à moins que le mari soit d'une solvabilité douteuse, qu'il y ait, en un mot, un risque sérieux pour la femme.

Cette doctrine a été contestée par plusieurs auteurs (1), qui ont soutenu que la stipulation de l'emploi de la dot est une clause conditionnelle qui doit être exécutée de bonne foi, et qui tient lieu de loi entre les parties, sans pouvoir être révoquée ni changée, que de leur consentement mutuel; l'inobservation de cette loi doit donner lieu à la résolution du contrat. En outre, aux termes de l'article 1188, dont la disposition est de droit commun, le débiteur, qui diminue les sûretés fournies par le contrat, est déchu du bénéfice du terme; le mari, a-t-on dit, se trouve dans cette situation, lorsqu'il a refusé de faire emploi, et dès lors il doit être condamné à restituer immédiatement la dot. On a encore tiré, en faveur de cette solution, des arguments par analogie de l'article 2040 du Code civil, qui autorise le créancier à exiger une autre caution lorsque la première devient insolvable, et de l'article 2131 qui permet au créancier hypothécaire d'exiger son remboursement ou un supplément d'hypothèque, quand l'immeuble primitivement hypothéqué vient à périr ou à subir des dégradations, même sans la faute du débiteur.

Ces arguments, quelque spécieux qu'ils soient, ne nous ont pas paru convaincants. On peut d'abord répondre aux derniers tirés des articles 2040 et 2011, qu'il n'existe aucune analogie entre le cas du créancier dont la créance était garantie par une caution et qui perd cette caution, et le cas du créancier hypothécaire, dont l'hypothèque disparaît, et d'un autre côté l'hypothèse d'une femme dont les deniers dotaux n'ont pas été employés par le mari, comme ils auraient dû l'être en vertu du contrat de mariage. Les créanciers, dont nous parlons, n'auraient pas d'autres garanties que celles qu'ils ont perdues, tandis qu'il reste à la femme, même si son mari ne

(1) Toullier, xiii, n° 31; Rodière et Pont, iii, n° 2099.

fait pas l'emploi stipulé, d'autres sûretés efficaces, surtout si, comme nous le supposons ici, les biens du mari sont suffisants pour assurer la restitution de sa dot. Nous ajouterons que la femme ne peut pas invoquer le droit commun pour faire appliquer une mesure exorbitante et d'un caractère essentiellement exceptionnel. Ce ne sont pas les articles 1134, 1184 et 1187 du Code civil qui doivent régler l'opportunité de la séparation de biens; c'est uniquement le texte précis de l'article 1443 qu'il faut consulter pour reconnaître si ce moyen extrême doit être employé. Or, le défaut d'emploi ne mettrait la dot en péril que s'il avait été stipulé pour suppléer à l'insuffisance des biens du mari; c'est alors seulement que cette circonstance, rentrant dans les termes de l'article 1443, permettrait à la femme de former une demande en séparation de biens.

Telle était déjà, ainsi que nous l'avons indiqué, l'opinion de nos anciens auteurs.

Si la dot comprend des objets mobiliers, susceptibles de conservation, malgré l'usage qui en est fait, et que la propriété de ces objets ait été réservée à la femme par le contrat de mariage, la séparation de biens pourra être demandée, dans le cas où le mari en disposerait sans le consentement de sa femme, car il serait vrai de dire que la dot est en péril, à moins que l'aliénation n'ait porté que sur un objet de minime valeur. Mais le mari échapperait à toute responsabilité, si les biens mobiliers, dont la propriété aurait été ainsi réservée à la femme, se consommaient par l'usage; le mari, en les aliénant, n'aurait fait qu'exercer un droit qui était la conséquence même de l'usage auquel la chose était destinée.

Examinons maintenant certains faits qui modifient d'une manière grave la situation du mari, et voyons s'ils sont de nature à autoriser, de la part de la femme, une demande en séparation de biens. Pour qu'il en soit ainsi, il faudra que nous trouvions réalisée une des deux conditions indispensables à la formation d'une demande de cette nature : péril de la dot, ou désordre des affaires du mari, amenant comme conséquence l'insuffisance de ses biens pour garantir les reprises et droits de la femme. Il ne faut pas perdre de vue que ce sont là les deux uniques causes de séparation de biens.

On s'est d'abord demandé si l'absence du mari autorise la femme à provoquer sa séparation.

Si les époux sont mariés sous le régime de la communauté, la question se trouve résolue par l'article 124 du Code civil, qui dispose qu'une fois l'absence déclarée l'époux présent peut, à son gré, demander la continuation ou la dissolution provisoire de la communauté ; par conséquent, il ne peut pas être question, en pareil cas, de séparation de biens demandée en justice.

Mais la question devient très-délicate, lorsque les époux sont mariés sous un autre régime que celui de la communauté, sous le régime dotal, par exemple. Dans cette seconde hypothèse, le mari étant absent, la femme va-t-elle pouvoir demander sa séparation de biens ? Ici encore, il faut distinguer deux cas : celui où le mari a laissé un procureur fondé, et celui où il est parti sans donner de pouvoir à personne.

Si le mari absent a laissé un procureur fondé, il nous semble que la femme n'a rien à craindre pour sa dot et que, par suite, elle n'a aucun intérêt à provoquer sa séparation. Toutefois, les articles 121 et 122 du Code civil nous paraissent applicables ici, et nous pensons que, malgré la procuration laissée par le mari, la femme pourra obtenir sa séparation de biens après dix années révolues depuis sa disparition ou ses dernières nouvelles, et qu'elle le pourra même avant, si les pouvoirs du procureur fondé viennent à cesser. Mais il serait injuste

que la femme fût admise à poursuivre sa séparation de
biens avant l'expiration de ce délai et dès qu'il y aurait
quelque incertitude sur l'existence du mari. La dot est
administrée par un mandataire, la femme n'a donc pas
lieu de s'inquiéter.

Si le mari n'a pas laissé de procuration, beaucoup
d'auteurs (1) soutiennent que la dot, se trouvant sans
administrateur, est en péril, et que la femme peut alors
demander la séparation de biens. Nous ne croyons pas
cette opinion exacte, parce qu'en cas de retour du mari,
il serait impossible de rétablir les choses dans la situation
où elles se trouvaient avant la disparition de l'absent, si
la femme s'y refusait. L'article 1451 dit, en effet, que la
séparation de biens ne peut cesser que du consentement
mutuel des époux; et alors nous arrivons, avec le système des auteurs que nous avons cités, à une violation
formelle de l'article 131, si nous admettons que la séparation de biens subsiste après le retour du mari, à moins
que la femme ne consente au rétablissement du régime
antérieur; ou bien à la violation non moins manifeste de
l'article 1451, si nous décidons que le retour du mari
suffit pour mettre fin de plein droit à la séparation de
biens. Aussi croyons-nous qu'il vaut mieux décider que
la femme ne pourra pas, en pareil cas, réclamer sa séparation, mais qu'elle aura seulement, comme tous les
intéressés, le droit de demander la restitution de sa dot
et de ses propres à titre d'envoi en possession provisoire. Ce droit résultera pour elle du jugement déclaratif d'absence et de la présomption de mort qu'il établit;
il sera le même pour elle que pour tous les envoyés en
possession provisoire en général, et elle administrera
les biens qui lui seront ainsi remis sous les mêmes obligations, particulièrement en étant tenue de donner cau-

(1) Dutruc, *Traité de la Sépar. de biens judiciaire*, p. 77, n° 91. —
Rodière et Pont, III, n° 2103.

tion pour la sûreté de son administration (art. 120). Comme ce ne sera pas là une séparation de biens entraînant un effet définitif, la jouissance et l'administration de la femme cesseront de plein droit, sans qu'aucun des époux puisse s'y opposer, au moment du retour du mari absent (art. 131).

Une seconde question se pose sur le point de savoir si l'état de contumace du mari peut motiver une séparation de biens.

La réponse a donné lieu à de vives et longues controverses. Mais nous n'hésitons pas à rejeter toutes les distinctions plus ou moins subtiles et arbitraires qui ont été présentées, et à décider, d'une manière générale, que l'état de contumace du mari est une cause de séparation de biens, parce qu'il existe un péril grave pour la dot de la femme.

En effet, les biens du condamné sont séquestrés par l'administration des domaines et gérés comme biens d'absent (art. 471, C. inst. crim.). N'y aurait-il pas une injustice et une inhumanité criantes à étendre nécessairement ce séquestre aux biens de la femme, réduite à solliciter des secours de l'administration et à débattre le chiffre des sommes dont elle aurait besoin pour elle et ses enfants? C'est au mari qu'elle a confié ses biens, c'est pour une destination que le mari seul peut convenablement remplir. On ne peut pas la réduire à la mendicité, pour ainsi dire, parce que la mauvaise conduite de son mari lui aurait fait perdre une fortune sur laquelle elle comptait pour élever sa famille. Ce serait la punir, elle et ses enfants, de fautes auxquelles ils sont étrangers, que de ne pas autoriser alors la séparation de biens.

L'état d'interdiction légale est une cause absolue de séparation de biens, car le mari, privé du droit d'administrer sa propre fortune (art. 29, C. pén.), ne peut ni gérer celle de sa femme, ni se substituer un mandataire à cet effet. La femme a intérêt à ne pas dépendre du tuteur donné au mari, quant à l'administration de sa dot. En outre, on ne saurait l'empêcher d'obtenir sa séparation de biens, puisqu'elle peut dans ce cas demander sa séparation de corps.

Il faut remarquer que la femme serait sans intérêt si elle avait été nommée tutrice de son mari.

Une question plus délicate et plus discutée est celle de savoir si l'interdiction judiciaire du mari est une cause de séparation de biens. Nos anciens auteurs répondaient affirmativement, et nous croyons que cette solution doit encore, en principe, prévaloir sous l'empire du Code. La majorité des auteurs modernes (1) s'est cependant prononcée en sens contraire, en se fondant sur ce que l'imbécillité ou la démence du mari peuvent exister sans qu'il y ait désordre dans ses affaires et sans que la dot de la femme soit en péril. Le mari, disent-ils, si son administration a été bonne jusque-là, ne doit pas souffrir davantage de ce qui est déjà pour lui un malheur, et l'espoir, qu'on peut conserver souvent de le voir revenir à la santé, doit faire préférer le maintien d'une gestion commune qui sera confiée à la femme, si elle y paraît apte, puisque la femme peut être tutrice de son mari interdit, et qui, si la femme n'est pas apte, passera plus à propos à un tiers qui sera nommé tuteur. Donc, concluent-ils, l'interdiction ne suffit pas pour autoriser une demande en séparation de biens, et pour priver le mari, très-solvable peut-être, des droits qui résultent pour lui de son contrat de mariage; tout ce qu'on peut dire, c'est que si la dot est en péril, ou si le tuteur du mari l'admi-

(1) Toullier, ii, n° 1313; Duranton, iii, n° 754; Rodière et Pont, n° 2106; Bugnet sur Pothier, vii, n° 509, note 3; Aubry et Rau, iv, p. 332; Demolombe, iv, n° 614; *adde*, tribun. de Reims, 8 février 1861 (Sirey, 1861, 2, 145).

nistre mal, la femme pourra demander sa séparation, et l'interdiction du mari pourra être prise alors en considération.

Pour nous, il nous paraît que c'est précisément cette nomination d'un tuteur étranger chargé d'administrer la fortune du mari et, par suite, celle de la femme, qui constitue pour la dot de celle-ci un péril sans cesse imminent. Ainsi que nous l'avons déjà dit, la femme, en se mariant, confie sa dot à l'intelligence et à la probité de son mari, qui est seul investi par elle du droit de l'administrer. Elle n'a pas pu, au moment du mariage, prévoir le cas où, par suite de l'interdiction du mari, sa dot tomberait entre les mains d'un étranger en qui elle peut ne pas avoir la même confiance. Le mari, d'autre part, ne gagne les fruits de la dot qu'en considération des charges et des soins qui lui incombent dans le mariage ; si, pour une cause ou pour une autre, sans même qu'il y ait de sa faute, il n'a plus ces soins ni ces charges, il n'a plus droit à une jouissance qui ne lui avait été donnée que sous des conditions maintenant inobservées. On comprend encore que la femme soit obligée de respecter les pouvoirs d'un mandataire choisi et nommé par le mari pour le remplacer dans l'administration de ses biens, comme nous l'avons vu lorsque le mari absent a laissé un procureur fondé. Mais il n'y a plus du tout les mêmes motifs pour que la femme soit contrainte de laisser sa dot aux soins d'une personne désignée par un conseil de famille qui lui est complétement étranger et qui, dans tous les cas, n'a pas vis-à-vis d'elle les mêmes droits que son mari. Il est vrai qu'on nous objecte que, si un tuteur est nommé par le conseil de famille au mari interdit, c'est que la femme aura été reconnue par ce même conseil incapable de remplir les fonctions de tutrice, et qu'alors il vaut mieux, même dans son propre intérêt, ne pas lui remettre la gestion de sa fortune. Mais l'inaptitude de

la femme sera-t-elle toujours l'unique, le véritable motif
de la décision prise par le conseil de famille de l'écarter
de la tutelle? Ne peut-il pas se produire des influences,
des hostilités même, qui éloignent de ces fonctions une
femme parfaitement capable de les remplir? Et puis,
même en admettant que le conseil soit resté à l'abri de
toute suggestion de ce genre, ne peut-il arriver qu'il ait
jugé plus prudent de confier à un homme expérimenté
le soin de gérer les affaires compliquées et la grande
fortune du mari sans vouloir pour cela décerner à la
femme, pour ainsi dire, un brevet d'incapacité? Nous ne
croyons donc pas que le refus par le conseil de famille
de confier la tutelle du mari interdit à la femme, jette
sur celle-ci une défaveur telle qu'elle ne puisse obtenir
sa séparation de biens. Enfin l'intérêt qu'inspire l'état
du mari n'est pas suffisant pour écarter une demande de
cette nature, qui, comme nous l'avons déjà fait observer,
n'a rien d'injurieux pour le mari et n'est prise que pour
sauvegarder les intérêts de la femme et des enfants (1).

Nous admettrons cependant un tempérament à cette
opinion, dans le cas où la femme serait désignée par le
conseil de famille pour être tutrice de son mari; la demande en séparation de biens ne pourrait alors avoir
aucun fondement sérieux, puisque la femme administre
sa fortune en même temps que celle de son mari.

On s'est demandé si la faillite du mari opère la séparation de biens de plein droit. La négative ne nous
semble pas douteuse. L'état de faillite du mari est évidemment une cause de séparation de biens, parce que le
mari ne peut conserver le droit de gérer les biens de sa
femme, quand il a perdu l'administration de sa propre
fortune, et parce qu'il n'est pas juste qu'il jouisse de revenus attachés à des charges qu'il est désormais inca-

(1) Cette opinion a été consacrée par un arrêt récent de la Cour
de Lyon, du 11 nov. 1869 (Sirey, 1870, 2, 3).

pable de supporter. Mais pourquoi, en pareille circonstance, la séparation de biens s'opérerait-elle de plein droit? Pourquoi priver les tiers des garanties que la loi a voulu leur assurer? Le jugement déclaratif de la faillite est publié (art. 442, C. comm.), mais la publicité qu'il reçoit est beaucoup moins complète que celle du jugement de séparation de biens (art. 1445, C. civ., 872, C. pr. civ.), et d'ailleurs il n'est précédé ni d'une demande rendue elle-même publique (art. 866 et suiv., C. pr. civ.), ni d'une instance dans laquelle les créanciers du mari peuvent intervenir (art. 1447, C. civ., 871, C. pr. civ.). Les actions accordées à la femme par les articles 557 et suivants du Code de commerce sont une conséquence du dessaisissement qui frappe le failli, mais elles ne sont pas l'équivalent de la séparation de biens, et elles ne sauraient en produire les effets relativement à la capacité de la femme.

L'article 1446 du Code civil ne prouve pas non plus que la faillite du mari opère la séparation de plein droit, car l'action qu'il accorde dans ce cas aux créanciers de la femme et qui semble avoir quelque rapport avec la séparation de biens, ne conduit pas au même résultat, en ce que, le pacte matrimonial subsistant, ils ne peuvent t avoir action que sur la nue propriété des biens représentant les reprises de la femme. Il paraît même probable que le législateur n'aurait pas pris le soin d'attribuer un tel droit aux créanciers de la femme, par exception au principe que la femme seule peut demander la séparation de biens, s'il avait considéré cette séparation comme opérée par le fait seul de la faillite. D'ailleurs, le même droit est accordé aux créanciers de la femme en cas de déconfiture du mari, et personne n'a soutenu que la déconfiture entraînât de plein droit la séparation de biens.

En terminant cet examen des cas dans lesquels peut

être demandée la séparation de biens, disons un mot d'une question fort délicate qui se lie intimement à notre sujet. C'est celle ¹ savoir si la séparation de biens pourrait être o₁ ₁₁₁₃ par une femme qui a promis ou compté une dot à son mari, le sachant positivement en état de faillite ou de déconfiture.

Nous croyons qu'il faut faire une distinction. Si le mari obtient un concordat de ses créanciers, il ne nous paraît pas douteux qu'il puisse réclamer ou conserver la dot, s'il ne survient pas dans ses affaires de nouveaux troubles.

Mais si le mari n'obtient pas de concordat et reste soumis à l'action de ses créanciers, la solution de la difficulté devient beaucoup plus embarrassante. Elle dépend alors du sens qu'on attache à l'article 443 du Code de commerce, qui prononce contre le failli *le dessaisissement de l'administration de tous ses biens, même de ceux qui pourront lui échoir tant qu'il est en état de faillite.* Si on entend cette disposition en ce sens que les syndics peuvent s'emparer de la dot pour en percevoir les fruits au profit de la masse, il est bien certain que la femme peut alors demander sa séparation de biens et l'obtenir sans difficulté, parce qu'il est de toute évidence qu'il n'a pu entrer dans sa pensée que les syndics de la faillite du mari pussent, en aucun cas, s'emparer de sa dot, pour en détourner les revenus de leur véritable destination.

Mais telle n'est pas, selon nous, la signification de la disposition de l'article 443 ; nous pensons que cette disposition ne s'applique qu'aux biens advenus au failli comme *biens personnels*, et non pas aux biens qui ne lui adviennent que comme mari ou comme père, et dont il ne jouit dès lors qu'en cette qualité. La conséquence de cette interprétation de l'article 443 est que le mari peut parfaitement, dans notre hypothèse, conserver la gestion de la dot, sans que la femme soit fondée à demander la séparation de biens, tant qu'elle ne pourrait lui imputer aucun acte de mauvaise administration postérieur au mariage. La même solution s'appliquerait, par identité de motifs, au mari dont la femme connaissait la déconfiture au moment où elle lui promettait ou lui comptait une dot.

SECTION II

Des personnes qui peuvent demander la séparation de biens.

Nous avons vu que dans l'ancien droit il était admis, en règle générale, que la femme seule avait le droit de provoquer la séparation de biens. Cependant nous avons vu aussi que quelques arrêts avaient permis au mari d'intenter la séparation de biens, dans le cas où les affaires de la communauté se trouvaient considérablement dérangées par le fait de la femme, et que cette jurisprudence était approuvée par Lebrun.

Mais tous les autres auteurs, et particulièrement Pothier les condamnaient énergiquement, au nom de ce principe : *Qui épouse la femme, épouse les dettes;* et leurs protestations ont obtenu un triomphe complet dans le Code, qui décide expressément par l'article 1443 que la femme seule peut demander la séparation de biens.

Le motif de cette disposition est que, dans l'esprit des rédacteurs du Code civil, la séparation de biens judiciaire doit servir de contre-poids aux pouvoirs exorbitants du mari. Celui-ci, il est vrai, pourrait avoir intérêt à demander la séparation, à raison de dettes antérieures au mariage ou d'ennuis qu'il ne prévoyait pas d'abord, dans l'administration des biens de la femme. Mais il est en faute de ne pas avoir pris, en se mariant, tous les renseignements nécessaires, et de n'avoir pas adopté le régime de séparation de biens contractuelle ou de séparation de dettes.

Nul ne peut, malgré la femme, exercer du chef de celle-ci ou à sa place la faculté personnelle qui lui est reconnue par la loi. C'est qu'en effet, à côté de l'intérêt matériel qui peut porter la femme à provoquer la séparation de biens, se trouvent souvent des considérations morales assez puissantes pour l'arrêter dans cette mesure qui a toujours quelque chose de fâcheux.

La femme doit être seule juge de la nécessité et de l'opportunité d'une telle action. En outre, la loi n'a pas voulu que les créanciers de la femme, poussés par la cupidité, eussent le moyen d'accuser le mari de dissipation, et pussent le soumettre, sans raison suffisante peut-être, à des débats irritants et compromettants pour ses intérêts.

C'est du reste un principe que les anciens interprètes du droit romain formulaient déjà en ces termes : *Invitus agere vel accusare nemo cogatur;* et, faisant son application à notre matière, ils enseignaient que la femme ne pouvait être forcée d'exercer malgré elle le droit de retirer sa dot des mains de son mari.

L'article 1446 du Code civil développe le principe en disposant que les créanciers personnels de la femme ne peuvent, sans son consentement, demander la séparation de biens.

Cet article admet deux exceptions au principe : l'une, contenue dans le premier paragraphe, se produit lorsque la femme a donné son consentement à ses créanciers. Cette exception était déjà admise dans notre ancienne jurisprudence (1). Elle se justifie par cette considération

____

(1) Renusson, *Traité des Propres*, chap. 4, sect. 9, n° 14.

que l'initiative de la séparation de biens ne cesse pas, dans cette hypothèse, d'appartenir à la femme qui procède par l'intermédiaire de ses créanciers. Ceux-ci doivent former la demande en son nom, car ils n'exercent pas un droit qui leur soit propre, et ils ne font même pas valoir le droit de leur débitrice en vertu de l'article 1166 du Code civil. La loi ne dit pas dans quelle forme le consentement doit être donné; il suffit dès lors qu'il soit constaté d'une manière indubitable, par un acte authentique ou privé; car la preuve d'un consentement verbal ne serait pas admise (art. 1341, C. civ.).

Mais résulte-t-il de ce consentement donné par la femme à l'action de ses créanciers un mandat pur et simple, régi par les principes ordinaires et, en particulier, révocable *ad nutum* par le mandant? Nous ne le croyons pas et nous pensons au contraire que c'est là un mandat d'une nature toute spéciale qui ne peut être assimilé qu'au *mandatum in rem suam* du droit romain. Le mandat, en effet, est toujours dans l'intérêt du mandant et est une charge pour le mandataire; ici, au contraire, nous voyons que le mandat donné par la femme à ses créanciers est uniquement dans l'intérêt de ceux-ci et nullement dans l'intérêt de celle-là. C'est absolument l'inverse de ce qui se passe ordinairement; le mandant, la femme, ne veut pas agir personnellement, elle permet à ses créanciers de provoquer la séparation de biens, et ce sont eux qui, recevant le mandat, retireront tout le profit de la mesure obtenue. N'y a-t-il pas là quelque chose présentant une analogie frappante avec ce *mandatum in rem suam*, que le créancier romain, transférant ses droits à un cessionnaire, conférait à celui-ci pour qu'il pût poursuivre à son profit le paiement de la créance cédée? Si cette analogie existe (et nous croyons qu'elle est frappante), les règles du *mandatum in rem suam* doivent être appliquées à ce mandat tout spécial que la femme donne à ses créanciers en leur permettant de demander en son nom la séparation de biens. Dès lors, aussitôt que les créanciers de la femme ont obtenu son consentement, ils ont acquis un droit propre, personnel, qu'ils exercent maintenant d'une manière absolument indépendante, et que leur mandant, la femme, ne peut plus entraver ni leur enlever, soit en le révoquant, soit en voulant l'exercer pour son compte. Objecterait-on que, dans notre système, la séparation de biens va se trouver exister vis-à-vis des créanciers, sans qu'elle existe entre la femme et son mari? Mais cette situation n'a rien de si étrange; elle se réalise de la même manière dans le cas de faillite ou de déconfiture du mari, alors que la femme ne demande pas la séparation de biens, et que cependant la loi permet aux créanciers d'agir comme si elle existait. Le même fait ne se produit-il pas aussi en matière de succession, lorsqu'un héritier est considéré purement et simplement comme acceptant vis-à-vis des créanciers qui ont obtenu contre lui un jugement lui reconnaissant cette qualité; tandis qu'il peut encore vis-à-vis d'autres créanciers héréditaires, qui n'ont pas obtenu contre lui un semblable jugement, se porter héritier bénéficiaire ou même renonçant? On pourrait dire pourtant que la qualité d'héritier est tout aussi indivisible que celle de la femme séparée de biens!

Nous pensons donc que le consentement, une fois donné par la femme à ses créanciers, ne peut plus être révoqué, et constitue au profit de ceux qui l'ont obtenu un droit acquis auquel il ne peut plus être porté atteinte par personne. Avant d'accorder cette autorisation, avant de s'engager ainsi, la femme doit réfléchir, examiner les conséquences de sa détermination; elle en a tout le loisir. Mais elle doit penser qu'une fois les créanciers autorisés à agir, il ne dépendra plus d'elle de les faire revenir sur leurs pas. Ce système, qui, selon nous, est parfaitement justifié en droit, conduit dans la pratique à des résultats beaucoup plus équitables que celui qui repose sur l'idée d'un mandat ordinaire conféré aux créanciers, résultats qui, du reste, n'entament en rien le principe que la femme est seule juge de la nécessité de la séparation de biens; l'initiative lui demeure, les conséquences seules de cette initiative lui échappent, du moment qu'elle en a usé en faveur de ses créanciers.

D'après cela, nous déciderons que, si la femme ne figure dans l'instance que pour en assurer la régularité, tout le profit comme toute la responsabilité doit incomber aux créanciers qui agissent.

Ce sont eux, par conséquent, qui supportent la condamnation, s'ils succombent dans l'instance; mais, s'ils réussissent, ce sont eux aussi qui profiteront du jugement de séparation; la femme ne pourra s'en prévaloir vis-à-vis de son mari, ni en tirer avantage, puisqu'elle n'a pas été partie dans l'instance et qu'elle n'y est intervenue que pour donner son consentement aux véritables intéressés. Ce serait seulement dans le cas où elle aurait agi conjointement avec ses créanciers, qu'elle s'approprierait l'action, et que, par suite, elle se trouverait perdre ou gagner.

Les conséquences de notre système conduisent également à décider que la femme ne peut pas, en retirant son consentement, anéantir l'action engagée par ses créanciers, action dont le sort ne dépend plus d'elle. A plus forte raison repousserons-nous la doctrine d'un auteur (1), qui va jusqu'à soutenir que la rétractation de la femme doit arrêter la procédure entamée par les créanciers, sans qu'aucune indemnité soit due, alors même que ceux-ci auraient, sur la foi de son consentement, renoncé à d'autres poursuites qu'ils ne pourraient plus en-

(1) Dutruc, *Traité de la Sépar. de biens*, p. 93, n° 37.

reprendre avec avantage. La fraude seule de la femme, dit-il, pourrait amener une solution contraire. Il est impossible d'admettre une telle opinion, qui est, du reste, repoussée par tous les auteurs (1), même par ceux qui reconnaissent à la femme le pouvoir de mettre fin à l'action des créanciers en retirant son consentement.

C'est qu'en effet il est de principe que toute personne, qui cause un préjudice à une autre, de quelque manière que ce soit, doit le réparer; la femme devrait donc ici tout au moins une indemnité aux créanciers qui auraient renoncé à des avantages, comptant sur l'action que le consentement de la femme leur permettait d'exercer et qu'elle leur retire ensuite. Décider autrement, c'est tendre à la bonne foi de ces créanciers un piége dont ils ne sauraient se garantir, en même temps que c'est violer tous les principes les plus élémentaires.

La demande en séparation de biens, formée par la femme, peut-elle être continuée après sa mort par ses héritiers, ou, après la mort de son mari, contre les héritiers de celui-ci? Quelques décisions de jurisprudence (2) se sont prononcées pour la négative, en se fondant sur ce que la mort du mari ou de la femme, opérant virtuellement la séparation de biens, la demande de la femme devient désormais sans objet, et qu'ainsi elle doit s'éteindre.

Mais l'affirmative a prévalu parmi les auteurs, et nous l'approuvons complétement. C'est en effet, un principe général, qui du droit romain a passé dans notre droit moderne, que les actions une fois formées ne s'éteignent plus : *actiones semel inclusæ judicio, salvæ permanent.* L'article 330 du Code civil contient une application de cette règle aux actions en réclamation d'état,

(1) Rodière et Pont, III, n° 2116; Troplong, *Contrat de mariage,* n° 1394; Dalloz, *Répertoire,* XIII, n° 1669.
(2) Douai, 23 mars 1831 (Dall. 1832, 2, 161); Bastia, 7 juil. 1860 (Dall. 1872, 2, 201).

qui, en principe, ne passent pas aux héritiers, mais qui se transmettent pourtant dès qu'elles ont été engagées. Dès lors, il faudrait une disposition formelle pour soustraire à l'application de cette règle l'action en séparation de biens. D'autre part, la femme étant décédée sans avoir exprimé le désir de se désister de l'action en séparation qui était son œuvre, on doit naturellement présumer qu'elle aurait persisté dans sa première résolution. Donc en reprenant l'instance qu'elle avait introduite, ses héritiers ne feront que poursuivre le but qu'elle s'était elle-même proposé.

On oppose aux héritiers de la femme ou à la femme, une fois le mari mort, le défaut d'intérêt, attendu que la dissolution du mariage rend la séparation de biens inutile. Il reste cependant encore aux héritiers de la femme ou à la femme elle-même assez d'intérêt pour qu'ils puissent agir; car il leur importe non-seulement de faire trancher entre le mari et ses héritiers la question des dépens, mais encore et surtout d'obtenir un jugement qui, à la faveur de l'effet rétroactif établi par l'article 1445, fera remonter la séparation de biens au jour de la demande et assignera au dessaisissement et aux obligations du mari cette date, au lieu de celle du décès de la femme ou du mari.

La seconde exception à la règle que la femme seule peut demander la séparation de biens se trouve contenue dans le deuxième paragraphe de l'article 1446; elle a trait au cas de faillite ou de déconfiture du mari. La ruine du mari produit une espèce de séparation de biens forcée, et le législateur n'a vu aucun inconvénient à donner aux créanciers de la femme la faculté d'exercer, dans la limite de leur intérêt, les droits de leur débitrice.

L'état de faillite est déterminé par les circonstances énumérées dans l'article 437 du Code de commerce.

Mais il n'en est pas de même pour la déconfiture. Il est impossible de définir cet état d'une manière invariable, car il peut revêtir les formes les plus diverses. Tantôt il résultera des exécutions rigoureuses dirigées contre le mari, tantôt il sera accusé par la fuite de celui-ci ou par l'abandon de ses biens à ses créanciers. En un mot, il se réalisera toutes les fois que la ruine complète du mari ne sera plus douteuse, et des circonstances particulières ne seront pas toujours nécessaires pour constituer la preuve de cette décadence; la notoriété pourra suffire.

Il faut faire bien attention que ce n'est pas l'action de séparation de biens qui, aux termes de la loi, peut être exercée par les créanciers de la femme en cas de faillite ou de déconfiture du mari; c'est simplement la faculté de se prévaloir de l'ouverture des droits de la femme qui est la conséquence de la ruine du mari, et qui présente un résultat analogue à celui de la séparation de biens. La fortune du mari est mise en liquidation, et les créanciers de la femme peuvent, comme elle le pourrait elle-même, demander à être colloqués jusqu'à concurrence de leurs créances sur le montant de la dot. Si cette dot, par exemple, avait été constituée à titre particulier et consistait en un bien sur lequel ses créanciers n'avaient aucun droit de gage, ils ne pourraient poursuivre leur paiement sur cette dot, tandis qu'après la faillite ou la déconfiture du mari ils le peuvent; autrement, ils seraient exposés à voir la dot de leur débitrice s'engloutir avec les biens personnels du mari dans le même naufrage. Mais les créanciers de la femme recouvrent-ils nécessairement par ce moyen la plénitude de leurs droits sur la dot, et le mari perd-il le droit de distraire les fruits à son profit ou à celui des enfants, tant que le mariage subsiste? On l'a soutenu (1); mais cette manière de voir ne

(1) Aubry et Rau, IV, p. 389, notes 3 et 6.

nous paraît pas exacte. On a dit que la loi, en autorisant les créanciers de la femme à exercer les droits de leur débitrice, a voulu leur donner ces droits dans toute leur plénitude et qu'elle ne les soumet pas à la nécessité de respecter l'usufruit de la communauté. L'article 1446-2° autoriserait les créanciers de la femme à exercer sans restriction les droits de cette dernière, c'est-à-dire de la même manière qu'elle aurait pu le faire elle-même, en provoquant la dissolution de la communauté et en y renonçant, et on a donné pour raison que l'état de faillite ou de déconfiture du mari établissant un conflit direct entre ses créanciers et ceux de la femme, l'équité s'oppose à ce qu'il retienne, au détriment de ces derniers, des revenus que les premiers seraient autorisés à saisir.

Comme nous le disions plus haut, ces arguments et les solutions qu'ils motivent nous semblent en contradiction formelle avec le texte comme avec l'esprit de l'article 1446-2° ; avec le texte, car l'article dit que les créanciers exerceront les droits de leur débitrice, ce qui n'implique pas du tout que ces droits doivent s'exercer comme si la séparation de biens avait été prononcée, il faut au contraire qu'ils n'entament pas la communauté qui continue d'exister entre les époux ; avec l'esprit, car notre article n'a pour but que d'empêcher le capital de la dot de se perdre dans la faillite ou la déconfiture du mari, enlevant ainsi toute garantie aux créanciers personnels de la femme ; mais il n'ôte pas pour cela à la dot sa destination essentielle qui est de subvenir aux charges du ménage. Par conséquent, il ne fait pas cesser le droit que le mari a acquis sur les fruits de cette dot par le fait du mariage et pour toute sa durée. Les tribunaux doivent donc ordonner que les fruits de cette dot resteront affectés aux charges du mariage, en supposant que la dette de la femme ne soit pas de celles qui, d'après l'article 1558, peuvent être poursuivies sur la dot elle-même.

Quant à l'objection tirée de ce que les créanciers de la femme, et ceux du mari sont ici en conflit, et que laisser la jouissance de la dot au mari c'est enlever les fruits aux créanciers de la femme pour les donner à ceux du mari, on peut répondre que la même objection peut être faite même lorsque la séparation de biens est prononcée, puisqu'alors même la femme est tenue de remettre au mari une certaine somme qui représente sa part contributoire dans les charges du ménage, et que c'est aux tribunaux à prendre des mesures pour que ces revenus servent bien à l'entretien de la famille et ne passent pas tout entiers entre les mains des créanciers du mari.

Il est une troisième hypothèse, non prévue par la loi, et dans laquelle doit s'effacer encore le caractère personnel de l'action en séparation de biens; c'est lorsque la femme est interdite. Son mari est son tuteur de plein droit aux termes de l'article 504 du Code civil, et cette double qualité de tuteur et de mari rend la séparation de biens d'autant plus nécessaire, si la fortune de la femme est mise en péril. La femme étant dans l'impossibilité d'exprimer une volonté réfléchie, les motifs qui exigent que seule elle puisse ordinairement exercer l'action en séparation, disparaissent entièrement. Cette demande pourra donc être dirigée contre le mari par le subrogé-tuteur de la femme interdite; et comme la séparation deviendrait illusoire, si l'administration qu'elle a pour but d'enlever au mari était conservée par ce dernier, le conseil de famille sera convoqué à l'effet de nommer un autre tuteur à la femme. On a dit qu'il était à craindre qu'un conflit ne s'élevât entre le tribunal ayant prononcé la séparation de biens et le conseil de famille refusant de nommer un autre tuteur que le mari. C'est là une crainte purement chimérique, car la délibération du conseil de famille peut, en cas de contestation, être soumise à l'homologation du tribunal (art. 448,

C. civ., et art. 883, C. pr. civ.), qui la mettra en harmonie avec son jugement. Le subrogé-tuteur n'a pas besoin de l'autorisation du conseil de famille pour demander la séparation de biens. Par suite de l'opposition des intérêts de la femme avec ceux de son tuteur, il remplace ce tuteur (art. 420, C. civ.), qui n'a pas besoin d'autorisation pour s'acquitter en bon père de famille de l'administration dont il est chargé, à moins qu'il ne fasse un acte pour lequel la loi a spécialement exigé cette autorisation, ce qui n'est pas le cas ici.

La femme, agissant elle-même, peut évidemment former une nouvelle demande en séparation de biens, après avoir échoué dans une première, pourvu qu'elle fonde cette seconde sur des faits postérieurs au premier jugement. Telle est l'hypothèse d'une femme qui, après avoir échoué dans une demande en séparation trop légèrement formée, en intente, quelques mois après, une autre, établie sur la déconfiture du mari survenue par suite de dissipations ou de pertes postérieures au premier jugement. Cette seconde demande constitue un procès nouveau, qui sera jugé sur des moyens non encore présentés, quoique de la même nature que les précédents. C'est si bien un nouveau procès que le premier et le second jugement peuvent être rendus au fond l'un et l'autre, quoique les décisions soient contradictoires. Il n'y a pas là un des éléments constitutifs de la chose jugée, l'identité de cause. Vainement objecterait-on que la cause est toujours le péril de la dot ou l'insuffisance des biens du mari pour répondre des reprises, qu'il n'y a de différence que dans les moyens invoqués à l'appui de la demande, et que c'est un principe certain que des moyens nouveaux n'excluent pas l'autorité de la chose jugée. Il serait facile de répondre que ce principe ne s'applique qu'aux preuves et documents qui existaient déjà lors du premier procès, et que le demandeur pouvait faire valoir à cette époque, mais non aux moyens nouveaux qui ont pu surgir depuis et qui donnent la vie à la cause nouvelle. La nature du procès est la même, mais sa véritable cause a changé.

La femme est encore recevable dans sa demande en séparation de biens, quoiqu'une instance en séparation de corps soit déjà ouverte. L'objet de chaque demande est différent, et la femme peut avoir intérêt à agir distinctement, afin d'obtenir plus promptement sa séparation de biens et à raison de l'effet rétroactif du jugement qui la prononce.

La femme ne peut pas être déclarée non recevable dans son action en séparation de biens par le motif qu'elle a diverti ou recélé des objets dépendant de la communauté; car la loi ne prononce pas contre elle une pareille déchéance. Il y avait discussion sur ce point entre nos anciens auteurs. Aujourd'hui, sous l'empire du Code, si l'article 1460 enlève à la femme veuve, qui a diverti ou recélé des objets de la communauté, le droit d'y renoncer, c'est qu'il est juste de voir dans ce détournement un acte d'acceptation de cette communauté. Mais, la séparation de biens n'entraînant pas nécessairement la renonciation, il n'y a pas de motif pour appliquer à la femme qui poursuit sa séparation la déchéance dont l'article 1460 frappe la veuve qui voudrait renoncer à la communauté. Enfin, la déchéance prononcée par l'article 1460 ne saurait être étendue à une hypothèse qu'il ne prévoit pas. Tout ce qu'on pourra exiger de la femme en pareil cas, ce sera qu'elle rapporte les objets divertis ou recélés.

La femme peut avoir renoncé, étant majeure, au droit de poursuivre sa séparation de biens ; cette renonciation constituerait-elle une fin de non-recevoir contre la demande qu'elle formerait plus tard ? La question est controversée. Des auteurs ont soutenu que, si la femme a fait cette renonciation pour empêcher la ruine de son mari, elle ne peut plus demander sa séparation de biens, à moins qu'elle ne prouve ou n'offre de prouver que le mari, en continuant de faire de mauvaises affaires, trompe l'espérance qu'il lui a donnée; la condition alors, sous laquelle elle a renoncé à se faire séparer, manquerait, et la femme rentrerait dans tous ses droits.

Cette opinion ne saurait être admise, attendu qu'elle a pour point de départ cette idée fausse que la femme peut valablement renoncer au droit de demander la séparation de biens. C'est là un droit dont la femme n'a pas la libre disposition, parce que la séparation de biens est la sauvegarde de la famille tout entière, et qu'à ce point de vue elle touche à l'ordre public qui ne peut recevoir d'atteinte des renonciations émanées des particuliers.

Cette considération s'applique au régime de la communauté comme au régime dotal; mais, sous ce dernier régime, on peut en invoquer une autre qui la confirme. C'est que la renonciation de la femme au droit de demander la séparation de biens serait une véritable aliénation de la dot, puisque la femme s'interdirait par là la seule voie qui lui soit ouverte pour arracher sa dot aux dissipations du mari.

Ce que nous venons de dire n'empêcherait pas, du reste, que le désistement par la femme de la demande en séparation formée par elle ne fût parfaitement valable. Il y a, en effet, une grande différence entre le désistement qui peut être motivé par un changement survenu dans la position du mari ou par d'autres considérations, dont la femme a l'appréciation souveraine, et une renonciation absolue à un droit qui n'est pas encore ouvert.

SECTION III

Des formes de la demande en séparation de biens.

Nous allons examiner successivement dans cette section : 1° de quelle manière doit s'effectuer la séparation de biens ; 2° devant quel tribunal doit être portée la demande en séparation ; 3° l'introduction de l'instance ; 4° la publication de la demande ; 5° l'instruction de la cause ; 6° les actes conservatoires permis à la femme.

§ 1. — De la manière suivant laquelle doit s'effectuer la séparation de biens.

Nous avons dit déjà que le droit commun de notre ancienne jurisprudence prohibait les séparations de biens volontaires et que plusieurs coutumes avaient même un texte formel en ce sens. Cependant l'opinion de Justinien, qui avait admis les séparations volontaires, n'avait pas été complétement sans écho dans notre ancienne législation. C'est ainsi que dans diverses provinces, l'Artois, la Flandre, le Brabant, le Piémont, il était de jurisprudence que les séparations de biens pouvaient avoir lieu sans décret du juge civil. Quelques arrêts du Parlement de Paris avaient aussi consacré des séparations de biens volontaires. On comprend du reste que la séparation volontaire fût permise là où les époux avaient la faculté de changer pendant le mariage leurs conventions matrimoniales. C'est ainsi qu'en Belgique la séparation de biens opérée par une transaction homologuée en justice était valable et pouvait être opposée par la femme tant aux héritiers qu'aux créanciers du mari.

Les rédacteurs du Code civil, qui ont établi, comme principe fondamental, l'immutabilité des conventions matrimoniales, ne pouvaient admettre les séparations de biens volontaires, qui sont en contradiction formelle avec ce principe. Aussi l'article 1443 dispose dans son second alinéa que toute séparation de biens volontaire est nulle.

Toute séparation volontaire est donc nulle, même si cette nullité n'est invoquée qu'après la dissolution du mariage par le décès de l'un des époux. Beaucoup d'arrêts de notre ancienne jurisprudence avaient cependant, en pareil cas, proscrit les réclamations du survivant des époux contre la séparation volontaire exécutée de bonne foi; ils avaient décidé que cette séparation ne pouvait plus être attaquée après un long temps ou après la dissolution du mariage. Plusieurs auteurs (1) avaient également adopté cette distinction, qui n'est plus admissible aujourd'hui en présence du texte absolu de l'article 1443. Quelque long qu'ait été l'intervalle pendant lequel la séparation de biens volontaire a été exécutée, il faut réputer non avenu tout ce qui s'est fait contre le régime établi par le contrat de mariage en vertu d'un pacte qui n'a jamais eu d'existence aux yeux de la loi.

Nous avons à nous demander si la nullité de la séparation de biens volontaire entraîne la nullité du paiement de la dot que, par suite de cette séparation, le mari aurait fait à sa femme, et si celle-ci est autorisée à réclamer de nouveau ses reprises en vertu du contrat de mariage. L'affirmative ne nous paraît pas douteuse.

En droit romain, le paiement anticipé de la dot était proscrit; mais on ne se plaçait pas au point de vue de

(1) Duplessis, *Coutume de Paris*, chap. 11, 1; Lebrun, *Comm.*, liv. iii, chap. 1, n° 5; Merlin, *Rép.*, v° *Sépar.*, chap. 6, sect. 2, § 3, art. 1.

l'incapacité de la femme ; on envisageait uniquement l'intérêt du mari et on supposait que celui-ci avait eu la faiblesse de faire à sa femme une donation par laquelle il se dépouillait des fruits de la dot. En se plaçant à ce point de vue, ce n'était pas la femme qui était autorisée à réclamer contre ce paiement anticipé ; le mari seul avait une action pour se faire indemniser lors de la dissolution du mariage ou de la séparation de biens, à moins qu'il ne fût établi que la remise de la dot avait eu quelque cause légitime, comme un paiement de dettes.

Dans notre ancienne jurisprudence, ce n'était pas seulement la crainte de voir le mari privé de la dot qui faisait annuler le paiement anticipé des reprises de la femme ; on était frappé surtout du péril que pourrait courir la dot, si un tel paiement était autorisé. En effet, n'était-il pas probable que la dot, remise prématurément entre les mains de la femme, dût revenir au mari et que la femme s'en trouverait ainsi totalement dépouillée ? Aussi nos anciens auteurs décidaient que le mari n'était affranchi de toute répétition que dans le cas où il était constaté que le paiement avait tourné au profit de la femme. « Le mari, disait le président Favre, ne peut restituer la dot pendant le mariage, même avec le consentement de la femme, afin que la dot ne périclite pas, car il est vraisemblable que cette dot reviendra dans les biens du mari, et qu'ainsi la femme, à qui on opposera sa quittance, restera *indotata*. »

Sous l'empire du Code civil il ne peut d'abord être douteux que, s'il était démontré par les circonstances que la remise de la dot faite à la femme, après une séparation de biens volontaire, constitue une donation déguisée, cette remise serait complétement impuissante à libérer le mari. Mais, même en l'absence d'une preuve de cette nature, le paiement anticipé de la dot serait encore atteint de nullité, en vertu de ce principe que la nullité d'un acte s'étend à son exécution. En second lieu, le mari, qui est le maître de la dot, est responsable aussi de sa conservation, car autrement on pourrait craindre son influence sur la femme. Enfin, sous le régime dotal existe le principe de l'inaliénabilité de la dot qui s'oppose de la manière la plus formelle à la validité d'un paiement anticipé de la dot par le mari.

Il convient toutefois d'admettre un tempérament à notre doctrine, que le paiement anticipé de la dot fait par le mari à la femme comme provenant d'une séparation de biens volontaire est radicalement nul. Si la femme, en effet, doit être protégée contre sa propre faiblesse et contre les abus de l'autorité maritale, il ne doit pas cependant lui être permis de s'enrichir au détriment du mari. Aussi déciderons-nous que le mari serait à l'abri de toute répétition de la part de la femme, si cette dernière a fait un emploi utile des sommes qui lui auraient été payées par anticipation, comme : si elle les a employées à une acquisition d'immeubles demeurés entre ses mains, ou si elle a fait un placement sûr et avantageux. Mais il faut que l'enrichissement, retiré par elle, persiste encore à son profit au moment de la dissolution du mariage, parce que ce n'est qu'à ce moment qu'elle devient créancière de sa dot et qu'on peut lui appliquer, dans toute sa rigueur, l'article 1241 du Code civil, qui dispose que le paiement, fait au créancier incapable de le recevoir, est néanmoins valable, si le débiteur prouve qu'il a tourné au profit de celui-ci. C'est dans cette mesure que ce tempérament était déjà admis dans notre ancienne jurisprudence par le président Favre.

Hormis cette restriction, quelle que soit la raison pour laquelle le mari ait remis à sa femme au cours du mariage la dot qu'il avait reçue d'elle, il ne sera nullement libéré par ce paiement, mais pourra être tenu de répétition, parce qu'il y a ici une nullité absolue. Nous ne saurions adhérer à la doctrine des auteurs qui prétendent que le paiement fait à la femme devrait être validé toutes les fois que l'équité, la délicatesse et le vœu de la femme elle-même ont porté le mari à s'en dessaisir. La séparation de biens volontaire est ordinairement accompagnée d'un partage amiable d'effets de la communauté. Ce partage est nul, et le mari peut, quand il lui plaît, se faire restituer les biens ainsi échus à la femme. Les créanciers ont de même le droit de poursuivre le paiement de leurs créances sur ces biens, comme si la séparation de fait n'existait pas. Il est également certain que les acquêts faits par l'un ou l'autre des époux depuis la séparation de fait ne laisseraient pas de faire partie de la communauté dissoute. — Quant aux fruits de la dot perçus par la femme pendant la séparation de fait, la femme n'est pas tenue de restituer ceux qu'elle a employés à son alimentation ou à son entretien. C'est qu'en effet ce sont là des obligations qui continuent de peser sur le mari tant qu'une séparation judiciaire n'a pas rompu les conventions matrimoniales. Mais la femme ne saurait conserver les fruits qu'elle a économisés et qui l'ont rendue plus riche, car elle se trouve dans une position encore moins favorable que le mari qui a joui des biens paraphernaux de sa femme sans opposition de celle-ci, et qui est obligé par la loi de rendre, à la première réclamation de la femme, tous les fruits non consommés (art. 1578, C. civ.).

Lorsque la femme, séparée de fait, est mariée sous le régime dotal et a des paraphernaux, on peut se demander si elle est alors obligée sur ses paraphernaux de tenir compte à son mari des fruits de sa dot qui n'existeraient plus en nature. Nous croyons qu'il faut faire ici une distinction : si les fruits ont été consommés sans que les paraphernaux en aient éprouvé d'augmentation, la femme n'en est pas tenue; c'est alors, comme si, du consentement de son mari, elle avait dépensé pour ses besoins personnels une somme égale ou supérieure aux revenus de sa dot. Si, au contraire, les revenus de la dot ont été capitalisés par la femme et ont servi à accroître ses paraphernaux, elle est tenue de les rendre jusqu'à concurrence de ce dont elle s'est enrichie. C'est la même solution que celle donnée pour la femme mariée en communauté, et elle s'appuie sur les mêmes motifs.

La séparation de biens, dit encore l'article 1443, doit être prononcée en justice. Cette prescription est absolue, à tel point qu'elle écarte même la possibilité de porter la demande en séparation devant des arbitres. On a objecté, il est vrai, que le législateur n'a pas maintenu dans sa rédaction définitive la disposition du projet de Code, qui était conçue en ces termes : « La séparation de biens doit être ordonnée en justice, *sans qu'elle puisse être portée devant arbitres.* » Mais cette disposition n'était pas nécessaire en présence du principe proclamé dans le Code de procédure (art. 1003), qu'on peut seulement compromettre sur les objets dont on a la libre disposition. L'article 1004 du même Code dit en outre qu'on ne peut compromettre sur les séparations d'entre mari et femme, sans distinguer entre les séparations de corps et les séparations de biens. Le même texte ajoute qu'il n'est pas permis de compromettre sur aucune des contestations sujettes à communication au ministère public. Enfin, les termes de l'article 1443 du Code civil et le mode de publicité prescrit par la loi, relativement à la demande et au jugement de séparation de biens, suffiraient pour exclure ici toute possibilité d'arbitrage.

De cette règle que les séparations de biens volontaires sont nulles il résulte que les époux ne peuvent réaliser indirectement une séparation qu'il leur est défendu d'opérer par une convention expresse. Les tribunaux devraient donc annuler tout traité par lequel le mari donnerait à sa femme une autorisation générale d'administrer et d'aliéner ses biens personnels. Ce serait là d'ailleurs, une substitution pendant le mariage d'un contrat nouveau à celui qui avait été rédigé avant l'union conjugale, et comme tel il serait nul.

Une autre conséquence du principe que la séparation de biens ne peut être volontaire, c'est qu'elle ne peut être non plus conditionnelle. Par exemple, les époux ne pourraient la subordonner au cas où le mari ne donnerait pas caution pour sûreté des sommes provenant d'une succession échue à la femme et qu'il pourrait être à même de percevoir. En effet, cette condition étant potestative permettrait aux conjoints de se séparer ou de ne pas se séparer à leur gré. La condition même casuelle ne serait pas valable. On a bien mis en question si les époux peuvent, en se mariant, adopter tel ou tel régime sous une condition casuelle ; mais on invoque alors, en faveur de l'affirmative, un principe général et favorable, celui de la liberté des conventions matrimoniales. Au contraire, la faculté d'obtenir de la justice une séparation de biens est exceptionnelle, et l'incertitude en cette matière pourrait devenir un piége pour les tiers.

L'acquiescement donné par le mari au jugement qui prononce la séparation de biens par défaut contre lui ne peut pas être assimilé à une séparation volontaire. Dans l'ancienne jurisprudence, où on considérait comme nulles les séparations prononcées par le juge sur le consentement mutuel des époux, Denisart faisait déjà l'observation suivante : « On ne regarde pas comme séparations volontaires celles que les maris laissent juger par forclusion, et auxquelles ils acquiescent tacitement. Il en est beaucoup, et ce sont les plus sages, qui, cédant à la volonté impérieuse d'une femme, pour éviter un éclat fâcheux..., laissent à la justice le soin d'examiner les faits et de balancer les preuves sans prendre le soin de se défendre.... D'ailleurs, on ne peut forcer qui que ce soit de résister à une demande juste. » Ces conseils de prudence conjugale, que Denisart donnait aux maris de son temps contre qui leurs femmes avaient quelque raison de demander leur séparation, sont encore parfaitement applicables aujourd'hui, et justifient la conduite des maris qui acquiescent au jugement par défaut prononçant contre eux la séparation de biens. La justice a prononcé en connaissance de cause (art. 150, Cod. pr. civ.); cela suffit pour sauvegarder tous les intérêts. L'acquiescement n'ajoute rien à la décision. Du reste, l'article 1444 du Code civil, d'après lequel le jugement de séparation de biens peut être exécuté volontairement, ne distingue pas entre les jugements contradictoires et les jugements par défaut. Ainsi l'acquiescement du mari ne peut être critiqué par les tiers. La pratique constante est bien fixée dans le sens de cette solution.

La séparation de biens devient-elle conventionnelle dans le cas où le mari se désiste de l'opposition qu'il a formée ou de l'appel qu'il a émis contre le jugement? Nous ne le pensons pas, parce que ni l'opposition ni l'appel n'anéantissent le jugement contre lequel ils sont dirigés; ils annoncent simplement l'intention de contester ce jugement, lequel subsiste dans toute sa force, tant qu'un autre jugement ne l'a pas annulé. Si donc il n'est pas donné suite à l'opposition, les choses restent entières; et, par conséquent, le désistement est bien loin de constituer un acquiescement à la demande; il a tout juste la portée d'une renonciation à la faculté de contester le jugement.

La nullité, qui frappe la séparation de biens non prononcée en justice, est une nullité d'ordre public et qui peut dès lors être invoquée par toute personne intéressée, même par les époux. Le projet de Code civil portait que toute séparation volontaire est nulle, tant à l'égard des tiers qu'à l'égard des conjoints entre eux ; et la discussion ne révèle pas la pensée de diminuer la portée de l'article en modifiant sa rédaction.

§ 2. — Du tribunal devant lequel doit être portée la demande en séparation de biens.

Le seul tribunal compétent pour prononcer la séparation de biens demandée par la femme est celui du domicile du mari ; car, d'un côté, la femme n'a pas elle-même d'autre domicile, obligée qu'elle est d'habiter avec son mari ; et, d'autre part, le mari étant défendeur au procès, on doit appliquer la règle : *actor sequitur forum rei*. En outre, l'action est personnelle ; or, l'article 59 du Code de procédure porte qu'en matière personnelle le défendeur doit être assigné devant le tribunal de son domicile. Si on veut déterminer la compétence au point de vue de la société civile, qui existe entre les époux et qu'il s'agit de dissoudre, on arrive au même résultat, puisque, aux termes du même article du Code de procédure, le défendeur doit être assigné en matière de société, tant qu'elle existe, devant le tribunal du lieu où elle est établie, et que le lieu où est établie la société des époux est le domicile du mari (art. 108, C. civ.). Enfin, l'article 872 du Code de procédure soumet la femme à publier le jugement de séparation dans l'auditoire des tribunaux de première instance et de commerce du domicile du mari.

L'intérêt des tiers exige aussi qu'il en soit ainsi. Les formalités, prescrites par la loi pour les avertir par la publicité des demandes en séparation de biens, manqueraient leur but, si la femme pouvait porter son instance devant un tribunal tellement éloigné du domicile des époux, que les créanciers les plus vigilants n'en seraient pas informés et ne pourraient prendre aucune mesure conservatoire en temps opportun.

Tout tribunal, autre que celui du domicile du mari, serait incompétent même *ratione materiæ*, et, si la demande de la femme était portée devant un tribunal différent, les créanciers du mari pourraient intervenir pour élever le déclinatoire et empêcher la prononciation du jugement, quoique le mari eût accepté d'une manière expresse ou tacite la juridiction du tribunal incompétemment saisi. La solution serait la même, bien que la demande émanât d'une femme étrangère qui aurait épousé un Français, mais qui résiderait de fait dans le lieu de son origine. La femme française mariée à un étranger doit saisir de sa demande les tribunaux du pays de son mari, si les lois de son pays autorisent la séparation de biens.

La jurisprudence (1) admet que les tribunaux français sont compétents, malgré le déclinatoire élevé par le mari, dans le cas où ils ont été saisis par une femme française d'origine devenue étrangère par son mariage en France à un étranger qui réside dans une ville française depuis plusieurs années. Cette jurisprudence nous paraît contraire au principe général que les tribunaux français ne sont pas compétents pour juger les contestations entre étrangers. Les lois françaises ne leur sont pas applicables, si ce n'est par exception, comme pour les lois de police et de sûreté ; par conséquent, un étranger n'est jamais obligé de s'incliner devant d'autres tribunaux que ceux de son pays.

Si aucun déclinatoire n'est opposé, si les deux époux étrangers se soumettent à la juridiction française, le tribunal est compétent pour statuer sur la demande en séparation de biens en vertu des lois françaises.

(1) Cass., 7 mars 1870 (Dall., 1872, 1, 326).

§ 3. — De l'introduction de l'instance.

Avant d'assigner son mari, la femme doit présenter au président du tribunal civil une requête contenant les moyens sur lesquels repose sa demande. Le président pourra lui faire les objections qui lui paraîtront convenables (art. 865, C. pr. civ.). Ce préliminaire était déjà imposé à la femme dans l'ancien droit (1). Le vœu du législateur est donc de forcer la femme à présenter sa requête elle-même au président du tribunal ; autrement la faculté donnée à ce magistrat serait complétement illusoire. L'intérêt de l'avoué ne s'identifie pas toujours en effet avec celui de sa partie, et il serait à craindre que des observations, qui auraient pu toucher la femme, eussent moins d'influence sur son représentant. A Paris l'usage constant est que la requête soit présentée par l'avoué. Mais cet usage, qui s'explique par les occupations dont le président du tribunal de la Seine est surchargé, ne doit pas tirer à conséquence pour les tribunaux moins encombrés, parce qu'il est certainement contraire à l'esprit de la loi ; et nous croyons que le président a toujours le droit de différer de répondre à la requête qui ne lui a pas été présentée par la femme en personne, tant que celle-ci n'aura pas entendu ses conseils et ses représentations.

Une demande en séparation de biens formée directement par ajournement, sans autorisation préalable, serait radicalement nulle. Mais, si le président n'approuve pas la demande, il peut seulement engager la femme à la retirer, et, si elle persiste, il ne peut lui refuser son autorisation. Sa mission consiste simplement

(1) Lebrun, 1re partie, chap. 9, nos 7 et 9; Pothier, no 516; Ferrière, vo *Sépar. de biens*, p. 592.

à user d'un ascendant moral pour détourner la femme d'une poursuite qui lui paraît injuste ou imprudente. L'autorisation du président est accordée par une ordonnance inscrite au bas de la requête. Aucun procès-verbal n'est exigé de la présentation de la requête, non plus que de la comparution de la femme, ni des observations du président.

L'annulation d'une instance en séparation de biens entraîne la nullité de l'autorisation donnée par le président du tribunal pour introduire cette instance. Il y aurait, en effet, quelque chose d'étrange à admettre qu'une même autorisation pût s'appliquer à toutes les demandes en séparation qui seraient ultérieurement formées. Si la femme ne recourait pas à une seconde autorisation, elle ne pourrait être éclairée sur ses véritables intérêts et sur la position du mari, qui a pu changer dans l'intervalle de la première demande à la seconde, par les observations que la loi charge le président de lui adresser (1).

L'autorisation du président s'étend à toutes les suites de la demande en vue de laquelle elle a été accordée. Ainsi la femme n'aura pas besoin d'une nouvelle autorisation pour attaquer le jugement de séparation de biens par la voie de l'appel, de la requête civile ou du pourvoi en cassation.

Pour se désister de sa demande en séparation, la femme a besoin de l'autorisation du tribunal ; celle du président seul ne lui suffirait pas.

Nos anciens auteurs estimaient que la femme mineure ne pouvait agir dans une instance en séparation de biens sans l'assistance d'un curateur, qui, dans l'usage du Châtelet de Paris, était le procureur de la femme investi par le lieutenant civil de cette qualité.

(1) Nîmes, 21 mars 1848 (Dall., 1848, 2, 184). — *Contrà*, Montpellier, 9 mars 1850.

Sous l'empire du Code civil on s'est demandé si cette doctrine de notre ancienne jurisprudence est encore applicable, ou si l'autorisation du président du tribunal suffit pour permettre à la femme de former sa demande en séparation de biens, sans qu'elle ait besoin d'être pourvue d'un curateur.

Nous pensons que la femme mineure peut agir sans autre autorisation que celle du président, puisque cette autorisation n'est pas autre chose qu'une habilitation ; mais elle aura besoin de l'assistance d'un curateur pour toucher, après la séparation obtenue, le montant de ses reprises.

En effet, la femme mineure, émancipée par le mariage, rentre dans le droit commun, dès qu'elle se trouve séparée de biens, et, par conséquent, ne peut toucher des capitaux mobiliers, recevoir ou aliéner des immeubles qu'avec l'assistance d'un curateur (art. 482 et 484, C. civ.). Ce curateur devra lui être désigné par le conseil de famille, suivant le principe général (art. 480). Il est si vrai que la femme mineure, séparée de biens, n'a pas plus de capacité que le mineur émancipé, et que, par conséquent, elle ne peut pas recevoir sa dot mobilière ou immobilière sans la protection d'un curateur, qu'elle ne peut, sans l'autorisation de son mari, aliéner ses immeubles (art. 1449), et qu'il ne lui est permis de disposer de son mobilier que dans les limites de l'administration, droit qui appartient également au mineur émancipé (art. 481).

On a prétendu que l'autorité maritale à laquelle la femme, séparée de biens, ne cesse pas d'être soumise, était peu compatible avec l'assistance d'un curateur, et on a ajouté que le mari est de plein droit le curateur de sa femme mineure. Oui, certes, le mari est le curateur de sa femme mineure en principe, mais excepté dans les cas où ses intérêts et ceux de celle qu'il serait chargé de protéger se trouvent en opposition, comme dans les cas où il s'agit pour la femme de se faire rembourser ses reprises ; car ce serait une protection bien dérisoire que celle qu'on chargerait un adversaire d'assurer à un incapable ! Voilà pourquoi il est nécessaire que, dans notre hypothèse actuelle, la femme soit assistée d'un curateur autre que le mari.

La demande en séparation de biens est affranchie du préliminaire de conciliation (art. 49, C. pr. civ.). C'est une conséquence naturelle du principe que la séparation de biens ne peut résulter du consentement mutuel des époux.

L'autorisation du président une fois obtenue, la femme doit formuler sa demande dans une assignation qu'elle fait signifier à son mari avec copie de la requête et de l'ordonnance d'autorisation, car on ne peut agir en vertu d'une ordonnance non signifiée. Pour économiser les frais et hâter la liquidation de ses reprises, la femme peut tout à la fois demander la séparation de biens et l'adjudication des créances qui lui sont dues par son mari.

Lorsque le mari est en état de faillite, les syndics doivent être mis en cause pour que le jugement soit exécutoire contre la masse des créanciers (art. 443, C. comm.). Mais, comme la demande en séparation de biens touche essentiellement à l'intérêt moral du mari, elle ne pourrait pas être dirigée contre les syndics seuls.

L'article 443 du Code de commerce dispose qu'après le jugement déclaratif de faillite toute action ne peut être *suivie ou intentée* que contre les syndics ; la demande en séparation de biens, formée contre un mari qui est tombé en faillite au cours de l'instance, ne saurait, par conséquent, être continuée sans que les syndics soient mis en cause. C'est une exception à la règle que le changement survenu dans l'état d'une partie n'interrompt pas la procédure commencée (art. 435, C. pr. civ.).

§ 4. — De la publicité de la demande en séparation de biens.

Pour prévenir les fraudes et avertir les tiers qui ont traité ou qui voudraient traiter avec le mari, le législateur a dû prescrire la publicité de la demande en séparation de biens. Nous avons vu que cette publicité existait déjà dans l'ancien droit, plus ou moins complète suivant les coutumes.

La Cour de Colmar avait demandé que les mesures anciennes de publicité fussent consacrées dans le Code par une disposition spéciale ; mais, malgré l'insistance de Malleville et de plusieurs conseillers d'Etat, cette réclamation fut écartée ; on voulut par là éviter des longeurs et des incidents. Le Conseil d'Etat se borna à décider que le Code civil mentionnerait la publicité de la demande en séparation de biens et le droit pour les créanciers du mari d'intervenir dans l'instance ; il fut convenu que le Code de procédure prescrirait toutes les autres conditions de publicité qui paraîtraient utiles, et dont la place se trouverait plus naturellement dans ce Code que dans le Code civil. C'est ce qui a été fait dans le titre VIII du livre 1er.

La même publicité est exigée pour la demande en séparation de biens, quel que soit le régime sous lequel les époux sont mariés, et que le mari soit ou non commerçant (art. 65, C. comm.). Mais la loi ne prescrit pas la même publicité pour la demande en séparation de corps, quoique cette demande, si elle est accueillie, entraîne la séparation de biens ; c'est qu'en effet, un concert frauduleux pour nuire aux créanciers est bien moins à craindre dans ce cas, que dans celui de séparation de biens.

L'article 866 du Code de procédure veut que, dans les trois jours de la demande en séparation, l'avoué constitué par la femme remette au greffier du tribunal de première instance un extrait de cette demande contenant : 1° la date de l'ajournement; 2° les noms, prénoms, profession et demeure des époux; 3° les nom et demeure de l'avoué constitué. Le greffier inscrira immédiatement l'extrait dont il s'agit dans un tableau placé à cet effet dans l'auditoire du tribunal.

L'article 867 ajoute que pareil extrait sera inséré aux tableaux à ce destinés dans l'auditoire du tribunal de commerce, dans les chambre d'avoués de première instance, et dans celles de notaires, le tout dans les lieux où il y en a.

Ces insertions doivent être constatées par un certificat du greffier et du secrétaire des chambres.

Enfin du rapprochement des articles 868 et 896, il résulte que la femme doit faire insérer le même extrait dans un des journaux qui s'imprimeut dans le lieu où siége le tribunal, et, s'il n'y en a pas, dans un de ceux du département.

Il sera justifié de cette dernière insertion par un exemplaire de la feuille, contenant l'extrait et portant la signature de l'imprimeur légalisée par le maire.

L'insertion de la demande dans le tableau n'est certainement pas de rigueur. Si on se bornait à apposer l'extrait sur le mur de l'auditoire du tribunal ou de la chambre, le vœu de la loi serait suffisamment rempli, d'autant mieux qu'aucune forme particulière n'a été établie pour les tableaux où doit se faire l'insertion. Mais il ne serait pas régulier d'afficher seulement l'extrait à la porte de l'auditoire ou de la chambre, parce que l'affiche pourrait être trop facilement enlevée.

L'article 867 ne dit pas dans quel délai doivent être insérés les extraits de la demande en séparation de biens dans l'auditoire du tribunal de commerce, dans les chambres d'avoués et de notaires. Mais il est naturel de penser que ces insertions doivent, comme celles faites au tribunal civil, être faites dans les trois jours de la demande, à moins que le tribunal de commerce ne siége dans un autre lieu, auquel cas il conviendrait d'ajouter le délai supplémentaire des distances.

L'article 869 prononce la nullité de la demande en cas d'inobservation des formalités prescrites par les articles qui le précèdent. Cette peine doit-elle s'étendre au cas où l'avoué a négligé de faire au greffe du tribunal civil la remise de l'extrait dans les trois jours de la demande, conformément à l'article 866? Nous n'hésitons pas à répondre affirmativement. En effet, on ne saurait supposer que le législateur ait prescrit ce délai arbitrairement et sans motif. On doit donc penser qu'il a voulu que cette formalité fût remplie, et de là cette première présomption que l'article 869, qui ne fait d'ailleurs aucune distinction, a voulu comprendre l'article 866 comme les autres. A cette considération vient se joindre un argument tiré de la rédaction même de l'article 869. Si cet article ne devait s'appliquer qu'au délai d'un mois avant lequel aucun jugement ne peut être rendu, cette rédaction eût été plus simple, le législateur eût dit : « Il ne sera prononcé aucun jugement qu'un mois après les formalités ci-dessus prescrites, *à peine de nullité.* » On dit au contraire : « Un mois après l'observation des formalités ci-dessus prescrites, *et qui seront observées à peine de nullité.* » Or, de ces derniers mots il est impossible de ne pas conclure que non-seulement le délai d'un mois, fixé par l'article 869, mais encore les formalités telles qu'elles sont prescrites par les articles précédents et avec le délai déterminé, seront observées à peine de nullité. En outre, le délai dans lequel une formalité doit être observée, fait naturellement partie intégrante de la formalité elle-même. « Les formalités, dit Ferrière (1), sont des conditions dont les actes doivent être revêtus pour rendre un acte parfait ou une procédure régulière. » L'article 1445 du Code civil, faisant d'ailleurs rétroagir l'effet de la séparation de biens prononcée au jour de la demande, il importe que cette demande soit portée le plus tôt possible à la connaissance du public. Il est vrai que, dans l'hypothèse actuelle, on pourrait dire qu'il suffirait de limiter l'effet rétroactif aux trois jours qui auraient précédé l'insertion; mais ce serait substituer une règle arbitraire à la disposition générale de la loi. D'ailleurs, dans ces limites mêmes, la faculté de raviver une demande en séparation restée longtemps clandestine pourrait bien n'être pas sans inconvénient.

Quant aux autres insertions dont parlent les articles 867 et 869 du Code de procédure, comme la loi ne fixe, à cet égard, aucun délai, et qu'on ne peut en fixer un par analogie, surtout quand il est établi sous une sanction pénale, le retard qu'elles auraient souffert ne serait pas par lui-même une cause de nullité d'une demande dont l'affiche au greffe du tribunal civil garantit suffisamment la sincérité.

L'extrait n'est pas soumis à la formalité de l'enregistrement; car la loi du 22 frimaire an VII (art. 8) déclare qu'il n'est dû aucun droit d'enregistrement pour les extraits, copies ou expéditions des actes qui doivent être enregistrés sur les minutes ou originaux, et la demande en séparation de biens se trouve dans cette catégorie.

La nullité de la demande en séparation de biens ne peut être opposée que par le mari ou par ses créanciers, aux termes de l'article 869 du Code de procédure. L'équité ne permet pas que la femme puisse s'en prévaloir

____

(1) *Dict. de pratique*, v° Formalité.

et se fasse ainsi un titre de la négligence peut-être calculée de son représentant.

§ 5. — Instruction de la cause.

L'instance engagée, soit que le mari constitue avoué, soit qu'il fasse défaut, la cause s'instruit suivant la forme ordinaire.

Cependant il est un moyen de preuve ordinairement admis, qui ne pourrait pas être invoqué ici par la femme à l'appui de sa demande, ce sont les aveux de la partie adverse, c'est-à-dire du mari ; l'article 870 du Code de procédure le décide formellement. Ce serait, en effet, un moyen indirect d'arriver à une séparation de biens volontaire que la loi a voulu absolument empêcher. *Inter propinquos fraus facilé præsumitur.* Ces aveux demeureront sans effet alors même qu'il n'y aurait pas de créanciers. Par le même motif, il importerait peu que les créanciers intervenants confirmassent ces aveux; on doit craindre qu'ils ne se soient concertés avec les époux.

La femme établira la vérité des faits qu'elle invoque à l'appui de sa demande, soit par la production des poursuites dirigées contre le mari, soit à l'aide de la preuve testimoniale. Sous l'empire des coutumes de notre ancienne France, quelques auteurs avaient pensé qu'une enquête était indispensable pour s'assurer qu'il n'y avait point de connivence entre les époux, parce que ces derniers auraient pu préparer de concert les pièces produites comme preuves des dissipations du mari. Cette opinion se fondait sur le texte de l'article 198 de la coutume d'Orléans, portant : « Les séparations de biens d'entre homme et femme conjoints par mariage doivent se faire avec connaissance de cause, et information préalable faite par les juges des lieux où demeureront ceux qui requerront lesdites séparations. » Pothier (1) trouvait cette interprétation trop étroite et disait avec raison que le mot *information*, employé par la coutume, devait se prendre dans une acception étendue, et qu'il s'appliquait à tous les genres de preuve par lesquels le juge peut être *informé* de la vérité des faits; qu'ainsi il n'est pas toujours nécessaire de faire entendre des témoins, les pièces produites par la femme étant souvent suffisantes pour établir le mauvais état des affaires du mari, le péril de la dot, et par suite la nécessité d'une séparation. Cette doctrine avait été consacrée par deux arrêts des Parlements de Dijon (17 janvier 1760) et de Metz (17 mai 1761). Elle n'a pas souffert de difficulté sous l'empire du Code.

La loi, dans l'article 869 du Code de procédure, apporte une seconde modification à la forme ordinaire de l'instruction des causes, en ce qu'elle défend que le jugement de séparation de biens soit rendu avant un mois écoulé depuis le jour où seront accomplies les formalités de publicité de la demande. Elle veut que les créanciers du mari aient tout le temps nécessaire pour prendre connaissance de la demande de la femme et pour y intervenir, si besoin est. *Aucun jugement*, dit l'article, ne doit être rendu avant l'expiration du délai d'un mois, c'est-à-dire que, pendant ce délai, il ne pourra être rendu sur le fond de la demande non-seulement aucun jugement définitif, mais même aucun jugement préparatoire ou interlocutoire.

Le jour, où la dernière formalité de publication a été remplie, ne se trouve pas compris dans le délai d'un

---

(1) *Comm.*, n° 516.

mois; il n'en est que le point de départ, telle est la doctrine qui a été admise de tout temps dans notre droit français.

On a, en outre, reconnu que le délai prescrit par l'article 869 doit être calculé de quantième à quantième, en s'inspirant d'une disposition de l'article 132 du Code de commerce, et puisque les mois sont inégalement composés.

Le délai de l'article 869 est, enfin, un délai franc, c'est-à-dire que le jour du terme *ad quem* doit être compté, et qu'un jugement ne peut être rendu au plus tôt que le lendemain du dernier jour du mois.

Ce délai n'est pas susceptible d'augmentation à raison de la distance des lieux où les créanciers du mari peuvent être domiciliés, puisqu'il est très-possible que la femme ne connaisse pas ces créanciers, et parce que, d'un autre côté, il serait dangereux pour ses intérêts que l'intervalle, qui sépare la demande du jugement, fût prolongé au-delà de certaines limites. D'ailleurs, les créanciers, qui, à raison de leur éloignement et de la brièveté du délai, n'ont pas pu être avertis assez tôt pour intervenir, conservent la ressource d'attaquer le jugement de séparation de biens, prononcé ou même exécuté en fraude de leurs droits.

Il n'est pas douteux que la demande en séparation de biens doive être communiquée au ministère public, car ces demandes intéressent au plus haut degré l'ordre public en modifiant les conventions du contrat de mariage. Or, l'article 83-6° du Code de procédure dispose, d'une manière générale, que toutes les causes intéressant l'ordre public sont sujettes à communication au ministère public; cet article ajoute que sont communicables « les causes des femmes *non autorisées par leurs maris*, » ce qui est le cas de la femme qui intente une demande en séparation de biens.

Nous croyons même, contrairement à l'opinion de quelques auteurs (1), que la nullité, résultant du défaut de communication au ministère public, n'est pas purement relative à la femme, mais peut être invoquée par le ministère public ou suppléée d'office par les juges, parce qu'elle touche à l'ordre général qu'ils ont pour mission de sauvegarder.

§ 6. — Des actes conservatoires permis à la femme.

Nous avons vu que l'usage du Châtelet de Paris et même en Bourgogne permettait à la femme de faire saisir-arrêter et gager les meubles du mari avec la permission du lieutenant civil, dès l'introduction de la demande en séparation de biens.

Cet usage a été implicitement consacré, dans notre droit moderne, par l'article 869 du Code de procédure, qui reconnaît à la femme le droit de prendre des mesures conservatoires pendant le temps qui s'écoule de la demande au jugement de séparation de biens.

Le législateur n'a pas voulu que la nécessité où il plaçait la femme d'attendre un mois avant de pouvoir obtenir sa séparation, exposât sa dot à une aggravation de péril. La femme peut donc, aussitôt qu'elle a formé sa demande, requérir immédiatement toutes les mesures conservatoires qu'elle juge convenables, et le tribunal peut les ordonner sans avoir besoin d'observer le délai prescrit par l'article 860 pour l'examen de la demande au fond. Il était d'autant plus nécessaire de permettre à la femme de prendre des mesures qui tendraient à prévenir l'abus que le mari pourrait faire du pouvoir

(1) Chauveau sur Carré, Quest. 2028 bis.

d'administration qu'il conserve pendant l'instance, mais qui aura cessé dès l'époque de la demande en séparation si les causes en sont reconnues fondées, qu'il est à craindre que le mari, blessé par la demande de sa femme, éprouve peu de scrupules à rendre sa position meilleure aux dépens de cette dernière.

Les actes conservatoires permis par l'article 869 sont tous ceux qui tendent à conserver à la femme les droits dont elle devra jouir après la séparation de biens prononcée. Ces droits lui sont acquis du jour de la demande.

On reconnaît sans difficulté à la femme le droit de faire saisir-arrêter, en vertu d'une ordonnance du président, les sommes dues au mari ou à la communauté, et même de faire saisir-gager les meubles garnissant la demeure conjugale, soit qu'ils dépendent de la communauté, soit qu'ils appartiennent au mari. Il est vrai que l'article 819 du Code de procédure, n'accorde le droit de saisie-gagerie qu'aux propriétaires contre leurs fermiers ou locataires; mais rien n'indique que la disposition de ce texte soit limitative.

D'ailleurs, si la femme était privée de ce droit, la faculté de faire des actes conservatoires deviendrait souvent illusoire pour elle, puisqu'il dépendrait d'un mari de mauvaise foi de détourner ou de dissiper tout le mobilier pendant l'instance en séparation de biens. Ces diverses saisies ne peuvent être autorisées qu'autant qu'il existe un commencement de preuve ou une espèce de notoriété du dérangement des affaires du mari. Elles ne seraient pas maintenues notamment si le mari possédait des immeubles suffisants pour garantir les reprises de la femme.

Il faut décider, en principe, que la femme peut, pendant l'instance en séparation de biens, empêcher par des saisies-arrêts le mari de toucher les revenus de la communauté dont il reste le maître jusqu'au jugement qui le dessaisit. Ces saisies-arrêts rentreraient incontestablement dans la catégorie des actes conservatoires autorisés par l'article 869, du moment qu'elles auraient pour but d'arrêter les détournements du mari, enlevant les revenus à leur destination légale, à la subsistance de la famille, ou d'assurer le remboursement de l'excédant de ces revenus sur les besoins du ménage, excédant que le mari ne serait pas assez solvable pour garantir. Mais la saisie-arrêt ne pourrait porter que sur cet excédant et non pas sur tous les revenus, parce que le mari, même après la séparation, demeure le chef de la société conjugale, et parce que c'est à lui à percevoir les revenus de la dot, qui doivent pourvoir aux charges du ménage.

La créance de la femme, il est vrai, n'est pas exigible avant le jugement de séparation ; mais l'effet de ce jugement remonte jusqu'au jour de la demande, et tout créancier, d'ailleurs, même à terme, est autorisé à former une saisie-arrêt, en cas de déconfiture. Peu importe aussi que la créance ne soit pas liquide. Le vœu de la loi est de conserver à la femme tous les droits dont elle aura l'exercice après le jugement. Or, la saisie-arrêt est la seule mesure conservatoire possible pour les sommes actuellement dues soit au mari, soit à la communauté.

Une question, qui a donné lieu à de vives controverses, est celle de savoir si, au nombre des actes conservatoires permis à la femme demanderesse en séparation de biens, se trouve l'apposition des scellés sur les effets de la communauté. Certains auteurs soutiennent la négative. L'article 270 du Code civil, disent-ils, qui accorde expressément ce droit à la femme demanderesse en séparation de corps, ne se trouve pas reproduit en matière de séparation de biens et ne saurait être étendu par analogie ; car il n'y a pas les mêmes motifs de se défier d'un mari contre qui on poursuit la séparation de biens et qui peut n'être que malheureux, que d'un mari contre qui est formée une demande en séparation de corps.

Nous croyons, au contraire, qu'on est beaucoup plus fondé à concevoir des craintes au point de vue pécuniaire contre un mari qui est sous le coup d'une demande en séparation de biens, c'est-à-dire qui est accusé de dissipations ou tout au moins menacé de ruine, que contre un mari accusé de mauvais traitements et de sévices, fondements d'une demande en séparation de corps. Nous pensons donc qu'il existe un *à fortiori* pour appliquer ici l'article 270 du Code civil qui, du reste, n'est pas conçu en termes restrictifs ; en outre, les expressions de l'article 869 du Code de procédure sont assez larges pour embrasser toutes les mesures que demande l'intérêt de la femme et qui ne sont pas contraires à la loi. L'apposition des scellés est ainsi autorisée en principe ; les tribunaux auront évidemment à apprécier l'état des affaires du mari et s'il mérite assez de confiance pour rester dépositaire, responsable comme gardien judiciaire, des objets inventoriés. (Art. 2060-5°, C. civ.; art. 400, C. pén.).

Observons enfin que ce n'est pas le président qui, par une simple ordonnance, peut faire apposer les scellés sur la réquisition de la femme ; il faut un jugement du tribunal.

La femme peut aussi, lorsque le mari n'est pas solvable et que ses habitudes de dissipation inspirent à son égard une juste défiance, faire ordonner le dépôt à la caisse des consignations des sommes appartenant à la communauté ou des sommes dotales.

La mesure du séquestre ne nous paraît pas devoir être permise à la femme en matière de séparation de biens. Les cas dans lesquels on peut la prendre sont énumérés limitativement par l'article 1961 du Code civil, et il est impossible de faire entrer dans aucun d'eux l'hypothèse d'une instance en séparation de biens. Il est vrai qu'on a soutenu que l'énumération de l'article 1961 n'est pas limitative, mais seulement démonstrative, et, à l'appui de cette opinion, on a invoqué les précédents de notre ancienne législation et l'opinion de Pothier, à qui l'article 1961 aurait été emprunté. Mais le législateur du Code civil ne s'est pas exprimé en termes aussi larges que le faisait notre ancien droit, et c'est avec intention qu'il s'est servi d'une formule restreinte. En outre, il faut remarquer que la loi a satisfait aux plus grandes exigences en autorisant le séquestre dans tous les cas où, soit la possession, soit la propriété sont en question, et qu'il pourrait résulter les plus graves inconvénients d'une interprétation qui irait jusqu'à ressusciter parmi nous les abus que la faculté illimitée du séquestre faisait naître dans notre ancien droit. Enfin la loi a pris soin de permettre la mesure similaire du dépôt judiciaire dans une foule de cas où l'intérêt de l'une des parties pourrait courir quelque péril ; et c'est ce qui se présente précisément ici, puisque l'article 270 du Code civil est applicable à la séparation de biens. Ce texte décide, en effet, que les scellés apposés sur les effets de la communauté, à la requête de la femme demanderesse en séparation, ne peuvent être levés qu'autant qu'il sera fait un inventaire avec prisée, et à la charge par le mari de représenter les choses inventoriées ou de répondre de leur valeur comme gardien judiciaire. Cette responsabilité imposée au mari exclut toute nomination d'un séquestre étranger.

Une question fort délicate est celle de savoir si toutes ces mesures provisoires, prises par la femme pour la conservation de ses droits, doivent être provoquées par elle contradictoirement avec son mari. — En faveur de l'affirmative, on a dit (1) que c'est un principe général en procédure que tout jugement ne peut être rendu sur requête non communiquée à moins de disposition contraire ; or, l'article 869 du Code de procédure ne déroge en rien à ce principe, et l'urgence ne serait pas suffisante pour justifier une telle dérogation.

Les auteurs, qui soutiennent la négative, sont bien obligés de reconnaître ce que ces arguments ont de fondé ; mais ils prétendent que la dérogation au principe général, invoqué par les partisans de l'affirmative, si elle n'est pas écrite dans la loi, résulte forcément de la nature des choses. Les actes dont il est question dans l'article 869, disent-ils, sont, par leur nature même, hostiles au mari et ne peuvent avoir d'utilité qu'à condition d'être pris à son insu ; par conséquent, il serait étrange de l'appeler à les débattre, car il ne manquerait pas de mettre à profit cette condescendance de la loi pour rendre illusoires les précautions que la femme voudrait diriger contre lui.

Nous pensons, non sans de grandes hésitations, que cette dernière opinion est la plus conforme, sinon au texte de la loi, au moins à la nature des choses. Mais nous n'hésitons pas à y faire la restriction suivante. Le mari aura le droit d'obtenir du tribunal la main-levée des oppositions qui gêneraient, sans nécessité pour la femme, la gestion de ses biens et la direction de ses affaires. La demande seule de la femme n'a pas pour effet de le dépouiller des prérogatives attachées à sa qualité de chef de l'association civile ; on ne saurait donc les sacrifier inutilement aux exigences de la femme.

Il suffira le plus souvent que le mari soit privé du droit de disposition. C'est cette pensée qui a dirigé le législateur dans la rédaction de l'article 270, lequel

_____

(1) Rodière et Pont, iii, n° 2132.

pourvoit à la sûreté de la femme, sans entraver l'administration du mari. Ainsi encore le mari pourrait, en fournissant une caution, faire lever les saisies-arrêts qui auraient été pratiquées contre lui à la requête de la femme. Il est vrai que la demande en séparation de biens formée contre lui laisse peu de crédit au mari. Mais cette difficulté de trouver une caution viendra souvent de ce que le public croira la demande bien fondée ; et il vaut mieux, après tout, suspendre momentanément ou limiter l'administration maritale, qu'exposer sa femme à des fraudes et à des pertes irréparables.

Une dernière question nous reste à examiner, c'est celle de savoir si la femme demanderesse en séparation de biens peut obtenir une provision pendant l'instance. Nous pensons qu'en principe il faut décider que la femme n'est pas autorisée à demander une provision en cas de séparation de biens.

Il ne serait pas, en effet, exact de soutenir que, la loi accordant une provision alimentaire à la femme demanderesse en séparation de corps, il doit en être de même en cas de séparation de biens. Ces deux séparations sont essentiellement distinctes par leur nature ; l'une affecte les personnes et les biens, l'autre ne touche qu'aux fortunes et laisse subsister dans leur intégrité les droits et les obligations respectives des époux. En outre la loi, si explicite en matière de séparation de corps, ne dit rien quand il s'agit de la séparation de biens. Si, en autorisant la femme à former sa demande en séparation de biens, le législateur n'a pas indiqué, au nombre des mesures qu'elle pouvait solliciter, la provision alimentaire expressément mentionnée dans les articles 268 du Code civil et 878 du Code de procédure civile, c'est que la nature des choses ne le comportait pas. En effet, en matière de séparation de corps, où il arrive presque toujours que la femme quitte le domicile conjugal avant que sa demande ne soit mise en état, on conçoit qu'une provision doive lui être allouée. Mais il n'en est plus de même en matière de séparation de biens ; les motifs, qui servent de fondements à la demande, ne peuvent en principe justifier l'abandon du domicile conjugal, ni la demande en provision qui en est la conséquence. Le système opposé conduirait à faciliter à la femme le moyen de quitter le domicile commun sous différents prétextes.

Toutefois si nous ne pensons pas que la femme ait droit à une provision alimentaire pendant l'instance en séparation de biens, nous admettons qu'elle puisse en demander une pour faire face aux frais du procès qu'elle est obligée de soutenir contre son mari. Le mari, en effet, doit, conformément aux articles 212 et 213 du Code civil, assistance et protection à sa femme, ce qui l'oblige à fournir à celle-ci les secours en argent qui peuvent lui être nécessaires, soit pour la défense de sa personne, soit pour celle de ses propriétés, lorsqu'elle n'a d'ailleurs pas par elle-même les moyens d'y pourvoir. Or, telle est précisément la situation de la femme mise par le désordre des affaires de son mari dans la nécessité de réclamer sa séparation de biens, à moins toutefois qu'elle n'ait des paraphernaux dont elle ait conservé la jouissance exclusive (1). Mais la provision accordée pour cet objet à la femme ne pourrait pas, selon nous, être assimilée à une créance alimentaire privilégiée sur les biens du mari ; attendu que les privilèges sont de droit étroit et ne peuvent pas être étendus d'un cas à un autre. Or, l'article 2101 du Code civil n'accorde de privilège, à l'égard des aliments, qu'aux marchands et maîtres de pension qui les ont fournis ; dès lors toute personne qui ne se trouve pas dans une de ces catégories n'a pas de privilège à prétendre.

(1) Trib. de Caen, 8 août 1849 (Dall., 1850, 5, 421).

La provision obtenue par la femme est une avance que lui fait le mari; ce dernier a donc le droit, dans le cas où la femme a perdu son procès, d'en réclamer récompense lors de la dissolution de la société conjugale. Dans la même hypothèse, si la femme n'a pas réclamé de provision, les frais du procès ne peuvent être supportés par le mari, puisque la femme n'a pas exigé l'accomplissement de ce devoir au moment où il était justifié par les circonstances.

CHAPITRE II

Du droit pour les créanciers du mari d'intervenir dans l'instance en séparation de biens.

L'article 1447, fixant le principe général, dispose que les créanciers du mari peuvent intervenir dans l'instance en séparation de biens engagée sur la demande de la femme. L'article 871 du Code de procédure porte en outre que les créanciers du mari pourront, jusqu'au jugement définitif, sommer l'avoué de la femme, par acte d'avoué à avoué, de leur communiquer la demande en séparation et les pièces justificatives, et même intervenir pour la conservation de leurs droits sans préliminaire de conciliation. Ils pourront ainsi, par l'examen des pièces produites à l'appui de la demande, s'assurer si leur intervention est opportune.

Cette intervention des créanciers du mari ne saurait être écartée sous le prétexte que l'affaire est en état. Ces créanciers deviennent, en pareil cas, de véritables défendeurs appelés par la loi elle-même en déclaration de jugement commun. C'est par une requête signifiée d'avoué à avoué que les créanciers du mari demandent à intervenir; la femme peut répondre à cette requête.

Le droit d'intervenir appartient aux créanciers même en appel, quand ils ne l'ont pas exercé en première instance. Il appartient même aux tiers qui ne sont pas créanciers actuels, mais à qui la demande en séparation de biens peut préjudicier éventuellement. En effet, d'un côté, aux termes de l'article 474 du Code de procédure, une partie peut former tierce opposition à un jugement qui préjudicie à ses droits, et auquel ni elle, ni ceux qu'elle représente n'ont été appelés; d'un autre côté, aux termes de l'article 466 du même Code, aucune intervention ne doit être reçue si ce n'est de la part de ceux qui auraient le droit de former tierce opposition. Ces dispositions sont applicables à la séparation de biens.

De là, il résulte que, dès qu'il est reconnu qu'un jugement de séparation de biens peut préjudicier à un tiers, celui-ci doit être admis à intervenir, de même qu'il peut, après le jugement, être admis à une tierce opposition, conformément aux articles 474 et 466 précités.

Cette doctrine s'appuie d'ailleurs sur le texte de l'article 1180 du Code civil, et sur cette règle qu'on peut toujours agir pour conserver des droits futurs.

Les frais de l'intervention restent à la charge de l'intervenant.

Dans tous les cas, les créanciers ne peuvent empêcher la séparation de biens qu'en prouvant que la dot n'est pas en péril ou que les biens du mari sont suffisants pour répondre des reprises de la femme.

Les créanciers du mari ont aussi le droit d'intervenir dans une instance en séparation de biens introduite devant un tribunal autre que celui du domicile du mari, pour proposer l'exception d'incompétence, lors même que le mari accepterait la juridiction choisie par sa femme.

Si, pendant l'instance en séparation, le mari est déclaré en faillite, la femme doit mettre en cause les syndics à peine de nullité. En effet, ces derniers représentent tout à la fois les créanciers et le failli; leur présence au procès n'est pas seulement facultative, elle est indispensable.

Les rédacteurs du Code civil, s'éloignant en ce point de notre droit ancien, n'ont pas pensé que les créanciers de la femme dussent avoir, comme les créanciers du mari, le droit d'intervenir dans l'instance en séparation de biens. Pour ces créanciers, en effet, la séparation est plutôt désirable que fâcheuse, puisqu'elle rend à la femme la disposition de capitaux et de fruits, qui, jusque-là, étaient la propriété du mari.

CHAPITRE III

Du jugement de séparation de biens.

Nous avons à examiner successivement dans ce chapitre : 1° la publicité du jugement ; 2° l'exécution du jugement ; 3° la rétroactivité du jugement.

SECTION PREMIÈRE

De la publicité du jugement de séparation de biens.

Nous avons déjà indiqué quelles mesures avaient été prises par la plupart de nos anciennes coutumes pour assurer au jugement de séparation de biens la publicité nécessaire. « Il faut, disait Lebrun (1), quelque chose qui divulgue la séparation, qui l'apprenne à tout le monde, sans quoi, c'est un piége tendu au public. »

L'édit de décembre 1703 et la déclaration du 19 juillet 1704 avaient établi un mode de publicité général pour tout le territoire, c'était l'insinuation du jugement au bureau dans l'étendue duquel le mari avait son domicile. Mais le défaut d'insinuation n'annulait pas la sentence obtenue, il la paralysait seulement.

Les rédacteurs du Code civil ne pouvaient manquer de suivre à cet égard les traditions de notre ancien droit. Il importe, en effet, que les créanciers du mari soient

(1) *Comm.*, l. III, chap. 1, n° 10.

informés du jugement qui a été rendu avant qu'ils aient été en mesure d'intervenir, et contre lequel il ont intérêt à ce pourvoir. La publication du jugement de séparation de biens est également nécessaire pour avertir les tiers, qui ne sont pas créanciers du mari, de la déchéance dont il a été frappé.

Ce sont là les principes qui ont inspiré la rédaction de l'article 1445 du Code civil, ainsi conçu dans son premier alinéa : « Toute séparation de biens doit, avant son exécution, être rendue publique par l'affiche sur un tableau à ce destiné, dans la principale salle du tribunal de première instance, et de plus, si le mari est marchand, banquier ou commerçant, dans celle du tribunal de commerce du lieu de son domicile ; et ce, à peine de nullité de l'exécution. »

L'article 872 du Code de procédure ajoute : « Le jugement de séparation sera lu publiquement, l'audience tenante, au tribunal de commerce du lieu, s'il y en a ; extrait de ce jugement, contenant la date, la désignation du tribunal où il a été rendu, les noms, prénoms, profession et demeure des époux, sera inséré sur un tableau à ce destiné et exposé pendant un an, dans l'auditoire des tribunaux de première instance et de commerce du domicile du mari, même lorsqu'il ne sera pas négociant, et, s'il n'y a pas de tribunal de commerce, dans la principale salle de la maison commune du domicile du mari. Pareil extrait sera inséré au tableau exposé en la chambre des avoués et notaires, s'il y en a. Le tout sans préjudice des dispositions portées dans l'article 1445 du Code civil. »

A la première inspection du contenu de ces deux textes, il est facile de remarquer que l'article 872 du Code de procédure modifie l'article 1445 du Code civil en deux points. D'un côté, l'article 872 n'exige que l'affiche de l'extrait du jugement de séparation, tandis

que l'article 1445 prescrivait l'affiche de tout le jugement. D'autre part, suivant l'article 1445, le jugement
ne devrait être affiché dans l'auditoire du tribunal de
commerce que lorsque le mari était négociant ; au contraire, l'article 872 veut que, dans le cas même où le
mari n'est pas négociant, cette formalité soit observée.

Les créanciers du mari seront suffisamment avertis
par l'affiche de l'extrait du jugement que la femme de
leur débiteur a obtenu sa séparation de biens. Si l'article 872 maintient les dispositions de l'article 1445, ce
n'est évidemment qu'à l'égard de ce qu'il n'a pas lui-
même prescrit. On ne saurait douter davantage que l'insertion de l'extrait du jugement au tableau placé dans
l'auditoire du tribunal de commerce doive avoir lieu,
quoique le mari ne soit pas commerçant. Évidemment,
l'article 872 a dérogé sur ce point à l'article 1445, ou
plutôt il l'a complété. Le tribun Mouricault le faisait
très-bien sentir dans son rapport au Corps législatif :
« Il a paru juste, disait-il, de rendre générales des formalités qui ne s'observaient que pour les séparations
des femmes des commerçants. »

Il parait également certain que l'insertion de l'extrait
du jugement au tableau de l'auditoire du tribunal de
commerce, même quand le mari n'est pas commerçant,
est prescrite à peine de nullité. L'intention du législateur
a été, en effet, d'exiger l'accomplissement de la formalité dont il s'agit avec une égale rigueur, quelle que soit
la profession exercée par le mari. D'ailleurs, la femme ne
pouvant commencer l'exécution du jugement qu'autant
que les formalités prescrites par cet article auront été
remplies, il en résulte que ce commencement d'exécution serait nul, si l'une d'elles n'avait pas été observée.
Les mots *le tout sans préjudice des dispositions portées
dans l'article 1445 du Code civil* qui terminent l'article 872 ne permettent pas de douter que le législateur,

ayant placé sur la même ligne la publication à faire au tribunal civil et celles qui doivent avoir lieu au tribunal de commerce, n'ait voulu punir leur omission avec une égale énergie. Toutes les dispositions de l'article 1445 se trouvent textuellement reproduites dans l'article 872, excepté celle relative à la pénalité; il est clair que ce dernier article se réfère à l'autre, non-seulement pour maintenir cette disposition, mais pour se l'approprier.

Il a été du reste décidé d'une manière générale et pour les mêmes motifs que l'inobservation des formalités prescrites par l'article 872 relativement à la lecture et à l'affiche du jugement de séparation de biens emporte la nullité, quoique cet article ne la prononce pas expressément (1).

L'article 872 veut que le jugement soit lu, l'audience tenante, au tribunal de commerce du lieu, et que ce jugement soit affiché par extrait dans l'auditoire du tribunal de commerce au domicile du mari. Il est certain, quoiqu'il y ait eu des discussions à ce sujet, que cet article a entendu, par ces mots *tribunal de commerce du lieu, tribunal de commerce du domicile du mari*, désigner le tribunal dans le ressort duquel le mari a son domicile, quoique ce tribunal siége dans une autre commune. Ces expressions, *tribunal du lieu, juge du lieu*, désignent, en général, le juge du ressort, comme le prouvent, entre autres textes, les articles 554 et 606 du Code de procédure. En outre, la contexture même de l'article 872 suffit pour démontrer que cette interprétation est la seule admissible. Il ne peut être contesté, en effet, que la loi attribue le même sens au mot *domicile*, qu'il s'agisse du tribunal civil ou du tribunal de commerce, ni que le tribunal civil doive être celui dans le ressort duquel le mari a son do-

____

(1) Cass., 17 mars 1851 (Dall., 1852, 1, 113).

micile; par conséquent, il faut donner le même sens aux expressions *tribunal de commerce du lieu, tribunal de commerce du domicile*.

L'article 872 ajoute que l'extrait du jugement doit être affiché dans la principale salle de la maison commune du domicile du mari, *s'il n'y a pas de tribunal de commerce*. Par ces derniers mots la loi a voulu prévoir le cas où il n'y a pas de tribunal de commerce dans l'arrondissement et où le tribunal civil fait les fonctions du tribunal de commerce. En effet, si l'affiche à la maison commune ne devait pas avoir lieu lorsqu'il existe au chef-lieu, soit un tribunal de commerce, soit un tribunal civil jugeant commercialement, jamais cette formalité ne pourrait recevoir son application, puisque dans chaque arrondissement il y a un tribunal civil qui, à défaut de tribunal de commerce, en remplit les fonctions. La publication à la maison commune serait même sans utilité, d'après ce que nous venons de dire, dans le cas où le mari n'aurait pas son domicile dans le lieu où siége le tribunal civil faisant fonctions de tribunal de commerce. Or, comment admettre que le législateur aurait prescrit une formalité sans objet? Cependant nous ajouterons que, pour prévenir toute difficulté, il est plus sûr de faire afficher l'extrait à la fois au tribunal de commerce dans le ressort duquel le mari a son domicile et à la mairie du lieu où il est domicilié (1).

L'article 872 veut enfin que l'extrait du jugement soit inséré au tableau exposé en la chambre des avoués et notaires, *s'il y en a*. Ces dernières expressions de la loi prêtent à l'équivoque; car il doit y avoir au chef-lieu judiciaire de tous les arrondissements une chambre des avoués et des notaires, et la loi semble pourtant supposer qu'il est des circonstances où on peut se dispenser

(1) Rennes, 14 janvier 1850 (Dall., 1851, 5, 481); Caen, 2 décembre 1851 (Dall., 1854, 2, 100).

d'afficher l'extrait dans les chambres des avoués ou des notaires.

Peut-être a-t-on voulu prévoir le cas où la chambre des avoués ou des notaires n'a pas de local fixe pour se réunir. Un arrêté du 2 nivôse an XII, article 16, dispose, il est vrai, que la chambre des notaires aura un local fixe pour se réunir; mais le décret du 13 frimaire an IX ne contient pas de disposition semblable pour la chambre des avoués. Il ne faut pas oublier d'ailleurs que beaucoup de disposition des règlements ne reçoivent pas leur application dans la pratique. Dans ce cas, on ne voit pas à quoi pourrait servir la remise d'un extrait qui ne serait affiché nulle part. Comme il est nécessaire que la formalité prescrite par l'article 872 reçoive son exécution, l'affiche de l'extrait aura lieu dans la chambre des avoués et notaires de l'arrondissement où est domicilié le mari, sans qu'il soit besoin que la chambre tienne ses réunions dans la localité où habite le mari.

Si le mari avait changé de domicile depuis la demande en séparation de biens, il conviendrait de faire procéder soit à la lecture du jugement, soit aux affiches et insertions de l'extrait, tant dans le lieu où la séparation a été prononcée que dans celui du nouveau domicile du mari. Les tiers, qui voudraient contracter avec le mari dans son nouveau domicile, ont intérêt à connaître sa position. Mais cette mesure n'étant point exigée par la loi, il suffira rigoureusement que la lecture et la publication du jugement soient faites dans le lieu où siége le tribunal qui a prononcé la séparation. C'est une conséquence naturelle du principe que les procédures doivent être menées à fin devant le tribunal où elles ont été régulièrement commencées, quels que soient les changements survenus dans la position des parties. Il faut observer, du reste, que dans le cas où la lecture et la publication n'ont pas été faites dans le lieu du nouveau

domicile du mari, les tiers ne sont pas fondés à se plaindre, malgré leur intérêt à connaître le jugement de séparation ; car, avant de traiter avec le mari, la prudence
leur commande de s'assurer si, dans le lieu de son précédent domicile, il n'a pas encouru quelque incapacité.
Comme pour la publication de la demande en séparation de biens, le vœu du législateur est suffisamment
rempli, lorsque l'extrait du jugement a été affiché dans
les lieux indiqués par la loi, s'il n'y a pas de tableaux
destinés à l'insertion.

Les extraits des jugements de séparation de biens
sont affranchis de tout droit d'enregistrement (1). Il n'est
dû non plus aucun droit aux secrétaires des chambres des
notaires et des avoués pour la délivrance des certificats
d'insertion de l'extrait du jugement. Le droit du greffier
est réglé à cet égard par le décret du 12 juillet 1808.

Il n'est besoin de dresser aucun acte de dépôt des extraits de jugements de séparation de biens, au moment
de leur remise aux notaires, secrétaires des chambres et
greffiers. Il suffit que cette remise soit constatée d'une
manière certaine ; un registre non timbré peut atteindre
ce but. L'article 1 du décret de 1808 le fait bien entendre
ainsi, lorsque, après avoir alloué aux greffiers un droit
pour la publication des extraits, il ajoute : « Il ne sera
perçu aucun droit de dépôt pour la remise au greffe des-
dits actes. »

La Cour de Cassation décide que les greffiers et secrétaires des chambres doivent délivrer un certificat de la
remise qui leur a été faite des extraits de jugements.

La preuve de la publication à la maison commune
peut résulter d'un certificat du maire, qui sera opposable aux tiers sans avoir date certaine.

L'extrait du jugement de séparation doit rester exposé

(1) *Délib. de la Régie* du 28 avril 1837 (Dall., 1838, 3, 118).

pendant un an dans les chambres des notaires et avoués, quoique l'article 872 ne paraisse exiger cette durée que pour l'exposition dans l'auditoire des tribunaux et dans la maison commune. Il y a pour l'un et pour l'autre identité de motifs, et d'ailleurs les dernières expressions de l'article 872 ne laissent aucun doute sur ce point.

Les termes de l'article 92 du tarif civil indiquent que le jugement de séparation doit, comme la demande, être inséré par extrait dans un journal. Mais cette formalité n'étant pas exigée par les articles 1445 du Code civil et 872 du Code de procédure, son omission ne saurait être une cause de nullité.

Si le jugement, qui a prononcé la séparation de biens, a été confirmé en appel, il n'est pas nécessaire de renouveler pour l'arrêt confirmatif les publications qui ont été faites pour le jugement de première instance, attendu que ce jugement reprend alors toute sa force vis-à-vis des tiers comme vis-à-vis du mari, et qu'il est considéré comme n'ayant jamais été attaqué. Il faudrait décider de même dans le cas où le jugement de séparation rendu par défaut aurait été l'objet d'une opposition rejetée par un second jugement.

Il peut arriver que la séparation de biens refusée en première instance soit accordée en appel. Ce ne sera pas dans la ville où siége la Cour que les lectures, affiches et insertions devront être faites ; ce devra être toujours dans l'arrondissement du domicile du mari, parce que c'est là surtout que se trouvent les personnes intéressées à connaître la séparation prononcée.

Les formalités relatives à la publicité du jugement doivent être accomplies avant l'expiration de la quinzaine qui suit sa prononciation, puisque l'article 1445 du Code civil veut que, dans ce délai, le jugement soit exécuté ou tout au moins ait reçu un commencement d'exécution. Il en est de même quand la séparation de biens a été prononcée par arrêt en appel.

Mais, si le jugement était attaqué, par la voie de l'opposition ou de l'appel avant l'expiration de la quinzaine, on ne pourrait faire un reproche à la femme de n'avoir pas rempli les formalités de publication dans le même délai. Dès le moment de l'opposition ou de l'appel, le jugement étant considéré comme paralysé, il ne peut être question de le publier. Le délai de quinzaine ne commencera donc à courir que du jour où il sera intervenu soit un jugement qui rejette l'opposition, soit un arrêt confirmatif. Dans ce cas il ne sera pas nécessaire de publier le jugement rendu sur l'opposition ou l'arrêt, puisque la loi n'a prescrit cette publication que pour le jugement même qui prononce la séparation de biens, et que ce jugement, une fois l'opposition ou l'appel mis à néant, n'a rien perdu de sa force primitive, aussi bien vis-à-vis des tiers qu'entre les parties.

Aux termes de l'article 155 du Code de procédure, les jugements par défaut ne peuvent pas être exécutés avant l'expiration du délai de huitaine, à compter de leur signification à avoué ou à partie. Cependant il faut admettre que les formalités relatives à la publication du jugement de séparation de biens peuvent être remplies avant la signification du jugement. S'il n'en était pas ainsi, la femme pourrait, à son gré, prolonger le délai de quinzaine dans lequel la publication doit avoir lieu, en ne faisant pas signifier le jugement de séparation, et dès lors, il dépendrait d'elle de retarder d'une manière indéfinie l'exécution de ce jugement; ce que la loi a voulu prévenir par la fixation d'un délai très-court (art. 1444, C. civ.).

On s'est demandé si l'avoué de la femme peut faire insérer les extraits du jugement de séparation de biens aux tableaux mentionnés dans l'article 872 du Code de procédure sans attendre que ce jugement ait été enregistré. La majorité des auteurs décide avec grande raison que cette insertion ne peut être faite qu'après l'enregistrement du jugement. Il résulte, il est vrai, un inconvénient de ce fait que le délai accordé pour l'enregistrement du jugement de séparation de biens est plus long que celui donné pour sa publication, puisque l'article 20 de la loi du 22 frimaire an VII accorde aux greffiers un délai de vingt jours pour faire enregistrer les jugements de toute nature. Mais cet inconvénient se produit également quand il s'agit de l'exécution du jugement de séparation, exécution qui doit avoir lieu aussi dans la quinzaine de sa prononciation. Personne n'admet pourtant que la femme puisse faire exécuter le jugement de séparation avant qu'il ait été enregistré. La femme devra, dans ces deux cas, mettre le greffier en demeure de faire enregistrer le jugement avant l'expiration du délai de quinzaine, avec offre d'avancer elle-même les droits d'enregistrement.

L'avoué est responsable de la publication du jugement de séparation de biens dans la quinzaine, parce que la femme, à qui le jour de la prononciation peut être inconnu, s'en est remise à son mandataire du soin de prévenir une nullité qu'elle est elle-même inhabile à empêcher.

La responsabilité de l'avoué serait la même, quoiqu'on l'ait contesté, dans le cas d'inexécution du jugement dans la quinzaine. La publication à laquelle il aurait procédé, peut-être au dernier moment, ne serait pas une garantie suffisante que la femme connaîtrait à temps la séparation prononcée.

SECTION II

De l'exécution du jugement de séparation de biens.

§ 1. — Délai de l'exécution.

Si le jugement de séparation de biens n'était pas suivi d'une exécution rapide, il serait naturel de penser que la femme a eu en vue beaucoup moins la conservation de sa dot que de frustrer les créanciers de son mari.

Nous avons déjà vu qu'on avait été frappé de cette idée dans l'ancien droit. Mais les coutumes et la jurisprudence ne fixaient aucun délai fatal pour l'exécution du jugement de séparation de biens. On en a conclu à tort que ce jugement pouvait être exécuté pendant trente ans. Il devait recevoir son exécution, à peine de nullité, dans un délai raisonnable et tel que la femme ne pût pas être présumée avoir renoncé au bénéfice de la séparation (1).

Les rédacteurs du Code civil ont marqué un délai dans lequel doit être exécuté le jugement de séparation de biens, à peine de nullité. « La séparation de biens, quoique prononcée en justice, est nulle, dit l'article 1444, si elle n'a point été exécutée par le paiement réel des droits et reprises de la femme, effectué par acte authentique, jusqu'à concurrence des biens du mari, ou au moins par des poursuites commencées dans la quinzaine qui a suivi le jugement, et non interrompues depuis. »

On avait essayé de soutenir que l'article 872 du Code de procédure, dérogeant à l'article 1444 du Code civil,

(1) Pothier, *Comm.* n° 578.

étendait à une année le délai de quinzaine fixé par ce dernier article, et on se fondait sur ce paragraphe : « La femme ne pourra commencer l'exécution du jugement que du jour où les formalités ci-dessus auront été remplies, sans que néanmoins il soit nécessaire d'attendre l'expiration du susdit délai d'un an, » Mais la jurisprudence et les auteurs ont énergiquement repoussé cette interprétation. Comment admettre, si le législateur eût voulu déroger à l'article 1444 et prolonger le délai fixé par cet article, qu'il ne se fût pas exprimé d'une manière formelle ?

Une pareille modification eût été trop grave pour qu'elle ne devînt pas l'objet d'une disposition expresse. Il est bien vrai que la phrase, *sans qu'il soit nécessaire d'attendre l'expiration du susdit délai d'un an*, manque de clarté ; mais, lorsqu'il n'y a pas contrariété certaine entre deux textes de la loi, on doit s'attacher à faire produire à chacun d'eux les effets que le législateur lui a attribués. Il faut voir simplement, dans la combinaison des deux articles 1444 et 872, le principe d'une simultanéité de publication et d'exécution du jugement qui prononce la séparation de biens. L'exécution du jugement ne pourra pas être commencée avant l'accomplissement des formalités de publication ; cependant comme elle doit avoir lieu dans la quinzaine, il ne faudra pas attendre l'expiration du délai d'un an, pendant lequel ce jugement doit demeurer affiché. Cette explication est parfaitement conforme au vœu du législateur tel qu'il nous est révélé par les travaux préparatoires du Code de procédure. La section du Tribunat avait fait observer au Conseil d'Etat qu'il convenait d'empêcher qu'on ne pensât *que la femme dût attendre l'expiration de l'année pour commencer l'exécution*. Ce fut sur cette observation que furent ajoutés les derniers mots de l'article 872.

Le délai de quinzaine commence à courir du jour de la prononciation et non du jour de la signification du jugement, Il ne doit pas être permis à la femme d'ajourner indéfiniment les poursuites, en retardant à son gré la signification. Ce délai doit, du reste, à raison de sa brièveté, recevoir l'augmentation pour cause de distance, quand le mari est domicilié à plus de cinq myriamètres, ou au delà, du lieu où le jugement a été rendu (loi du 3 mai 1862, modificative de l'article 1033 du Code de procédure).

Le pourvoi en cassation formé par le mari contre le jugement de séparation de biens n'est point suspensif; la femme n'en doit pas moins poursuivre immédiatement les droits qui en dérivent.

Mais, dans aucun cas, le jugement ne saurait être exécuté avant d'avoir reçu la publicité prescrite par la loi; l'article 872 ne laisse place à aucun doute sur ce point.

Si l'exécution du jugement n'était commencée que le seizième jour, elle serait tardive. Il n'y a pas lieu d'appliquer ici l'article 1033 du Code de procédure, ni la règle d'après laquelle le jour du terme *ad quem* doit être compté dans le délai; car l'article 1444 du Code civil exige que l'exécution ait lieu dans la quinzaine.

La femme mariée sous le régime de la communauté ne saurait être autorisée à renvoyer l'exécution du jugement jusqu'à l'expiration du délai de trois mois et quarante jours, que l'article 174 du Code de procédure lui accorde pour faire inventaire et délibérer. Elle devra commencer l'inventaire dans les quinze jours de la prononciation du jugement.

L'article 1444, qui exige l'exécution dans la quinzaine, s'applique au cas où le jugement est par défaut, tout aussi bien qu'au cas où il est contradictoire. L'article 155 du Code de procédure, comme nous avons déjà eu occasion de le dire, est inapplicable en matière de séparation de biens.

Lorsque la séparation de biens est une suite de la séparation de corps, le retard apporté par la femme à exécuter le jugement ne saurait être une cause de nullité; car, en pareil cas, la collusion au préjudice des tiers n'est pas présumable. Ce n'est pas l'intérêt pécuniaire qui a guidé la femme dans l'exercice de son action.

§ 2. — Actes d'exécution du jugement.

Aux termes de l'article 1444, la séparation de biens doit être exécutée par le paiement réel des droits et reprises de la femme, effectué par acte authentique jusqu'à concurrence des biens du mari, ou au moins par des poursuites commencées dans la quinzaine qui a suivi le jugement, et non interrompues depuis.

Nous concluons de là que l'exécution de la séparation de biens peut être volontaire et se réaliser au moyen d'un accord amiable entre les époux. Dans la pensée de la loi la femme ne doit même commencer des poursuites contre son mari qu'autant qu'elle n'a pu traiter amiablement avec lui. Bien loin de proscrire l'exécution volontaire, la loi l'autorise formellement par l'article 1595 du Code civil, qui fait exception à la nullité des ventes entre époux, dans le cas où le mari cède des biens à sa femme, séparée judiciairement d'avec lui, en paiement de ses reprises. En effet, lorsque la séparation de biens a été régulièrement prononcée, l'exécution qu'en fait volontairement le mari n'a rien de suspect par elle-même; le mari obéit à la justice.

L'article 1444 exige formellement que l'acte qui constate l'exécution volontaire ou forcée soit authentique.

Malgré cette disposition expresse, la Cour de cassation (1) et, après elle, M. Troplong (2) avaient admis autrefois qu'un acte sous seing privé soumis à l'enregistrement était suffisant pour constater l'exécution du jugement. Cette doctrine était fondée sur ce que cet acte avait une cause légitime, seule condition qu'exige le second paragraphe de l'article 1595 pour la validité d'une vente faite par le mari à sa femme ; on disait en outre qu'il ne fallait pas rendre la femme victime d'un défaut de formalité insignifiant, lorsque tout avait été sérieux et sincère dans sa conduite et dans ses actes.

Le texte formel et impératif de l'article 1444 résiste à une pareille opinion, et des considérations d'aucune nature ne pouvaient autoriser la violation d'une prescription positive du législateur, surtout dans une matière où la mauvaise foi est toujours à craindre. Aussi les auteurs et la jurisprudence (3) ont-ils unanimement repoussé un système qu'un moment d'erreur avait seul pu faire admettre. Ce n'était pas trop d'exiger que l'exécution de la séparation de biens fût constatée par des actes authentiques, si souvent impuissants eux-mêmes à prévenir la fraude. Enfin la femme ne saurait se plaindre ; il ne sera pas plus difficile pour elle d'obtenir la liquidation de ses reprises par acte authentique que par acte sous seing privé.

Le compromis authentique qui interviendrait entre les époux dans la quinzaine de la prononciation du jugement, sur la liquidation des droits et reprises de la femme, serait-il un acte suffisant d'exécution ? Oui certainement ; la loi ne défend pas aux époux séparés de biens judiciairement de terminer leurs contestations par la voie de l'arbitrage.

(1) 23 août 1825 (Dall., 1826, 1, 41)
(2) *Contrat de mariage*, n° 1361.
(3) Rouen, 31 janv. 1803 (Dall., 1803, 2, 78).

11

Lorsque le mari ne consent pas à exécuter amiablement la séparation de biens, la femme ne peut évidemment, pour se procurer l'acte authentique exigé par l'article 1444, établir ses droits devant un notaire, qui, en l'absence du mari, ne peut dresser un acte obligatoire pour ce dernier. Elle doit assigner son mari en liquidation de ses reprises ou diriger contre lui des poursuites.

La Cour de cassation a décidé, dans un arrêt du 12 août 1847, que l'exécution du jugement de séparation de biens est effectuée par acte authentique, dans le sens de l'article 1444, lorsque le paiement des reprises de la femme se trouve constaté par l'huissier sur le commandement adressé au mari pour arriver à cette exécution. L'arrêt se fonde sur ce que le commandement est un acte judiciaire, émané d'un officier ministériel dans l'exercice de ses fonctions, faisant preuve de sa date et de son contenu, et remplissant toutes les conditions nécessaires pour constituer l'acte authentique dont parle l'article 1444.

C'est encore là une doctrine qui nous paraît de tous points inacceptable. L'huissier, il est vrai, imprime un caractère authentique à ses exploits relativement aux énonciations qui tiennent à l'essence même de l'acte et dont la loi exige l'observation d'une manière impérieuse ; mais, quant aux énonciations qui ne sont pas formellement prescrites par la loi ou qui ne rentrent pas dans le cercle naturel et légal des attributions de l'huissier, les extraits ne font point foi complète. Il importerait même peu que l'énonciation de l'huissier, étrangère à ses attributions, eût été signée par la partie à qui on l'oppose. Cette signature ne saurait donner à l'énonciation l'authenticité que l'huissier ne peut lui imprimer lui-même ; elle ne ferait qu'attacher à cette énonciation le caractère d'obligation privée.

Il y aurait exécution suffisante de la séparation de biens si, la liquidation des reprises de la femme ayant eu lieu dans la quinzaine, il avait été accordé au mari, pour le paiement de ces reprises, un délai modéré et justifié d'ailleurs par les circonstances.

Le paiement des reprises de la femme doit être effectué *jusqu'à concurrence des biens du mari*. La séparation de biens ne serait donc pas exécutée, au sens de l'article 1444, par la cession que le mari ferait à sa femme de tout le mobilier garnissant le domicile conjugal alors qu'il posséderait encore des immeubles. — L'exécution serait encore insuffisante si les époux, après avoir liquidé les droits de la femme et affecté des valeurs au paiement des reprises de celle-ci, ajoutaient que pour le surplus elle s'en fera payer quand elle voudra.

De même la femme n'exécute pas la séparation de biens d'une manière sérieuse lorsque, au lieu d'épuiser les biens du mari, elle le laisse dépositaire du gage affecté à sa dot. Cette tolérance montre, en effet, que la séparation a été provoquée dans le seul but de soustraire les biens du mari aux exécutions de ses créanciers.

La séparation serait au contraire valablement exécutée si, par exemple, dans la quinzaine de la prononciation du jugement, il avait été procédé à la liquidation des reprises de la femme, et qu'en vertu de cette liquidation le mari, sur le procès-verbal même, eût fait abandon à sa femme d'une valeur mobilière qu'il eût déclaré composer tout son actif. On ne saurait considérer comme dépendant du patrimoine du mari un immeuble de la communauté qu'il aurait vendu, par cela seul que cet immeuble serait frappée de l'hypothèque légale de la femme, et les acquéreurs ne seraient nullement fondés à se prévaloir contre celle-ci de la déchéance établie par l'article 1444, en ce qu'elle n'aurait pas dirigé contre eux l'action en délaissement résultant de son droit hypothécaire. En effet, ce droit est personnel à la femme ; l'action, qui en dérive, est facultative pour elle ; on ne saurait donc en faire naître un droit de propriété actuel et certain pour le mari.

A défaut du paiement réel de ses droits et reprises, effectué dans la quinzaine par acte authentique, la femme doit diriger contre son mari des poursuites dans ce même délai. — Quels actes constituent ces poursuites, ou tout au moins ce commencement de poursuites ?

Il est certain aujourd'hui que la simple signification du jugement accompagnée d'une sommation de s'y conformer n'est pas un commencement de poursuites dans le sens de l'article 1444. La question avait, dans le principe, partagé les tribunaux et les auteurs ; on avait prétendu que la brièveté du délai, donné par la loi pour l'exécution, devait faire admettre que la signification du jugement suffisait. Mais l'opinion contraire a, depuis longtemps déjà, définitivement prévalu en doctrine et en jurisprudence (1). Il n'est pas douteux que dans le délai de quinzaine la femme peut fort bien faire signifier le jugement et commencer ensuite des poursuites. Elle devra certainement se hâter. Mais le but du législateur est précisément de la contraindre à prouver par la célérité de ses poursuites que sa dot était vraiment en péril entre les mains de son mari, et qu'elle s'est fait sérieusement séparer de biens. Or, la simple signification n'est qu'un acte préparatoire à l'exécution ; elle peut même avoir pour unique objet de faire courir le délai d'appel (2).

Cependant la femme peut se borner à la signification

(1) Rouen, 31 janv. 1863 (Dall., 1863, 2, 75).
(2) Il a été jugé dans le même sens que le paiement d'une partie des frais du procès dans le délai légal ne constitue pas un commencement suffisant d'exécution. Paris, 27 déc. 1871 (Dall., 1873, 5, 414).

du jugement dans le délai de quinzaine, s'il résulte des circonstances que tout autre acte serait sans utilité ; par exemple si, au moment où la femme veut diriger des poursuites, les meubles et les immeubles de son mari sont déjà frappés de saisie, ou s'il a été ordonné, quant à la liquidation des reprises de la femme, un plus ample informé, ou enfin si la faillite du mari empêche de poursuivre la vente de ses biens. Dans ce dernier état de choses, la femme ne peut obtenir du mari le paiement de ses reprises, dans la quinzaine ; elle ne peut non plus commencer contre lui des poursuites, puisque l'article 494 du Code de commerce veut que toutes poursuites contre le failli soient dirigées contre les syndics ; enfin, il ne reste à la femme aucune voie d'exécution ordinaire puisque le mari est dépossédé. La femme ne peut alors que se pourvoir dans la faillite en remettant son jugement aux syndics et en y joignant l'état de ses reprises et de ses titres, puisque les syndics sont seuls investis du droit de les discuter et d'en arrêter la liquidation contradictoirement avec la femme. En outre, le but principal de l'article 1444 étant de prévenir, autant que possible, les séparations de biens concertées entre les époux, toute présomption de fraude s'évanouit du moment que la femme a fait, à l'égard du paiement des reprises, toutes les diligences qu'il était en son pouvoir de réaliser, et que les syndics, contradictoirement avec lesquels le jugement a été rendu, ne peuvent prétexter l'ignorance du péril qu'a couru la dot de la femme, puisqu'ils n'agissent eux-mêmes qu'en vertu de la faillite qui a été déclarée.

Le défaut de poursuites ne pourrait pas être imputé à la femme si sa bonne foi était établie et si le retard n'avait point nui aux tiers, par exemple, si la femme avait laissé au mari le temps de vendre de gré à gré et d'une manière plus avantageuse le seul immeuble qui lui restait. Mais il faudra, en outre, pour justifier une pareille dérogation à l'article 1444, que la femme ait procédé dans la quinzaine à un commencement de poursuites, ou ait fait dresser un acte authentique de liquidation de ses reprises, et que la temporisation n'ait pas été d'une durée trop longue eu égard aux circonstances.

La citation en conciliation donnée par la femme à son mari en exécution du jugement de séparation de biens ne constituerait pas un commencement de poursuites dans le sens de l'article 1444, si elle n'était suivie d'une demande en justice formée dans le mois à compter de la non-conciliation ou de la non-comparution. Si, en général, la citation en conciliation constitue un préliminaire indispensable de l'action en justice, elle demeure sans effet lorsque, dans le délai que la loi détermine (art. 57, C. pr.), l'ajournement n'est pas venu prouver qu'elle était le point de départ d'une demande sérieuse. Du reste, dans l'hypothèse actuelle, le préliminaire de conciliation n'est pas exigé, puisqu'il s'agit d'exécuter une décision précédemment rendue.

La saisie-arrêt constitue-t-elle une exécution suffisante de la séparation de biens? Sans aucun doute, pourvu qu'elle soit suivie de la vente des effets du mari au profit de la femme, ou de la remise des deniers dans les mains de celle-ci; autrement elle serait un acte conservatoire et non un acte d'exécution. Mais il n'y a que la saisie-arrêt qui doive nécessairement intervenir dans la quinzaine, car elle constitue bien un commencement de poursuites; si elle doit être suivie d'autres mesures, c'est uniquement pour montrer qu'elle a été un acte d'exécution dans son principe.

La liquidation des reprises de la femme dans la quinzaine du jugement constitue un commencement suffisant d'exécution, à moins que cette liquidation ne fût devenue inutile, parce qu'elle était déjà faite. La liquidation des droits de la femme est, en effet, une suite indispensable de la séparation de biens, et on ne peut exécuter cette séparation, tant que les sommes dues à la femme n'ont pas été déterminées (1).

On est même allé jusqu'à décider (2) que la simple ouverture du procès-verbal de liquidation des reprises de la femme équivaut au commencement de poursuites exigé par la loi; mais en tant que les opérations de liquidation auraient le caractère de continuité voulu pour les poursuites elles-mêmes et que ces opérations présenteraient des difficultés sérieuses. Si une liquidation était entreprise alors que tout est connu, elle n'aurait rien de sérieux et ne pourrait satisfaire au vœu du législateur, qui a voulu une exécution sincère de la séparation.

Lorsque la femme n'a ni constitution dotale, ni reprises à réclamer, elle exécute le jugement de séparation de biens en se présentant devant un notaire pour obtenir acte de sa déclaration de n'avoir rien à répéter contre son mari ; elle doit être assistée de ce dernier, et, s'il lui refuse son concours, elle ne passera outre qu'après l'avoir interpellé par un acte extrajudiciaire de comparaître en l'étude du notaire qu'elle a choisi pour recevoir sa déclaration. Une autre voie lui est ouverte : elle peut, par le jugement même de séparation de biens, se faire donner acte de sa renonciation à exercer aucun droit contre son mari. Cette précaution aura l'avantage d'éviter des formalités et des frais inutiles.

Les tribunaux sont souverains appréciateurs des faits constitutifs de l'exécution de la séparation de biens, sauf toutefois à la Cour de cassation le droit de restituer

(1) Bordeaux, 20 août 1838. — Contrà, même Cour, 21 mars 1857 (Dall., 1857, 2, 113).

(2) Bourges, 10 août 1840, et Cass., 18 fév. 1852 (Dall., 1852, 1, 243).

leur véritable caractère aux faits ainsi déterminés d'une manière souveraine.

Les poursuites, qui tendent à l'exécution de la séparation de biens, doivent non-seulement être commencées, mais même, à moins d'impossibilité matérielle, menées à terme dans la quinzaine de la prononciation du jugement ; autrement on ne saurait les regarder comme sérieuses, et par conséquent leur reconnaître la portée d'une exécution. L'article 1444 exige donc que les poursuites commencées par la femme dans la quinzaine ne soient pas ensuite interrompues. Il est en cela conforme à notre ancienne jurisprudence (1).

Les magistrats apprécieront les circonstances qui peuvent constituer une interruption dans les poursuites ; ils constateront ces faits d'une manière souveraine, mais ils ne pourront les qualifier que sous le contrôle de la Cour suprême. — Il est permis de dire qu'il y a interruption de poursuites lorsque, dans une intention frauduleuse, la femme est demeurée inactive après les délais à l'expiration desquels elle avait le droit de faire des actes d'exécution. — Mais on ne devrait pas présumer la mauvaise foi de la femme et considérer les poursuites comme interrompues si les délais avaient été très-peu excédés.

Il n'y a pas non plus interruption de poursuites dans le sens de l'article 1444, lorsque l'inaction de la femme est indépendante de son fait. Par exemple, lorsque c'est plus de trois mois après le commencement des poursuites qu'un acte public a fixé les droits et reprises de la femme, quand l'entier dénûment du mari et les difficultés que la femme avait à surmonter pour agir utilement expliquent ce retard. — De même, si les frais néces-

(1) Pothier, Comm. n° 818 ; Renusson, 1re partie, chap. IX, § 16.

saires pour mener à fin les poursuites devaient épuiser l'actif du mari.

Le jugement de séparation de biens doit, du reste, être annulé toutes les fois que, indépendamment de l'intention frauduleuse, l'interruption des poursuites fait supposer de la part de la femme une renonciation au bénéfice de ce jugement. Dans tous les cas, un intervalle de trois ans constituerait nécessairement un abandon de poursuites, puisque la loi n'exige pas un délai plus long pour la péremption des instances, sauf toujours l'excuse tirée des obstacles invincibles.

Il n'y a pas interruption de poursuites, dans le sens de la loi, par cela seul que la femme a cessé d'agir directement contre son mari pour plaider, en présence de ce dernier, contre un créancier qui avait fait saisir les immeubles sur lesquels reposaient, non-seulement son hypothèque légale, mais encore un droit de rétention existant à son profit.

Le jugement est encore exécuté d'une manière sérieuse, lorsque la femme poursuit un tiers qui détient des immeubles de son mari hypothéqués à ses créances. On l'a contesté et on a soutenu que la femme suspendait les poursuites exigées par la loi, lorsqu'elle agit contre un tiers détenteur, par exemple en l'absence de son mari, pour obtenir le délaissement d'un immeuble dont elle voudrait faire le gage du paiement de ses droits. Lors même, a-t-on dit, que le mari n'aurait pas d'autres biens, les poursuites de la femme contre ce tiers ne peuvent pas être considérées comme la continuation de celles qu'elle aurait commencées dans la quinzaine ; elle devrait, en même temps qu'elle forme sa demande contre le tiers possesseur, poursuivre son mari, tant que l'absence des moyens de se libérer n'est pas également constatée de la part de celui-ci. — Telle n'est pas notre opinion. Il faut avant tout considérer le but du législateur.

Or, ce but, cette intention ont été de refuser toute sanction aux jugements de séparation de biens qui n'auraient pas reçu une exécution sérieuse, parce qu'ils seraient le résultat d'une collusion plutôt qu'un moyen de sauvegarder la dot de la femme. Mais dès que celle-ci se livre à des poursuites énergiques, la défiance de la loi est désarmée. En exigeant des poursuites, le législateur ne dit pas qu'elles devront nécessairement être dirigées contre le mari ; il suffit qu'elles aient pour objets les biens de celui-ci.

La femme séparée ne peut faire comprendre dans la liquidation de ses droits tout ou partie de la valeur estimative de son trousseau, que lorsqu'elle justifie, ou qu'elle ne l'a pas reçu en nature depuis la séparation de biens, ou qu'elle n'en a reçu qu'une portion, le cumul de la chose et du prix ne lui étant pas permis. Cependant si, au moment où la séparation est prononcée, il s'est écoulé plusieurs années depuis le mariage, le trousseau doit avoir subi une dépréciation. La justice commande d'admettre alors que la femme en soit indemnisée. Les tribunaux apprécieront quelle valeur doit être allouée à la femme pour cette dépréciation.

Le mari ne peut imputer sur les reprises dues à sa femme, en cas de séparation de biens, le montant du mobilier qu'il lui a remis avant le jugement de séparation, parce que la femme n'a pas capacité jusqu'à ce jugement pour donner quittance des valeurs qu'elle a reçues. Il en est de même des paiements faits à la femme à compte sur ses reprises pendant l'instance en séparation ; la fiction de l'article 1445, qui fait remonter les effets du jugement au jour de la demande, ne va pas cependant jusqu'à conférer à la femme la capacité de recevoir ces paiements avant que la séparation soit prononcée. S'il en était autrement, la voie serait ouverte à tous les moyens de fraude et de collusion que la loi a

voulu prévenir, et les conditions, auxquelles la demande
en séparation de biens a été soumise dans l'intérêt des
tiers, deviendraient illusoires (1).

SECTION III

De la rétroactivité du jugement de séparation de biens.

Nous avons vu que, dans notre ancienne jurisprudence, l'usage du Châtelet de Paris attribuait un effet
rétroactif à la sentence de séparation de biens, et, comme
conséquence de cet usage, la femme avait coutume de
faire, dès le jour de sa demande, sa déclaration au greffe
qu'elle renonçait à la communauté.

Pothier professait une doctrine contraire. A ses yeux
la communauté ne doit être dissoute que par le jugement de séparation de biens. Il établit une différence
entre les sociétés ordinaires et la société conjugale,
quant aux biens : en ce qu'à l'égard des premières la
demande de l'un des associés est par elle-même suffisante pour dissoudre la société, ou du moins pour
mettre les autres associés en demeure de la dissoudre
en acquiesçant à cette demande ; au lieu que la demande
de dissolution d'une société conjugale ne peut se faire
d'un commun accord, que le mari ne peut acquiescer,
que la volonté de la femme ne suffit pas, qu'il faut toujours un jugement.

Les rédacteurs du Code civil n'ont pas sur ce point
suivi les idées de Pothier et ont adopté, au contraire,
l'usage constant du Châtelet. Ils ont voulu que la dissolution de la communauté, en cas de séparation de biens,

(1) Grenoble, 28 août 1847 (Dall., 1848, 2, 137); Cass., 2 juillet 1873
(Dall., 1873, 1, 464). — Contrà, Bourges, 17 avril 1867 (Dall., 1868,
2, 23.)

fût opérée par la demande de la femme, c'est-à-dire par la volonté de celle-ci, en tant que cette volonté se manifeste dans les conditions prescrites par la loi.

L'article 1445 porte donc dans son second alinéa que le jugement, qui prononce la séparation de biens, remonte, quant à ses effets, au jour de la demande. L'événement ayant justifié la demande de la femme, il est juste que cette demande serve de point de départ au règlement de ses droits.

Le jour de la demande est compris dans la période pendant laquelle le jugement doit produire ses effets, puisque la loi dit que les effets de ce jugement *remontent au jour de la demande*.

Il résulte du principe établi par l'article 1445 que tout ce que la femme acquiert depuis et compris le jour de la demande est sa propriété exclusive. S'il lui est échu, depuis cette époque, des biens qui régulièrement auraient dû tomber dans la communauté, comme des successions mobilières, ils lui resteront propres. Réciproquement les biens échus au mari dans l'intervalle de la demande au jugement lui demeurent propres.

Dans le cas d'un accroissement imprévu de fortune survenu au mari, la femme, ayant intérêt à rester en communauté, peut-elle se désister de la demande qu'elle a formée, quoique le mari s'oppose à ce désistement? Nous répondons affirmativement, malgré le principe que le désistement ne produit d'effet qu'autant qu'il a été accepté par l'autre partie (art. 402, C. pr.). En effet, le droit de demander la séparation de biens n'est établi qu'en faveur de la femme, et on est toujours libre de renoncer à un droit introduit en sa faveur. On dirait vainement que la femme a exercé son droit en demandant la séparation et qu'elle ne peut plus revenir sur un fait accompli; car précisément l'exercice du droit n'est pas parfait et accompli tant que la demande n'a pas été sanctionnée par un jugement dûment exécuté. La femme donc, qui veut profiter de l'accroissement de fortune mobilière survenue au mari, et qui, prenant confiance dans la garantie ainsi offerte par ce changement dans la situation de son époux, veut arrêter l'instance commencée contre lui, peut se désister de sa demande en séparation, sauf à en former plus tard une nouvelle si la mauvaise administration du mari la rend nécessaire. Mais si elle a donné suite à la première et obtenu un jugement dûment exécuté, elle ne peut plus empêcher que tout ce qui a été recueilli postérieurement par le mari ne sorte de la communauté; car l'effet rétroactif prononcé par la seconde disposition de l'article 1445 est absolu et ne saurait être scindé même au profit de la femme.

La demande de la femme ne peut être considérée comme formée qu'à partir du jour de l'assignation donnée au mari, et non point du jour de la requête présentée au président du tribunal. La requête n'est qu'un projet; d'ailleurs, elle n'est pas légalement connue du mari.

Si la procédure de séparation de biens avait été interrompue par suite d'un accord survenu entre les époux, les effets du jugement qui aurait prononcé plus tard cette séparation, ne devraient se produire que du jour auquel les poursuites auraient été reprises. L'article 1445 suppose une instance suivie et non interrompue par le fait de la femme (1).

Une question, qui a donné lieu à de vives controverses, est celle de savoir si les intérêts de la dot sont dus par le mari à dater du jour de la demande en séparation de biens. La jurisprudence du Châtelet de Paris reconnaissait à la femme le droit de se faire adjuger les intérêts de sa dot du jour de la demande, sous déduction

______

(1) Contrà, Agen, 20 avril 1868 (Sirey, 1868, 2, 120).

néanmoins des aliments qui lui avaient été fournis dans l'intervalle, et de la part pour laquelle elle avait dû con-contribuer aux charges du ménage. Pothier (1) et Merlin (2) n'approuvaient pas cette jurisprudence d'une façon absolue. Suivant eux, les intérêts ne doivent être attribués à la femme que du jour du jugement, lorsqu'il n'y a pas une notable différence entre les intérêts de la dot et les objets dont la femme doit faire raison à son mari, tant pour sa nourriture et son entretien que pour sa contribution aux charges du mariage, et qu'en outre, le procès en séparation n'a pas duré trop longtemps.

Sous l'empire du Code civil les auteurs se sont divisés. Les uns (3) décident d'une manière absolue que les intérêts de la dot ne courent que du jour du jugement. Ils en donnent deux motifs : le premier, c'est que les intérêts sont en général la peine d'un retard dans le paiement (art. 1153, C. civ.); or, le mari n'est pas en retard, car il ne peut pas payer avant le jugement de séparation. Le second motif, c'est qu'en attendant le jugement, le mari doit supporter les charges du mariage, et les intérêts de la dot ont précisément pour destination de soutenir ces charges. Cette opinion a été adoptée par la Cour de cassation dans un arrêt du 28 mars 1848 (4). Le raisonnement de la Cour se réduit à ceci : les intérêts ne sont accordés au créancier qu'à raison du retard, excepté dans les cas où la loi les fait courir de plein droit, et la dot ne produit intérêt de plein droit que contre celui qui l'a constituée (art. 1440 et 1848), ou à compter de la dissolution du mariage par décès (art. 1870). Enfin, la séparation ne pouvant être volontaire n'existe réellement que par le jugement qui la prononce.

(1) Comm., n° 521.
(2) Rép., sect. 2, § 5, n° 3.
(3) Troplong, *Contrat de mariage*, n° 1384.
(4) Dall., 1848, 1, 170.

A cette doctrine et aux raisonnements qui sont faits pour l'étayer nous répondrons de la manière suivante : Si, dans le cas de séparation de biens, un jugement est nécessaire, ce n'est pas, comme nous l'avons déjà remarqué, pour faire produire ses effets à la séparation, puisque la loi déclare que ses effets remontent au jour de la demande ; mais c'est seulement pour empêcher que la femme ne provoque la dissolution de la société conjugale sans motif raisonnable. La séparation une fois prononcée existe du jour de la demande ; dès lors rien d'étonnant à ce que les intérêts de la dot soient acquis à la femme du jour où, par la demande, elle a manifesté l'intention de dissoudre la communauté, intention qui a immédiatement produit ses effets.

On objecte que les intérêts sont la peine du retard apporté par le débiteur à sa libération, et que le mari ne peut payer la femme avant le jugement qui sanctionne sa demande en séparation ; cela est vrai en thèse générale, mais il y a des exceptions. Ici les intérêts ne sont pas la peine du retard, mais une conséquence de ce principe que la séparation existe du jour de la demande ; une fois la séparation produite, les intérêts de la dot ne peuvent plus appartenir au mari. La loi a posé ce principe, afin d'empêcher que dans l'intervalle de la demande au jugement le mari ne pût achever de compromettre la dot de sa femme. Il serait dangereux de lui laisser la disposition des intérêts pendant cet intervalle, qui peut se prolonger suivant les circonstances. L'article 1448 est formel et ne distingue pas ; l'article 1473, qui fait courir de plein droit du jour de la dissolution de la communauté les intérêts des remplois et récompenses dus à la communauté par les époux et aux époux par la communauté, n'est pas moins positif et ne distingue pas davantage.

Nous concluons donc que les intérêts de la dot sont dus à la femme par le mari du jour de la demande en séparation de biens. Si les époux étaient communs en biens et que la femme renonce à la communauté, ses propres lui seront rendus avec les fruits perçus depuis la demande. Si le régime matrimonial n'était pas celui de la communauté, la femme peut exiger que son mari lui fasse compte, indépendamment du capital de sa dot, de tous les fruits perçus ou intérêts échus depuis la demande ; si le mari en avait aliéné sans le concours de sa femme, il en serait comptable suivant le plus haut prix auquel ils ont pu monter depuis la demande, d'après les derniers cours ; et, dans le cas où les fruits seraient sujets à dépérir, le mari doit pour éviter cette responsabilité ne les vendre qu'avec la permission de justice, la femme étant présente ou dûment appelée. Cette doctrine est suivie par un grand nombre de Cours d'appel qui résistent à la jurisprudence contraire de la Cour de cassation (1).

Mais la séparation de biens n'affranchit pas la femme de l'obligation de contribuer aux charges du ménage proportionnellement à ses ressources comparées à celles de son mari. Ce dernier aura-t-il besoin de s'adresser aux tribunaux pour être autorisé à faire cette retenue sur les fruits et intérêts de la dot ? On l'a soutenu, mais nous ne croyons pas cette opinion exacte. L'article 1473 fait en effet courir de plein droit à partir de la dissolution de la communauté, c'est-à-dire ici à partir du jour de la demande en séparation, les intérêts des récompenses dues par la communauté aux époux aussi bien que par les époux à la communauté.

Le mari retiendra donc de plein droit sur les fruits et intérêts de la dot, dont il est comptable à partir de la demande en séparation, la part pour laquelle elle devait contribuer aux dépenses du ménage dans l'intervalle de

____

(1) Bourges, 20 juillet 1851 (Dall., 1852, 2, 11).

la demande au jugement, en supposant que ces dépenses ont été supportées par le mari, en totalité ou pour une part plus forte que celle pour laquelle il devait contribuer.

Lorsque les époux sont mariés sous le régime de communauté, les fruits de la dernière année, de celle qui a précédé la séparation de biens, sont partagés conformément aux principes écrits dans les articles 1401 et 1403. S'ils n'étaient pas communs en biens, l'article 1571 reçoit alors son application; car cet article est applicable au cas de séparation de biens comme au cas de dissolution du mariage, parce que sa disposition fondée sur l'équité est très-favorable, et que les dispositions favorables peuvent être étendues par analogie.

Nous ne voudrions pas toutefois pousser à l'extrême le principe que les fruits et les intérêts de la dot sont dus à dater du jour de la demande en séparation de biens; nous sommes tout disposé à tenir compte des modifications que peut y apporter l'équité. Ainsi nous admettons parfaitement que la femme ne peut réclamer les intérêts de ses reprises dotales à partir du jour de sa demande en séparation de biens, lorsqu'il y a eu de sa part suspension des poursuites pendant un certain temps. Les intérêts ne pourraient lui être alloués qu'autant qu'elle justifierait avoir été séparée de fait et avoir fourni à son entretien et à sa nourriture pendant ce temps.

Il n'y a pas de distinction à faire entre les intérêts de la dot et ceux des créances paraphernales qu'aurait touchées le mari et dont il est tenu du jour de la demande en séparation de biens. Il est vrai qu'on pourrait objecter que la femme pouvant répéter ces créances sans être obligée de former une demande en séparation, elles doivent rester soumises à la règle générale, d'après laquelle les intérêts ne sont dus que du jour de la demande formelle qui en est faite en justice (art. 1153). Mais il

est facile de répondre que, si la demande en séparation contient virtuellement la demande de la restitution
de la dot, elle embrasse implicitement aussi la demande en restitution des créances paraphernales; car la
dot ne peut guère être en péril sans que les créances
paraphernales le soient aussi. La demande en séparation
de biens équivaut donc tout au moins à une déclaration
de la femme qu'elle ne veut plus que son mari jouisse
des fruits de ses paraphernaux, déclaration qui, aux
termes de l'article 1578, suffit pour rendre désormais le
mari comptable des fruits et des intérêts.

A partir de la demande en séparation de biens, le
mari est privé du droit de disposer de la fortune de la
femme et des biens de la communauté. On déduit cela
en argumentant de l'article 270. S'il en était autrement,
dans l'intervalle de la demande au jugement il pourrait,
par esprit d'animosité, consommer la dissipation de
la dot, anéantir les valeurs qui composent la masse.

Mais les mesures d'administration ne sauraient être
interdites au mari dans le temps qui s'écoule depuis la
demande jusqu'au jugement de séparation de biens. Il
faut bien que la communauté ou la dot soit administrée;
or, la femme n'a pas encore acquis le droit d'administration, puisque la loi ne le lui attribue pas même à titre
provisoire.

Il est bien évident que les actes d'administration
du mari ne sauraient engager la femme, quand ils sont
frauduleux ou manifestement contraires aux intérêts de
la famille. Ainsi la vente faite par le mari des meubles
de la communauté après l'affiche du jugement de séparation doit toujours, pour ce fait seul, être réputée
frauduleuse et nulle, et l'acquéreur peut être condamné
à des dommages et intérêts envers la femme.

Tout ce qui sort des limites de la simple administration est interdit au mari pendant l'intervalle de la demande

au jugement de séparation. Il ne pourra vendre ni donner les biens de la communauté, ni aliéner les immeubles de la femme, si le contrat de mariage lui en donne le pouvoir. Ces actes, sans utilité pour la femme, peuvent au contraire lui porter un grave préjudice; il faut donc leur appliquer la maxime : *Resoluto jure dantis, resolvitur jus accipientis.*

Il ne faut pas assimiler au droit de disposition la faculté pour le mari de toucher les créances dotales. Cette faculté rentre dans la catégorie des actes d'administration, quoiqu'elle n'ait pas toujours un caractère marqué d'urgence.

Une des questions les plus importantes et les plus controversées, qui s'élèvent à l'occasion de la rétroactivité du jugement de séparation de biens, est celle de savoir si cette rétroactivité existe lorsque la séparation de biens n'est que l'accessoire de la séparation de corps. Au point de vue pratique, la question est fort grave, car si la séparation de biens accessoire de la séparation de corps remonte, quant à ses effets, au jour de la demande, il en résultera que la femme aura été séparée de biens avant d'avoir été séparée de corps, puisque la séparation de corps ne produit ses effets que du jour du jugement, et que c'est à dater de la demande que la femme pourra se prévaloir vis-à-vis de son mari et vis-à-vis des tiers, d'une séparation de biens qui n'est pourtant que la conséquence du jugement de séparation de corps.

La question est vivement débattue entre les auteurs ; mais nous devons dire que la jurisprudence paraît, à peu d'exceptions près, fixée dans le sens de la rétroactivité de la séparation de biens accessoire de la séparation de corps (1). Voici sur quels arguments s'appuient

(1) Les arrêts en ce sens sont très-nombreux ; nous ne citons que les plus récents : Cass., 20 mars 1855 (Dall., 1855, 1, 320); Paris,

cette jurisprudence et les auteurs qui adoptent sa manière de voir. L'article 1445 ne s'occupe pas particulièrement du cas où la séparation de biens est la suite d'une séparation de corps, mais il dispose d'une manière générale à l'égard de toute séparation de biens, sans distinction d'origine. Il doit donc servir de base dans tous les cas. Cela est logique, car l'époux, qui demande la séparation de corps, demande aussi la séparation de biens, c'est-à-dire la dissolution de la communauté. Or, il est naturel que cette dissolution s'opère dès le jour où elle est demandée, comme dans les sociétés ordinaires. Il n'y a pas de distinction à faire, à ce point de vue, entre les sociétés ordinaires et la société civile des époux. Cette solution n'est pas seulement logique, elle est aussi morale. L'époux, qui a demandé la dissolution de la communauté, de ce jour-là n'a plus voulu de cette communauté; il n'a pas pu compter sur les bénéfices qu'elle pourrait faire dans l'intervalle de la demande au jugement; et, si des gains ont été réalisés, il ne saurait regretter de n'en point prendre sa part, car ils proviennent d'une source qui lui est odieuse. Comment pourrait-on vouloir de la société des biens quand on ne veut plus de la société des personnes? Enfin, si la séparation de biens ne produisait ses effets qu'à partir du jugement, l'époux défendeur ne pourrait-il pas, en accumulant les contestations, retarder le jugement jusqu'après la réalisation d'un bénéfice qui devrait appartenir à l'époux demandeur, par exemple, une succession mobilière, et faire entrer ce bénéfice dans la communauté ?

Malgré l'autorité considérable qui s'attache à une jurisprudence aussi constante et aussi universelle, malgré

18 juin 1855 (Dall., 1856, 2, 218), et 27 déc. 1860 (Dall., 1861, 2, 25); Cass., 13 mai 1862 (Dall., 1862, 1, 422); Cass., 5 août 1868 (Dall., 1868, 1, 407); Cass., 12 mai 1869 (Dall., 1869, 1, 270); Cass., 13 mars 1872 (Dall., 1872, 1, 40).

les arguments spécieux, tirés, il est vrai, plutôt du fait
que du droit, invoqués à l'appui de cette doctrine, la
majorité des auteurs (1) l'a repoussée avec grande raison, selon nous, et n'admet pas que la séparation de
biens, conséquence de la séparation de corps, rétroa-
gisse au jour de la demande, comme la séparation de
biens principale. Une première objection est faite en ces
termes à la doctrine de la jurisprudence : Si le jugement, qui prononce la séparation de biens comme accessoire de la séparation de corps, rétroagit dans ses effets
au jour de la demande, comment les tiers auront-ils été
avertis de l'existence de l'instance, puisque la demande
en séparation de corps ne reçoit aucune publicité ? —
Cette objection est tellement considérable, que beaucoup d'arrêts et les auteurs partisans de l'opinion opposée, ne trouvant aucune réponse, ont proposé une distinction, et ont admis que la rétroactivité du jugement
de séparation de corps entraînant la séparation de biens
ne se produirait pas vis-à-vis des tiers, mais seulement
à l'égard de l'autre époux. C'est même à cette distinction que paraissent s'arrêter définitivement les derniers
arrêts de la Cour de cassation.

Mais à ce système ainsi scindé et ne reposant plus que
sur l'arbitraire nous pouvons répondre : de deux choses
l'une, ou le dernier alinéa de l'article 1445 est applicable à la séparation de biens résultant de la séparation
de corps, ou il ne lui est pas applicable. S'il l'est, la rétroactivité se produit à l'égard de tous; s'il ne l'est pas,
elle ne se produit pour personne. Mais il est impossible,
comme le fait remarquer M. Demolombe, de prendre la
moitié de ce texte indivisible. La loi, en ne prescrivant
pas que la demande en séparation de corps soit rendue

(1) Delvincourt, III, p. 42, aux notes; Demante, II, n° 23 bis, I;
Marcadé, art. 314, n° 4; Rodière et Pont, III, n° 2170; Demolombe,
IV, n° 514 et suiv.; Valette, Expl. du C. civ., p. 440.

publique, comme elle l'exige pour la demande en séparation de biens principale, et en prescrivant seulement la publicité du jugement de séparation de corps, témoigne qu'elle n'entend faire dater la dissolution de la communauté que du jugement et non point de la demande. L'article 271, écrit en matière de divorce, mais s'appliquant aussi à la séparation de corps, en est une autre preuve, puisqu'il exige la complicité de la part des tiers dans les fraudes que le mari pourrait commettre au cours de l'instance; c'est donc que, si ces tiers sont de bonne foi, les actes faits par eux avec le mari sont inattaquables. — Il existe en outre une raison décisive en faveur de ce système, c'est celle-ci : La séparation de biens dans notre hypothèse n'est que la conséquence de la séparation de corps; elle est l'effet, la séparation de corps est la cause. Or, il est bien certain, et personne ne l'a jamais mis en doute, que la séparation de corps, comme autrefois le divorce, n'existe que du jour du jugement; comment donc son effet, sa conséquence pourrait-elle lui être antérieure, lui préexister? Il y a là évidemment une impossibilité qui frappe immédiatement l'esprit. — On a fait remarquer encore qu'il existe des différences nombreuses entre la séparation de biens demandée principalement et la séparation de biens qui résulte de la séparation de corps. D'abord, la séparation de biens ne peut être demandée que par la femme; la séparation de corps peut être provoquée par chacun des époux. Or, quand c'est le mari qui la demande et qui l'obtient, la faire rétroagir au jour de la demande, serait la faire tourner au détriment du mari en l'obligeant à restituer les fruits de la dot perçus par lui pendant l'instance. Est-ce, au contraire, contre le mari que la séparation a été prononcée, l'effet rétroactif serait plus souvent préjudiciable qu'utile à la femme; car les causes, qui peuvent avoir donné lieu à la séparation, n'excluant nullement l'idée d'une sage administration de la part du mari, il est à présumer que, depuis la demande en séparation de corps jusqu'au jugement, il aura plutôt augmenté qu'appauvri la communauté, tandis que dans le cas de séparation de biens, c'est le contraire qu'on doit présumer.

Quant aux reproches adressés à notre doctrine et tirés de ce qu'elle permettrait au mari, en traînant les choses en longueur, de profiter d'un gain, par exemple, d'une succession, qui échoit à la femme au cours de l'instance et dont, par conséquent, elle aurait dû bénéficier seule, il est facile d'y répondre. Si l'époux défendeur à la séparation de corps avait, en suscitant des difficultés, retardé le jugement, ce retard ne devrait pas nuire à l'époux demandeur. Si ce dernier, par exemple, marié sous le régime de communauté, avait recueilli, peu de temps avant le jugement, une succession mobilière, et que, lors de l'ouverture de cette succession, la séparation de corps eût déjà été probablement prononcée si l'autre époux n'avait pas élevé de mauvaises contestations, le premier serait fondé à demander que la succession n'entrât pas dans la communauté et lui fût attribuée en totalité, parce qu'une chicane ne doit jamais devenir pour celui qui l'a suscitée une cause de gain ; mais ce serait à titre de dommages et intérêts que cette succession devrait être attribuée en totalité au demandeur en séparation, et non point par une conséquence naturelle de la demande (1).

Il faut donc décider qu'en principe la séparation de corps ne produit d'effet quant aux biens qu'à dater du jour où elle est prononcée. Seulement si le mari, pendant l'instance en séparation, fait quelque acte en vue de frauder la femme, cet acte doit être annulé conformément à

(1) Quelques décisions de jurisprudence ont paru même indiquer certaines hésitations dans son unanimité primitive. V. Limoges, 21 décembre 1860.

l'article 271. L'article 270, il est vrai, donnait aussi à la femme commune en biens, demanderesse ou défenderesse en divorce, le droit de requérir pour la conservation de ses droits l'apposition des scellés sur les effets mobiliers de la communauté, et le même droit appartient, pour identité de motif, à la femme demanderesse ou défenderesse en séparation de corps. Mais ces scellés ont pour but uniquement d'empêcher que le mari ne puisse soustraire *frauduleusement* une partie de l'actif commun au détriment de la femme, et n'empêchent pas la communauté de subsister. Aussi l'article 270 permet-il de les lever en faisant inventaire avec prisée, à la charge seulement pour le mari de représenter les choses inventoriées, ou de répondre de leur valeur comme gardien judiciaire.

Nous avons à nous demander maintenant si l'effet rétroactif du jugement de séparation de biens prononcée principalement peut être opposé aux tiers. Trois systèmes se sont formés sur cette question.

Le premier soutient d'une manière absolue que les effets du jugement ne peuvent être opposés aux tiers qu'après l'accomplissement des formalités prescrites pour la publicité du jugement, parce que la publication de la demande ne suffit pas à les avertir. Par exemple, le tiers, qui, le lendemain de l'inscription de la demande sur le tableau, traite avec le mari à cent lieues de l'endroit où le tableau est exposé, n'a pu en avoir connaissance. On conclut de là que, s'il échoit à la femme une succession mobilière pendant l'instance, quoique cette succession lui appartienne tout entière, les créanciers du mari, qui ignorent ou sont censés ignorer la séparation non encore publique, sont fondés à regarder les effets de cette succession comme un gage de leurs créances, et peuvent les saisir, sauf le recours de la femme contre son mari.

Dans le second système, non moins absolu que le précédent, on repousse toute distinction quant aux effets de la séparation de biens entre le mari et les tiers avec lesquels il a contracté. On répond à l'argument tiré de l'insuffisance de la publicité de la demande que les créanciers, qui ont suivi la foi du mari, ont à se reprocher d'avoir traité avec lui sans s'être assurés de sa solvabilité et de sa capacité ; que d'ailleurs la loi a jugé suffisantes les formalités par elle prescrites pour la publicité de la demande, et qu'on ne saurait suppléer à ce qu'elle peut avoir d'incomplet ; qu'après l'accomplissement de ces formalités les tiers intéressés sont présumés assez avertis ; que c'est là une présomption légale pareille à celle de l'article 1er du Code civil pour la connaissance des lois. On ajoute qu'une proposition, destinée à faire connaître à tous les créanciers personnellement la demande en séparation formée par la femme, avait été faite au Conseil d'État lors de la discussion, mais qu'elle fut repoussée parce que l'exécution en fut reconnue impossible.

Entre ces deux systèmes également extrêmes, nous pensons que la raison et l'équité conseillent de prendre un moyen terme. Le mari a sur les biens de la communauté ou sur ceux de sa femme des droits qui tiennent à sa qualité d'administrateur ; il en a aussi d'autres plus étendus, qu'il peut tenir d'une disposition de la loi ou d'une clause du contrat de mariage.

Quant aux actes faits par le mari en vertu de son droit d'administration, ils doivent être validés toutes les fois qu'ils ont été consentis à des tiers de bonne foi. L'intérêt même de la femme commande, en effet, comme nous l'avons déjà observé, que ses biens comme ceux de la communauté soient administrés pendant l'instance en séparation ; or, cette administration appartient au mari. Il est donc sage de valider tous les actes faits par le mari dans les limites ordinaires des pouvoirs d'un administrateur, quand rien ne prouve la mauvaise foi des tiers qui ont contracté avec lui, soit qu'au moment où l'acte a été passé la demande en séparation ait déjà été publiée, soit qu'elle ne l'ait pas été. Seulement, dans le premier cas la mauvaise foi pourra se présumer sur le moindre indice, tandis que dans le second il faudra des preuves plus positives. C'est ainsi que l'effet rétroactif prononcé par l'article 1445 rend nulles les saisies-arrêts pratiquées depuis la demande en séparation de biens, même pour des causes antérieures, par les créanciers du mari sur les fruits ou intérêts de la dot, sans distinguer entre les tiers et les époux eux-mêmes.

Mais les baux de neuf ans et au dessus consentis par le mari, soit pour des biens de la communauté, soit pour des biens de la femme dont il a la jouissance, sont valables. De même aussi les paiements faits entre les mains du mari par les débiteurs de la dot pendant l'instance en séparation (1).

Les actes de disposition, faits par le mari depuis la demande en séparation de biens, sont, en principe, atteints même au regard des tiers de bonne foi par l'effet rétroactif du jugement. Toutefois, si ces actes avaient été faits avant la publication de la demande, ils seraient validés même vis-à-vis des tiers, parce que ceux-ci sont censés ne pas avoir connu la demande non publiée. Par exemple, si, malgré la demande en séparation, le mari vend un bien de la communauté, cette vente doit être déclarée nulle quand la séparation vient à être prononcée.

S'il arrivait que, pendant l'instance en séparation de corps, le mari mît la dot en péril par sa mauvaise ad-

(1) Limoges, 19 fév. 1862 (Dall., 1862, 2, 61).

ministration, la femme pourrait, dans le cas où elle aurait elle-même provoqué cette séparation, ajouter à sa demande, et, dans le cas où elle serait défenderesse, former reconventionnellement une demande en séparation de biens, qui serait complétement distincte et qui, par conséquent, devrait être soumise aux conditions générales de publicité et d'exécution exigées pour les séparations de biens en général; l'effet rétroactif se produirait alors vis-à-vis des tiers du jour de la publication de sa demande.

CHAPITRE IV

Des droits des créanciers et des voies de recours contre le jugement de séparation de biens.

Nous divisons ce chapitre en deux sections : la première qui traite du droit appartenant aux créanciers de se prévaloir des nullités résultant du défaut de publicité ou d'exécution du jugement ; la seconde qui traite d'un droit spécial accordé par la loi aux créanciers de se pourvoir contre le jugement rendu en fraude de leurs droits.

SECTION PREMIÈRE

Des nullités du jugement de séparation de biens.

Il est de doctrine et de jurisprudence constantes que la nullité attachée par l'article 1444 au défaut d'exécution du jugement dans la quinzaine frappe tout à la fois le jugement et les procédures qui l'ont précédé, de telle sorte que ces procédures ne peuvent servir de base à un nouveau jugement de séparation de biens. Cette nullité peut être invoquée par toute personne qui y a intérêt. La loi place en effet sur la même ligne la séparation volontaire et la séparation judiciaire non exécutée. « Toute séparation volontaire est nulle, » porte l'article 1443. « La séparation de biens, quoique prononcée en justice, est nulle si elle n'a point été exécutée, etc., » porte l'article 1444. — Au premier rang de ces personnes intéressées à opposer la nullité résultant du défaut d'exécution, se trouvent les créanciers du mari. La séparation irrégulière est une fraude à leurs droits ; ils sont donc fondés à la faire annuler pour agir ensuite comme si elle n'était pas intervenue.

Ce droit d'invoquer la nullité de la séparation de biens appartient-il indistinctement aux créanciers qui n'ont traité avec le mari que postérieurement à la séparation, et à ceux qui ont un titre antérieur? Certains auteurs (1) placent les deux catégories de créanciers sur la même ligne et leur reconnaissent également le droit d'opposer la nullité résultant du défaut d'exécution dans la quinzaine.

Cette opinion ne nous paraît pas exacte, car la loi n'annule la séparation exécutée tardivement qu'afin d'empêcher une collusion préjudiciable aux créanciers. Or, il n'a pu être commis aucune collusion, ni aucune fraude au préjudice des droits des créanciers postérieurs à la séparation, puisque ces droits n'existaient pas encore. La loi, par conséquent, n'a pu vouloir leur accorder les mêmes prérogatives qu'aux créanciers ayant un titre antérieur à la séparation et qui peuvent craindre qu'elle n'intervienne à leur préjudice.

Si un tiers était devenu créancier du mari depuis le jugement de séparation de biens, mais avant l'expiration du délai dans lequel ce jugement devait être exécuté, il pourrait opposer la nullité résultant de l'exécution tardive ; car la femme n'a pu retarder cette exécution au mépris des droits qui étaient acquis à ce créancier. — Si ce tiers n'avait contracté qu'après l'expiration du délai de quinzaine, quoique avant l'exécution du jugement, il ne serait pas fondé à se plaindre de l'exécution tardive. D'un côté, il a dû croire, au moment où il con-

(1) Rodière et Pont, iii, n° 2159.

tractait, que la séparation était exécutée, puisque le délai, dans lequel cette exécution est circonscrite, était expiré ; et, d'autre part, les prescriptions rigoureuses de la loi n'ont pu être faites en sa faveur dès l'instant que ses droits n'existaient pas encore à l'époque où l'accomplissement de ces prescriptions devait recevoir son terme. La femme, en laissant passer cette époque sans se conformer à la loi, n'a pu songer à lui nuire.

Le principe est donc que ce sont les personnes intéressées à prévenir une collusion frauduleuse de la part des époux qui ont seules le droit d'invoquer la nullité du jugement pour défaut d'exécution.

Les créanciers du mari antérieurs au jugement de séparation, qui ont concouru aux actes d'exécution tardive, ne sont pas recevables à se prévaloir de la nullité prononcée par l'article 1444. On doit leur appliquer la maxime : *Volenti non fit injuria.*

Il est certain que l'article 873 du Code de procédure n'est pas applicable aux créanciers du mari qui veulent intenter l'action en nullité pour défaut de poursuites dans la quinzaine ; ils ne sont pas tenus de l'exercer dans l'année.

Quelle sera donc la durée de cette action en nullité, que les créanciers du mari pourront exercer contre la séparation de biens pour inobservation des formalités prescrites par la loi ? Les auteurs sont très-divisés sur ce point et plusieurs systèmes ont été présentés.

Toullier (1) a soutenu que l'action en nullité devait être limitée au délai de dix ans par application de l'article 1304 du Code civil. — Cette opinion nous paraît absolument inexacte, attendu que l'article 1304 n'est relatif qu'aux demandes en rescision ou nullité de *conventions*, et que sa disposition limitative ne saurait être étendue.

____

(1) XIII, n° 95.

D'autres auteurs (1) assignent à l'action en nullité des créanciers la durée des actions ordinaires, c'est-à-dire, trente ans. La durée de droit commun, disent-ils, pendant laquelle on peut attaquer les jugements est de trente ans ; et Merlin en disant (2) que, si les formalités voulues par la loi n'ont pas été observées, les créanciers du mari sont reçus *en tout temps* à se pourvoir contre le jugement de séparation et à le faire rétracter, Merlin, selon ces auteurs, n'aurait pas entendu reconnaître à ces créanciers la faculté indéfinie de repousser le jugement. Ils pensent que Merlin s'est servi de ces expressions, *en tout temps*, par opposition au délai d'un an, dans lequel les créanciers sont tenus d'attaquer le jugement, lorsque les formalités prescrites ont été accomplies ; mais qu'il n'a pas voulu se placer en dehors du droit commun d'après lequel toutes les actions se prescrivent par trente ans.

Malgré ces raisonnements plus ou moins spécieux qui ont pour but de rattacher l'autorité considérable de Merlin à l'opinion que nous venons d'exposer, nous croyons que cet auteur peut être invoqué à bon droit par les partisans de la doctrine qui admet les créanciers à se prévaloir toujours, à quelque époque que ce soit, de la nullité de la séparation pour irrégularité de forme. Lorsque Merlin, en effet, dit expressément qu'*en tout temps* les créanciers peuvent opposer cette nullité, il se sert d'une expression tellement formelle, tellement énergique, qu'il est bien difficile de ne pas y voir la preuve manifeste que, dans sa pensée, nous sommes ici en dehors du droit commun et dans une matière où le législateur a dérogé notablement aux principes généraux. Tout ici est exceptionnel à commencer par le droit lui-

____

(1) Troplong, *Contrat de mariage*, n° 1370 ; Dutruc, *Traité de la Sépar. de biens*, n° 223.
(2) *Rép.*, sect. 2, § 3, n° 5.

même accordé aux créanciers qui sont des tiers absolument étrangers au jugement de séparation et qui peuvent cependant le contester, le réduire à néant.

Mais, indépendamment de l'appui de Merlin, nous trouvons des arguments décisifs en faveur de l'opinion qui admet les créanciers à invoquer toujours la nullité. Nous avons déjà remarqué que la loi plaçait sur la même ligne et frappait de la même nullité la séparation volontaire et la séparation judiciaire non exécutée; or nous savons que la séparation volontaire est absolument non avenue et inexistante, par conséquent, il doit en être de même de la séparation qui n'a pas reçu d'exécution dans le délai légal. La nullité est donc absolue; la séparation est censée n'avoir jamais été prononcée, et, par suite, aucune prescription ne peut faire vivre ce qui n'a jamais eu d'existence; quel que soit le nombre d'années qui s'écoulent depuis le jugement, celui-ci n'en acquiert aucune force et la nullité reste la même.

Telle est la doctrine suivie par la jurisprudence, et un arrêt de la Cour de cassation (1), déjà un peu ancien, il est vrai, mais non contredit depuis, a décidé qu'un jugement de séparation de biens non exécuté conformément à l'article 1444 a pu être considéré comme ne faisant pas obstacle aux poursuites exercées par les créanciers du mari sur des créances transportées à sa femme, alors d'ailleurs que ces transports sont entachés de fraude.

Les créanciers du mari, n'ayant pas été parties au jugement, peuvent l'attaquer par la tierce opposition (art. 474, C. pr.); c'est d'ailleurs ce qu'indiquent clairement les termes de l'article 873 du Code de procédure. La tierce opposition, exercée ainsi par les créanciers non appelés au jugement de séparation, aura, comme l'action directe, une durée illimitée, puisqu'il s'agit toujours d'une sépa-

(1) 15 janv. 1843 (Dall., 1843, 1, 174).

ration irrégulière et à laquelle on oppose le défaut des formalités prescrites par la loi. Elle est également non avenue et inexistante, qu'elle soit attaquée par une action directe ou par une tierce opposition qui arrive au même résultat.

Les créanciers du mari peuvent aussi demander la réformation du jugement par la voie de l'appel suivant le droit commun. On ne saurait leur refuser cette faculté en se fondant sur ce que le Code n'en a pas parlé, alors qu'elle était mentionnée dans le projet primitif; les rédacteurs s'en sont référés au droit commun. De plus, le mari ayant incontestablement le droit d'interjeter appel du jugement de séparation de biens, ses créanciers peuvent de son chef exercer ce droit qui n'est pas spécialement attaché à la personne de celui contre qui le jugement a été rendu.

Une question encore très-délicate est celle de savoir si la nullité, résultant du défaut d'exécution du jugement de séparation de biens, peut être opposée par les époux, soit l'un à l'autre, soit aux tiers qui ont contracté avec l'un d'eux. Dans l'ancienne jurisprudence, la séparation de biens non exécutée était nulle entre les époux comme à l'égard des tiers (1). Nous pensons que telle est encore la doctrine qui doit prévaloir sous l'empire du Code; c'est même une conséquence logique du principe admis par nous que la séparation de biens, pour laquelle n'ont pas été observées les prescriptions légales (et l'exécution dans la quinzaine est une de ces prescriptions les plus importantes), est absolument non avenue; toute personne peut donc en opposer la nullité, pourvu qu'elle y ait intérêt. Or, l'intérêt du mari est évident, et celui de la femme existe également si, mieux éclairée,

____

(1) Dumoulin, sur l'article 110 de la coutume de Paris et sur l'article 121 de celle de Montfort; D'Argentré, sur la coutume de Bretagne, article 415; Lebrun, *Comm.*, liv. III, chap. I, n° 8.

elle croit ne pas devoir suivre une séparation qui lui serait préjudiciable. Remarquons en outre que les termes de la loi sont très-généraux et ne distinguent pas, quant aux personnes qui pourront opposer la nullité, entre les époux et d'autres.

A cette opinion les auteurs, qui soutiennent le système opposé et refusent aux époux le droit de se prévaloir vis-à-vis l'un de l'autre du défaut d'exécution de la séparation, font les objections suivantes : Il ne faut pas oublier, disent-ils, que la loi a accumulé les précautions et les rigueurs pour prévenir les séparations frauduleuses; or, ce serait en quelque sorte les favoriser que d'autoriser les époux à se prévaloir de leur propre collusion. Qu'importe la généralité des termes dans lesquels cette déchéance est prononcée par la loi, si, en lui prêtant un sens trop large, trop absolu, on fausse ouvertement l'esprit qui les a inspirés !

Ces objections ne nous paraissent pas de nature à faire rejeter l'opinion contraire. D'abord le mari, s'il invoque la nullité pour défaut d'exécution, n'est pas le moins du monde obligé d'alléguer sa propre collusion; il peut dire que la femme a abandonné l'idée d'une séparation fâcheuse, qu'elle s'est repentie de l'avoir demandée. A qui ce langage pourrait-il être suspect? Qui aurait intérêt à en contester la véracité? Ce ne sont pas les créanciers du mari, que la loi a voulu protéger en permettant de faire annuler une séparation de biens irrégulière; si cette nullité est invoquée par le mari, ce n'est pas eux qui pourront s'en plaindre, puisqu'ils pouvaient la provoquer eux-mêmes, et ce n'est pas eux qui en éprouveront quelque préjudice. Il est vrai que, la nullité étant prononcée, les créanciers de la femme qui avaient compté sur la séparation seront déçus; mais ils sont en faute de n'avoir pas forcé leur débitrice à agir et à exécuter le jugement qu'elle avait obtenu, et qui lui donnait de nouveaux droits qu'eux-mêmes auraient pu exercer en son nom. Par conséquent, personne n'est fondé à se plaindre du droit accordé au mari de se prévaloir de la nullité de la séparation de biens.

Quant à la femme, elle est également recevable à opposer cette nullité au mari par réciprocité d'abord, et ensuite parce qu'elle n'est pas plus que le mari obligée d'invoquer son propre dol, puisqu'elle peut dire que, mieux éclairée, elle renonce à poursuivre une séparation préjudiciable à ses intérêts. En outre, en supposant que la séparation de biens soit le résultat d'un concert frauduleux, la faute de chacun des conjoints est égale à celle de l'autre, par conséquent, nul des deux ne peut tirer avantage d'un jugement dont l'exécution imparfaite ou l'inexécution indique suffisamment qu'il n'était pas sérieux. Enfin ce qui domine tout en cette matière, c'est que la nullité du jugement de séparation de biens non exécuté ou imparfaitement exécuté est une nullité d'ordre public, qui peut être invoquée par tout le monde ; les termes généraux de la loi le prouvent.

Nous reconnaissons cependant que le mari ne serait plus recevable à invoquer cette nullité s'il avait concouru à l'exécution tardive du jugement ou s'il avait reconnu à sa femme dans divers actes la qualité de femme séparée de biens. De même, la femme ne pourrait user de ce droit contre son mari si elle avait exécuté le jugement après les délais, si elle avait pris la position de femme séparée. Il y aurait là alors un fait acquis, consacré par la libre volonté des époux et sur lequel il leur serait désormais impossible de revenir.

A l'égard des tiers qui ont contracté avec l'un des époux, M. Troplong (1) distingue s'il y a eu des actes d'exécution tardive, ou s'il n'y a eu aucun acte de cette nature ; dans le

(1) *Contrat de mariage*, n° 1375.

premier cas, il reconnaît que les époux ne sont pas recevables ; ils seraient forcés d'alléguer leur propre turpitude et de dire qu'ils ont agi dans un esprit de collusion. Dans le second cas, ils lui paraissent fondés à réclamer la nullité ; ils peuvent dire qu'ils ont abandonné la séparation pour revenir à leur contrat de mariage, et les créanciers n'ont pas à se plaindre, parce qu'il leur serait facile de se faire communiquer les actes d'exécution.

Ici nous n'admettons pas cette distinction, parce qu'il s'agit de personnes qui de bonne foi ont traité avec les époux prenant la qualité d'époux séparés de biens, alors qu'ils n'avaient pas ce droit, et trompant ainsi les tiers, et parce qu'il est de principe certain que nul ne peut se faire un titre de sa fraude : *Nemini fraus sua patrocinari debet.* Or, quand le jugement de séparation de biens n'a pas été exécuté, il y a nécessairement fraude de la part des époux, soit que dès l'origine la demande ne fût pas sérieuse, soit que les époux eussent ensuite changé de pensée et voulu détruire le jugement ; car alors ils devaient l'anéantir expressément et de la manière indiquée dans l'article 1451, pour que les tiers ne pussent pas se méprendre. — S'il y avait opposition d'intérêts entre des tiers, tous également de bonne foi, dont les uns invoqueraient la nullité de la séparation, tandis que les autres voudraient faire maintenir les effets de cette séparation, les premiers devraient évidemment être préférés, puisqu'ils auraient pour eux le texte de la loi, dont l'application ne pourrait plus être écartée par la maxime de droit que nous citions tout à l'heure.—Nous croyons donc que les époux ne peuvent opposer la nullité de la séparation de biens aux tiers de bonne foi qui ont traité avec eux (1).

(1) Cette seconde opinion n'est nullement en contradiction avec la première que nous avons admise et qui reconnaît aux époux le droit de s'opposer l'un à l'autre la nullité de la séparation de biens pour défaut d'exécution ; car, s'il résulte du rapprochement de ces

La nullité de l'article 1444 est une exception péremptoire qui peut être opposée en tout état de cause, et qui n'est pas couverte par la défense du fond; elle peut même être proposée en appel, bien qu'elle ne l'ait pas été devant les premiers juges. — Il en serait de même pour la nullité tirée de tout autre défaut des formalités prescrites par la loi.

Les créanciers du mari postérieurs à la publication du jugement de séparation de biens ne peuvent attaquer ce jugement pour quelque cause que ce soit. Ils ont été avertis par la publicité, ils ne peuvent donc imputer qu'à leur propre faute le préjudice qui résulte pour eux d'avoir traité avec un mari séparé de biens.

Mais, si le jugement n'a pas reçu la publicité requise, les tiers, qui auraient traité postérieurement avec le mari, seraient fondés à dire qu'ils ont été tenus dans l'ignorance de cette séparation ou qu'ils étaient persuadés qu'elle était devenue caduque et sans effet par le défaut de publicité et d'exécution. D'ailleurs, le mari pouvant opposer lui-même la nullité résultant du défaut de publicité (art. 869, C. pr.), tous ses créanciers, même postérieurs, peuvent se pourvoir contre le jugement, si les formalités prescrites par la loi n'ont pas été observées. Nous avons vu que, relativement à l'exécution, il n'en est plus de même.

Ceux qui ne sont devenus créanciers que depuis l'acte qui constate cette exécution seraient mal venus à se plaindre qu'il a été fait en fraude de leurs droits, puisque ces droits n'existaient pas encore.

doctrines que la femme, dans le cas où son mari ou bien elle-même invoque cette nullité sans pouvoir l'opposer aux tiers, reste commune en biens avec son mari, tandis qu'elle est séparée vis-à-vis des tiers, ce contraste se produit également lorsque les créanciers font eux-mêmes prononcer la nullité. Alors la femme, séparée de biens au regard de son mari, demeure commune vis-à-vis des créanciers.

Quant à la femme, il ne lui est pas permis d'opposer la nullité résultant du défaut de publicité, comme l'indiquent suffisamment les termes de l'article 869. Elle est elle-même chargée des formalités prescrites pour la publication du jugement ; comment pourrait-elle se prévaloir de leur omission ? Ce serait presque l'encourager à les supprimer à dessein.

Il n'est pas douteux que les créanciers sont recevables à former tierce opposition à un jugement de séparation de biens à la fois irrégulier et préjudiciable à leurs droits. Mais on s'est demandé si ces créanciers, pour pouvoir opposer la nullité résultant du non-accomplissement des formalités prescrites pour la validité du jugement, sont tenus de prouver que le jugement leur cause un préjudice. Nous ne pensons pas qu'un créancier ne soit admissible à contester un jugement de séparation ou les actes d'exécution de ce jugement, qu'autant qu'il aurait été rendu au préjudice de ses droits. Le jugement, qui ne cause pas aux créanciers un préjudice actuel, peut être dans l'avenir un obstacle à l'exercice de leurs droits. Cette nullité est assez grave pour qu'ils soient autorisés à la faire prononcer indépendamment de tout dommage immédiat.

On a soutenu le contraire en se fondant sur l'article 66 du Code de commerce, qui dispose qu'à défaut de publicité du jugement prononçant une séparation de corps entre mari et femme, dont l'un serait commerçant, les créanciers seront toujours admis à s'y opposer *pour ce qui touche leurs intérêts*, et à contredire toute liquidation qui en aurait été la suite.

Mais il faut remarquer qu'il ne s'agit pas là d'une séparation de biens pure et simple, mais de celle qui est la conséquence de la séparation de corps. Or, en pareil cas, il pouvait paraître nécessaire de limiter le droit des créanciers à la mesure de leurs intérêts, parce que, s'ils n'éprouvent aucun préjudice, ils sont obligés de s'incliner devant des motifs supérieurs aux convenances de leur position. C'est là une hypothèse exceptionnelle prévue seulement par le Code de commerce, et à laquelle ne sauraient être assimilés les cas généraux de séparation de biens régis par les dispositions du Code civil et du Code de procédure.

On ne serait pas mieux fondé à invoquer l'article 1447 du Code civil, d'après lequel les créanciers du mari peuvent se pourvoir contre la séparation de biens prononcée et même exécutée *en fraude de leurs droits ;* car cet article dispose uniquement pour le cas où le jugement, régulier dans la forme, serait injuste au fond à l'égard des créanciers. Il prévoit comme l'article 873 du Code de procédure un ordre d'idées tout à fait différent de celui que nous venons d'étudier.

Nous remarquerons, en terminant, que toutes les formalités précédemment retracées, et qui peuvent entraîner la nullité de la séparation de biens en cas d'inaccomplissement, ne sont exigées que pour la séparation de biens principale, et non pour celle qui n'est que la conséquence de la séparation de corps.

SECTION III

Du droit des créanciers du mari de se pourvoir contre le jugement de séparation de biens rendu en fraude de leurs droits.

Aux termes de l'article 873 du Code de procédure, si les formalités prescrites pour la validité du jugement de séparation de biens et pour son exécution ont été observées, les créanciers du mari ne seront plus reçus après l'expiration du délai d'un an, pendant lequel le jugement doit rester affiché, à se pourvoir par tierce opposition contre ce jugement. Le législateur admet donc que le jugement de séparation peut, quoique revêtu de toutes les formalités prescrites, causer encore quelque grief aux créanciers du mari, et il accorde à ceux-ci le droit d'attaquer la séparation et de la faire anéantir. Cette disposition du Code de procédure n'est que le corollaire de l'article 1447 du Code civil, qui ouvre une voie toute particulière de recours aux créanciers du mari.

Il est possible, en effet, que, tout en observant les formalités prescrites par la loi afin de ne pas donner prise à l'action en nullité, les époux aient pu songer à frustrer les créanciers du mari, soit en surprenant à la justice une séparation qui ne repose pas sur des causes sérieuses, soit en faisant adjuger à la femme des créances qui ne sont pas sincères. Mais l'article 873 du Code de procédure a limité à un an l'exercice de l'action donnée par l'article 1447 du Code civil. Il est juste, dit l'exposé des motifs, que, quand toutes les conditions de régularité de la procédure, de publicité et d'exécution du jugement ont été remplies, les créanciers se hâtent de formuler leurs réclamations. L'accomplissement de ces conditions et la faculté que l'article 1447 leur accorde d'intervenir dans l'instance ne permettent pas qu'ils puissent remettre en question, après plusieurs années, une séparation de biens consommée régulièrement et sous leurs yeux.

L'article 1447 ne parle que des créanciers du mari, parce que les créanciers de la femme, qui ne sont pas en même temps créanciers de la communauté, ont intérêt à la séparation, quand elle la demande. Elle fait leur affaire en hâtant le moment où ils pourront se payer sur des valeurs actuelles ; car, pendant la communauté, ils n'ont pour gage que la nue propriété restée à la femme, sans action sur le mobilier et les fruits des propres qui sont entrés dans la communauté.

Une question importante demande à être étudiée et résolue avant de pénétrer plus avant dans l'examen de la nature et des conditions de cette tierce opposition. Cette question est celle de savoir si, pour être admis à attaquer dans l'année le jugement de séparation de biens régulièrement prononcé et exécuté, il suffit que les créanciers établissent que ce jugement leur cause un préjudice, ou bien s'ils sont tenus de prouver qu'il est le résultat d'une fraude pratiquée contre eux par les époux.

Toullier (1) a soutenu qu'il suffit que le jugement leur cause un préjudice; car, dit-il, si l'article 1447 se sert des mêmes expressions que l'article 1167, sa portée n'est pourtant pas la même. Dans l'article 1167 la loi n'accorde l'action révocatoire que contre les actes qui ont été accomplis pour nuire aux créanciers; mais il n'en est pas de même dans l'article 1447, car la simple demande en séparation de biens ne peut renfermer un dol avant le jugement. Par conséquent, la loi, en permettant aux créanciers d'intervenir dans cette instance, veut leur fournir les moyens, non pas seulement de déjouer la fraude, mais même de prévenir le préjudice qui pourrait les atteindre. C'est là, suivant Toullier, tout ce que signifient les expressions de l'article 1447 *en fraude de leurs droits*, et elles n'ont aucunement trait à la fraude unie au dol qui donne lieu à l'action révocatoire de l'article 1167.

Le résultat de cette doctrine serait que les créanciers du mari pourraient réclamer la nullité de la séparation de biens, non-seulement quand cette séparation sans cause sérieuse a été demandée pour leur nuire, mais encore lorsque, juste en elle-même, elle leur fait éprouver un préjudice.

(1) xiii, n° 88 et suiv.

Une telle conséquence a fait repousser avec raison par la grande majorité des auteurs et des arrêts (1) la doctrine qui en était l'origine. D'abord l'article 1447 exige formellement la fraude de la part des époux; ses termes sont les mêmes que ceux de l'article 1167. De plus, jamais dans l'ancien droit on n'a admis que le simple préjudice autorisât les créanciers du mari à attaquer la séparation de biens. Les travaux préparatoires du Code civil n'indiquent en aucune manière qu'on ait voulu par l'article 1447 déroger au principe qui régit l'action révocatoire. C'est d'ailleurs avec raison qu'on ne l'a pas fait. La séparation de biens n'eût alors présenté à la femme qu'une ressource à peu près illusoire; presque tous les jugements de séparation eussent pu être attaqués, puisqu'il en est fort peu qui ne nuisent pas aux créanciers du mari.

Quant à l'argument tiré de ce que la loi permet aux créanciers d'intervenir dans l'instance alors qu'il n'y a qu'une demande en séparation de biens formée, ce qui ne peut être une fraude, il est facile d'y répondre que, si cette demande ne constitue pas par elle-même une fraude, elle peut amener un résultat frauduleux; c'est pour cela que la loi permet aux créanciers d'intervenir dans l'instance. Il vaut mieux prévenir le mal que d'avoir à le réparer.

En résumé, l'article 1447 offre deux moyens aux créanciers, l'un contre la tentative de fraude, l'intervention dans l'instance; l'autre contre la fraude consommée, le droit d'attaquer le jugement de séparation. Mais pour faire écarter la demande ou rétracter le jugement il ne leur suffit point d'alléguer le préjudice réel que la séparation leur cause, ils doivent encore établir qu'elle est demandée ou qu'elle a été obtenue contrairement aux prescriptions de l'article 1443.

(1) Cass., 2 févr. 1870 (Dall., 1870, 1, 119), et 19 nov. 1872 (Dall., 1873, 1, 38).

Il est, du reste, bien évident qu'un créancier n'est admissible à contester un jugement de séparation de biens, ou les actes relatifs à l'exécution de ce jugement, qu'autant qu'il a été rendu au préjudice de ses droits; à défaut de ce motif, il doit être déclaré non recevable comme agissant sans intérêt.

Les opérations de liquidation peuvent, comme le jugement de séparation, être attaquées par les créanciers du mari; l'article 1447 du Code civil ne parle que du jugement, mais il n'est pas limitatif et doit s'étendre à ce qui n'est que la suite du jugement. — Seulement pour la liquidation, comme pour la séparation, les créanciers du mari ne sont fondés à se plaindre qu'autant qu'il existe une fraude pratiquée à leur préjudice par les époux. La liquidation des reprises de la femme ne saurait donc être annulée parce qu'elle reposerait uniquement sur les aveux du mari, si aucune fraude n'était prouvée.

On a soutenu (1), malgré le texte de l'article 873 du Code de procédure, que les créanciers ne sont pas limités au délai d'un an pour attaquer le jugement de séparation de biens; on s'est fondé sur ce que l'article 1447 du Code civil ne fixe aucun délai et sur ce que l'article 1304 du Code civil, étant limitatif, on ne peut l'appliquer qu'aux demandes en nullité ou en rescision d'une convention.

Mais que fait-on alors de l'article 873 du Code de procédure qui a précisément pour but de limiter, à un délai très-court, l'action des créanciers, afin que la position des époux ne demeure pas trop longtemps incertaine? En suivant cette doctrine, on arriverait à ce résultat qu'un créancier du mari, après plus de vingt ans, ayant perdu tout espoir d'être payé par son débiteur et venant à acquérir la preuve que la sépara-

(1) Carré et Chauveau, Quest. 2059.

tion de biens obtenue par la femme a été le résultat d'une fraude, pourrait faire annuler cette séparation régulièrement consommée ; qu'il aurait le droit de faire rapporter par la femme ou ses héritiers, non-seulement le mobilier de la communauté qui avait existé entre les époux et les immeubles que le mari avait cédés à sa femme en paiement de ses reprises, mais même toutes les successions mobilières que celle-ci aurait pu recueillir, tous les revenus des immeubles qu'elle possédait personnellement. Un semblable résultat est évidemment inadmissible. Le législateur a voulu, dans la séparation de biens, garantir également les intérêts des créanciers du mari et ceux de la femme et de la famille. La disposition de l'article 873 fait une part suffisante à ces deux intérêts.

Il n'y aurait qu'un cas où l'action des créanciers ne serait plus limitée à un an et où l'article 873 ne serait plus applicable ; ce serait celui où, pour tromper la vigilance des créanciers, les époux auraient fait prononcer la séparation par un tribunal autre que celui du domicile du mari.

Une autre question, qui a donné lieu à de longues controverses et sur laquelle la jurisprudence a beaucoup varié, est celle de savoir si le délai d'un an fixé par l'article 873 du Code de procédure s'applique indistinctement à l'action en nullité dirigée contre le jugement de séparation de biens en lui-même, et à l'action en nullité qui a pour objet soit le chef de ce jugement qui liquide les reprises de la femme, soit l'acte ou le jugement séparé qui renferme la liquidation. Sur ce point fort délicat, la doctrine et la jurisprudence sont passées par trois phases successives.

D'abord l'affirmative a prévalu, et on s'appuyait, pour soutenir que le délai de l'article 873 s'appliquait aussi bien au chef du jugement concernant la liquidation des reprises qu'à celui prononçant la séparation, snr les raisons suivantes : 1° La loi ne distingue pas entre la séparation de biens et la liquidation ; elle considère même celle-ci comme l'accessoire et la conséquence de celle-là, puisqu'elle déclare la séparation nulle si elle n'a été suivie de poursuites dans la quinzaine, et, à l'égard de l'une comme à l'égard de l'autre, il est d'ordre public que le temps, pendant lequel les droits des époux et des tiers seront incertains, soit de courte durée. 2° La publicité donnée au jugement de séparation avertit suffisamment les créanciers que la liquidation a eu lieu ou qu'elle va suivre sans retard, et qu'ils ont à prendre toutes les précautions que leurs intérêts peuvent rendre nécessaires. 3° Il ne doit pas dépendre des créanciers du mari de laisser en suspens pendant trente ans les droits de la femme. 4° Enfin, les créanciers que l'article 873 a eus en vue sont les créanciers du mari antérieurs à la séparation ; ces créanciers ont bien plutôt intérêt à critiquer la liquidation que la séparation, laquelle leur sera le plus souvent indifférente. Aussi la loi, en leur ouvrant la voie de la tierce opposition, a voulu leur permettre de réclamer bien plutôt contre la liquidation que contre la séparation, dans le délai qu'elle a fixé.

Ce système absolu n'a pas tardé à recevoir une première modification, et c'est ici que nous entrons dans la seconde phase subie par notre question. On a remarqué que, si la liquidation des reprises de la femme était tellement liée à la séparation de biens, dont elle doit être la suite immédiate, que les créanciers du mari doivent attaquer la liquidation dans le même délai que la séparation, cette conséquence ne pouvait résulter que de la connaissance donnée aux créanciers du jugement de séparation par la publicité que prescrivent les articles 1445 du Code civil et 872 du Code de procédure, publicité qui les met en demeure de veiller à ce que la liquidation ne soit pas faite en fraude de leurs droits. Mais on ne saurait appliquer le délai d'un an, soit en faveur d'un acte particulier de liquidation, soit pour tout jugement postérieur qui fixe les droits de la femme, puisque l'un et l'autre, également dépourvus des conditions de publicité que présente le jugement de séparation, n'en diffèrent pas moins par leurs effets et demeurent légalement ignorés des tiers. D'ailleurs, l'article 873 ne prescrit l'observation du délai d'un an que pour ce qui concerne le jugement de séparation ; c'est donc à ce jugement seul que s'applique la déchéance. Dans cette seconde opinion, on se bornait à placer sur la même ligne que la séparation de biens le chef du jugement qui liquide les droits de la femme ; mais on ne soumettait plus au délai fixé par l'article 873 l'acte ou le jugement séparé contenant cette liquidation.

La doctrine et la jurisprudence ne se sont pas arrêtées là ; elles ont ramené la situation à des termes beaucoup plus simples encore et qui nous paraissent complétement exacts. Il est admis aujourd'hui que les créanciers ne sont tenus d'observer le délai d'un an qu'à l'égard de la disposition du jugement qui déclare les époux séparés de biens, et que, pour attaquer la disposition relative à la liquidation des droits de la femme, ils jouissent de tout le temps par lequel se prescrivent les actions ordinaires, c'est-à-dire de trente ans.

Ce système se justifie par les considérations suivantes. L'action en séparation de biens et l'action en liquidation des reprises de la femme sont essentiellement distinctes ; elles diffèrent l'une de l'autre par leur nature et leur objet. La demande en séparation ayant pour but de modifier l'état des époux et les droits d'administration du mari, il importait de ne pas prolonger l'incertitude sur le sort de cette demande et de fixer un bref délai dans lequel les créanciers seraient tenus d'attaquer le jugement, qui aurait prononcé la séparation. Tel est le motif qui a déterminé la disposition exceptionnelle de l'article 873. Mais ce motif ne peut être appliqué à la liquidation des reprises de la femme, qu'elle soit opérée par le jugement même de séparation ou par un jugement postérieur. Dans les deux cas la disposition qui statue sur la liquidation des reprises est de même nature, c'est-à-dire qu'elle est soumise au droit commun. Le principe général est que les créanciers ont un délai de trente ans pour former tierce opposition aux jugements qui préjudicient à leurs droits. Si l'article 873 a admis une exception à cette règle en ce qui concerne le jugement de séparation de biens, aucune disposition n'y a dérogé à l'égard des autres condamnations prononcées au profit de la femme. D'un autre côté, il résulte des articles 865 et suivants du Code de procédure et des articles 1444 et 1445 du Code civil combinés que les formalités qu'ils prescrivent ont pour objet et pour résultat de donner de la publicité à la séparation de biens, mais non pas d'en donner à la liquidation. On ne pourrait donc appliquer le délai d'un an aux condamnations prononcées contre le mari, sans exposer ses créanciers à perdre leur droit de tierce opposition avant de l'avoir exercé. Enfin l'intérêt de certains créanciers à former tierce opposition du chef de la liquidation peut très-bien ne se révéler qu'après l'année, si l'ordre pour la distribution des biens du mari ne s'ouvre qu'après cette époque.

Nous ne pensons pas qu'il faille, dans le cas où la liquidation a fait l'objet d'un jugement particulier, distinguer si ce jugement a reçu ou non la publicité prescrite par l'article 872 du Code de procédure et déclarer la déchéance de l'article 873 applicable lorsqu'il a été publié. La publicité serait, en effet, ici une superfétation puisque la loi ne l'a pas exigée. Mais, d'autre part, il ne saurait dépendre de la femme de faire varier à son gré le droit des créanciers du mari, dont l'exercice serait plus ou moins large, suivant qu'elle remplirait ou ne remplirait pas les formalités de publication. La déchéance de l'article 873 est donc inapplicable quand la liquidation est contenue dans un jugement postérieur au jugement de liquidation ou dans un acte authentique également postérieur, parce que ce jugement ou cet acte sont essentiellement distincts et indépendants du jugement de séparation. Il n'y a aucune raison pour qu'il en soit autrement à l'égard du jugement de séparation de biens qui liquide les reprises (1).

Les créanciers ont le droit de former tierce opposition pendant trente ans, à partir du moment où la liquidation a été connue.

Puisque nous venons de décider que la liquidation ne fait pas partie intégrante de la séparation de biens, il en résulte que l'acte de ce jugement qui la contient peut fort bien être annulé sans que le jugement de séparation soit anéanti lui-même (2).

Le droit de contester, pendant un an, la séparation prononcée en fraude et d'attaquer, pendant trente ans, la disposition relative aux reprises de la femme appartient même aux tiers qui ne sont pas créanciers actuels du mari, mais à qui la séparation pourrait préjudicier éventuellement.

Ce même délai d'un an fixé par l'article 873 est-il opposable au tiers détenteur de l'immeuble grevé de l'hypothèque légale de la femme? La question est discutée et ne laisse pas d'être assez délicate. Il est d'abord incontestable que ce tiers détenteur, menacé éventuellement d'éviction par l'ouverture des droits de la femme, sera fondé, si l'éviction vient à se produire, à contester la séparation de biens. Or, disent les auteurs

(1) Grenoble, 7 juin 1851 (Sirey, 1851, 2, 613); Paris, 21 janvier 1858 (Sirey, 1858, 2, 205).
(2) Pau, 7 janv. 1867 (Sirey, 1868, 2, 21).

qui veulent le soumettre à la déchéance de l'article 873,
il est devenu créancier éventuel du mari à raison du
trouble auquel il est exposé ; d'un autre côté, il a été prévenu par la publicité de l'événement qui est la cause de
ce trouble ; par conséquent il ne peut être dispensé de
prendre, dans le délai d'un an, les mesures que com-
mandent ses intérêts.

Nous ne croyons pas qu'on puisse opposer la déchéance
de l'article 873 à l'acquéreur des biens du mari,
menacé d'éviction par la femme, pour deux motifs : d'a-
bord parce que cet acquéreur n'est pas un créancier du
mari, c'est un propriétaire jusqu'au jour où l'éviction
se produisant il aura un droit de créance contre le mari ;
jusque-là on ne peut pas le considérer comme un
créancier éventuel, parce qu'il a acquis un droit de propriété sous condition résolutoire dans le cas où la femme
exercerait son action hypothécaire ; en second lieu,
parce qu'il n'est pas permis de créer des fins de non-recevoir et qu'il faut, à cet égard, se maintenir dans les
termes étroits de la loi. Ce qui prouve bien que le détenteur des biens du mari hypothéqués à la femme n'est
pas un créancier éventuel, c'est qu'il n'a aucun intérêt à
contester la séparation de biens, tant qu'il n'est pas trou-
blé dans sa jouissance, au lieu que le créancier éventuel
a, dès le moment de la séparation, un intérêt à sauvegarder. L'intérêt du tiers détenteur ne naît que des poursuites hypothécaires exercées postérieurement par la
femme, et alors il donne lieu en sa faveur à une exception qui n'est circonscrite dans aucun délai en vertu de
la maxime : *Quæ temporalia sunt ad agendum, sunt perpetua ad excipiendum.*

Les tiers acquéreurs de biens grevés de l'hypothèque
légale de la femme peuvent donc, en cas de trouble, contester la séparation de biens, en vertu de l'article 1447
du Code civil, par la voie de la tierce opposition pendant

trente ans, et par suite ils peuvent attaquer, pendant le même temps, le jugement dans la partie du dispositif qui concerne la liquidation des reprises de la femme.

Lorsque la femme d'un failli a demandé et fait prononcer sa séparation de biens, il n'appartient qu'aux syndics, si les créanciers n'ont pas figuré dans l'instance, de former tierce opposition au jugement, un créancier isolé ne pourrait l'attaquer. Les syndics peuvent d'ailleurs se pourvoir contre le jugement de séparation qui fixe les reprises de la femme, bien que ce jugement ait été prononcé avant la déclaration de faillite.

Si le mari est tombé en faillite pendant l'instance en séparation de biens et que la femme ait omis de mettre les syndics en cause, ceux-ci ne sauraient être tenus de se pourvoir contre le jugement dans le délai d'un an; car l'omission de la femme a rendu la procédure irrégulière. Ils auront un délai de trente ans, parce qu'il y a là une nullité pour inaccomplissement des formalités prescrites, l'exécution de la séparation n'ayant pas été poursuivie contre ceux à l'égard desquels elle devait l'être.

On peut considérer comme une véritable opposition au jugement de séparation, dans le sens de l'article 873 du Code de procédure, l'opposition que forme l'acquéreur des biens du mari aux poursuites exercées contre lui par la femme après la séparation de biens, alors que cette opposition est motivée sur la nullité du jugement de séparation et qu'elle a lieu dans le délai d'un an. La forme d'une requête en tierce opposition n'est pas indispensable.

Si la qualité des créanciers, qui interviennent dans la liquidation des droits et reprises de la femme, était contestée par elle, le tribunal qui a prononcé la séparation de biens serait compétent pour statuer sur l'incident auquel donnerait lieu cette contestation.

CHAPITRE V

Des effets de la séparation de biens sur les rapports des époux entre eux.

Nous divisons ce chapitre en quatre sections : 1° de la renonciation de la femme à la communauté ; 2° de la contribution de la femme aux charges du ménage et de l'obligation pour elle de continuer à résider au domicile conjugal ; 3° de la responsabilité du mari quant aux immeubles aliénés par la femme ; 4° des effets de la séparation de biens relativement aux gains de survie.

SECTION PREMIÈRE

De la renonciation de la femme à la communauté.

Sous l'empire des coutumes s'était produite la singulière opinion que la femme était non recevable dans sa demande en séparation de biens, si elle ne déclarait pas en même temps renoncer à la communauté (1). On donnait pour motif à cette fin de non-recevoir que la femme, qui ne renonce pas, fait naître par là l'idée que la communauté est prospère, et que, par conséquent, ses plaintes contre son mari ne sont pas fondées.

Mais cette opinion était condamnée par Lebrun (2) et

(1) Renusson, *Communauté*; Bourjon, i, p. 603; Duparc-Poulain, v, p. 261.
(2) P. 281.

par Pothier (1). Denisart (2) pensait que la renonciation préalable était en général nécessaire, mais que la femme devait être autorisée à se séparer sans renoncer à la communauté si le mari, bon administrateur jusque-là, devenait tout à coup dissipateur. Merlin (3) enfin repoussait d'une manière absolue la fin de non-recevoir tirée du défaut de renonciation de la femme.

Le législateur moderne a édicté dans l'article 874 du Code de procédure la disposition suivante : « La renonciation de la femme à la communauté sera faite au greffe du tribunal saisi de la demande en séparation. »

Selon le rapport du tribun Mouricault au Corps législatif, cette disposition aurait pour objet d'imposer à la femme séparée de biens, l'obligation de renoncer à la communauté ; mais cette interprétation, provoquée par une réminiscence de l'ancien droit, a été universellement repoussée. Les exceptions, en effet, ne se présument pas, et l'article 1453 du Code civil dispose d'une manière générale qu'après la dissolution de la communauté, la femme ou ses héritiers et ayant-cause ont la faculté d'accepter ou de renoncer. D'un autre côté, l'article 174 du Code de procédure accorde à la femme séparée de biens trois mois, à partir du jour de la dissolution de la communauté, pour faire inventaire, et quarante jours pour délibérer sur l'opportunité de l'acceptation ou de la renonciation. Pour admettre une dérogation à des dispositions aussi générales, il faudrait pouvoir s'appuyer sur un texte bien formel, et ce texte n'existe pas.

L'objet de l'article 874 du Code de procédure a été seulement d'indiquer le lieu où la renonciation de la femme doit être faite, quand, après la séparation de biens, elle juge à propos de répudier la communauté.

(1) N° 520.
(2) *Décisions*, v° *Sépar.*, n° 71.
(3) *Rép.*, v° *Sépar. de biens*, sect. 2, § 5, n° 1.

Cet article apporte une exception à la règle générale, d'après laquelle l'acceptation ou la renonciation doit être faite au lieu où la dissolution de la communauté s'est opérée (art. 997, C. pr.).

La loi a voulu que les créanciers du mari pussent trouver au greffe du tribunal saisi de la demande, qui est celui du domicile de leur débiteur, toutes les indications utiles à leurs intérêts.

À l'égard des tiers, l'acte de renonciation au greffe exigé par l'article 874 est indispensable ; mais envers le mari ou ses héritiers la femme peut faire l'abandon de ses droits à la communauté par convention judiciaire ou extrajudiciaire. Les règles sur les renonciations aux successions et celles sur les renonciations à la communauté sont les mêmes. Or, il est de jurisprudence constante que, si la renonciation à une succession ne peut être faite qu'au greffe d'après l'article 784 du Code civil, cependant il n'est nullement interdit à un successible de s'obliger, en vertu de contrats particuliers, envers les autres successibles, à ne pas se porter héritier.

La femme séparée de biens, qui, renonçant à la communauté, n'en a pas fait la déclaration au greffe, n'est pas recevable à opposer elle-même la nullité de cette déclaration faite dans une autre forme.

La femme pourrait, sur l'instance en liquidation de la communauté, requérir inventaire et demander le délai de quarante jours que l'article 174 du Code de procédure accorde après l'inventaire pour opter entre la renonciation et l'acceptation. Les exigences de l'article 1444 du Code civil ne sont pas un obstacle à ce que la femme use du seul moyen véritable qu'elle ait parfois d'éclairer pleinement les motifs de sa renonciation. D'ailleurs, si la femme majeure peut accepter sans faire inventaire, elle ne peut, lorsqu'elle est mineure, faire son option sans inventaire préalable et sans autorisation du conseil de famille (argument de l'art. 461, C. civ.).

Aux termes de l'article 1463 du Code civil, la femme séparée de corps qui n'a pas, dans les trois mois et quarante jours après le jugement de séparation, accepté la communauté, est censée y avoir renoncé, à moins qu'elle n'ait obtenu une prorogation de délai, et la demande de prorogation, formée contre son mari, doit avoir lieu avant l'expiration des délais.

On s'est demandé si cette disposition est applicable à la femme qui n'est que séparée de biens. Nous n'hésitons pas à répondre affirmativement, car, bien que l'article 1463 ne parle que de la femme séparée de corps, il ne peut avoir été dans l'intention du législateur de faire aucune différence entre la séparation de biens principale et celle résultant de la séparation de corps. Dans les deux cas, il est nécessaire de pourvoir à des intérêts pécuniaires qui sont les mêmes, et dont l'article 1463 s'occupe ; et, s'il y a, sur certains points, des différences entre la séparation de corps et la séparation de biens principale, leurs effets au point de vue pécuniaire sont les mêmes, il importe de les fixer dans un cas comme dans l'autre ; il n'y a par conséquent aucun motif de ne pas appliquer à tous les deux la disposition de l'article 1463.

SECTION II

De la contribution de la femme aux charges du ménage et de l'obligation pour elle de continuer à résider au domicile conjugal.

Nous allons étudier maintenant les obligations qui incombent à la femme après la séparation de biens prononcée.

Ces obligations dérivent toutes de ce principe général que la séparation de biens ne porte aucune atteinte aux principes de l'association conjugale. Elle change le régime des biens, elle met en sûreté la dot de la femme, en la soustrayant à l'administration compromettante du mari ; mais elle n'a pas pour cela relâché les liens du mariage.

De là cette première conséquence que chacun des époux séparés doit contribuer dans la proportion de ses ressources aux charges du ménage. « La femme, qui a obtenu la séparation de biens, dit l'article 1448 du Code civil, doit contribuer, proportionnellement à ses facultés et à celles du mari, tant aux frais du ménage qu'à ceux d'éducation des enfants communs. Elle doit supporter entièrement ces frais, s'il ne reste rien au mari. »

L'article 1537, qui renferme une disposition analogue pour le régime de séparation de biens contractuelle, fixe une sorte de forfait et n'oblige la femme à contribuer aux dépenses du ménage que jusqu'à concurrence du tiers de ses revenus, dans toutes les circonstances. La raison en est que le mari est censé avoir pris sur lui l'excédant des charges du mariage, et qu'il est présumé à même de les supporter ; car il est certain qu'en cas d'insolvabilité du mari ces charges retomberaient en entier sur la femme.

En matière de séparation judiciaire, la loi a dû poser un autre principe. Cette séparation, en effet, a pour résultat de procurer à la femme la jouissance des biens qui sont naturellement affectés aux charges du ménage, savoir, de sa dot ou des biens de communauté.

D'un autre côté, la séparation judiciaire n'étant prononcée que lorsque les affaires du mari sont en mauvais état, la présomption, qui a sa raison d'être en matière de séparation de biens contractuelle, ne peut plus exister ici, et il est peu probable que le tiers des revenus de la femme suffise au mari pour lui permettre de supporter les charges du mariage.

La part contributive de la femme doit être fixée d'après l'appréciation de ses facultés comparées à celles de son mari; cette part est donc essentiellement variable.

Si on peut prévoir quelque difficulté ultérieure entre les époux pour la fixation de leur part contributive, il convient que le jugement même de séparation de biens fasse la fixation. Seulement le jugement, en ce point, ne peut être que provisoire comme tout ce qui a trait aux questions d'aliments; la décision doit être modifiée si les proportions de fortune des époux viennent à changer.

La séparation de biens, en faisant perdre au mari l'administration de la fortune de sa femme, ne lui enlève ni l'autorité maritale, ni la qualité de chef du ménage. Il garde la direction des affaires domestiques. Il suit de là qu'il peut exiger que la femme, quoique séparée de biens, verse entre ses mains le montant de sa part contributoire pour qu'il en règle lui-même l'emploi. Reconnaître au mari ce droit, ce n'est pas lui rendre l'administration d'une portion des revenus de sa femme; car il ne faut pas confondre l'administration des biens avec le règlement des dépenses du ménage. Ce n'était pas dans ce règlement que se trouvait pour la femme le danger qui a nécessité la séparation de biens. Si la part de la femme n'était pas versée dans les mains du mari, il faudrait donc que le mari versât la sienne dans les mains de sa femme, car chacun des époux ne peut disposer de son côté de sa part contributive, il faut une seule direction. Mais ne serait-ce pas le bouleversement de tous les principes!

La femme ne pourrait pas même échapper à la nécessité de remettre sa part au mari en se chargeant de fournir seule aux besoins du ménage; car elle n'en acquerrait pas moins, si on l'admettait, une direction qui, dans aucun cas, ne doit lui appartenir. — Cette doctrine était

professée par nos anciens auteurs (1) en matière de séparation de biens contractuelle. Or, il n'y a aucune raison
de ne pas l'appliquer à la séparation de biens judiciaire.

Il ne suffirait pas, pour échapper à cette règle, que
la femme eût depuis longtemps l'habitude de faire seule
la dépense du ménage sans aucune réclamation du mari,
qui même lui en aurait témoigné de tout temps sa satisfaction. Le mari ne peut, par sa propre volonté, aliéner
les pouvoirs qu'il tient de la loi comme chef de famille.

Toutefois, l'intérêt de la famille peut commander une
restriction à ce droit que nous venons de reconnaître au
mari, s'il y a de justes motifs de craindre que les fonds
ne soient dissipés et détournés de leur destination. La
séparation manquerait son but, si la femme n'était pas
alors autorisée à se libérer directement entre les mains
des fournisseurs et des maîtres de pension. On a soutenu
le contraire, et des défenseurs absolus du droit rigoureux
du mari ont pensé que sa qualité de chef de l'association
conjugale, qui est indélébile tant que les liens du mariage ne sont ni rompus, ni même relâchés, ne peut
jamais se trouver diminuée. Ils ont préféré n'accorder à
la femme, dans le cas où le mari fait un mauvais
usage des revenus qui lui sont remis et laisse sa famille
sans ressources, que la mesure si rigoureuse, si pénible
de la séparation de corps. — N'est-ce pas faire à la femme
une situation bien douloureuse, partagée qu'elle sera
entre des nécessités pressantes et les inspirations de son
cœur qui excitent en elle une vive répugnance contre
un moyen aussi extrême que celui de la séparation de
corps?

La prérogative du mari, qui fait de lui le chef du
ménage, ne peut rester attachée à sa personne qu'autant
qu'il remplit les devoirs inhérents à cette haute situation;

(1) Bourjon, 1, p. 511; Pothier, Comm., n° 464.

lorsqu'il cesse d'y être fidèle, la déchéance l'atteint, d'abord en le privant de sa qualité d'administrateur de la fortune de la femme par la séparation de biens, ensuite en lui enlevant le droit d'exiger le versement entre ses mains de la part contributive de la femme et d'en faire seul l'emploi. Seulement ce surcroît de rigueur vis-à-vis du mari ne peut résulter que d'une disposition expresse du jugement (1).

A plus forte raison, s'il n'y avait pas seulement mauvaise gestion du mari, s'il avait abandonné sa femme, s'il ne pouvait lui fournir aucune habitation, ou s'il n'avait à lui offrir qu'un logement indigne de sa position dans la société, la femme conserverait la disposition exclusive de ses revenus, et son obligation de contribuer aux dépenses du ménage se traduirait en une pension annuelle, qu'elle paierait au mari dans la proportion de ses ressources et des besoins de ce dernier. Ici le mari n'a plus à invoquer la qualité de chef du ménage, qu'il a abdiquée.

La femme séparée peut se libérer directement, entre les mains de son enfant majeur, de sa part contributive à la pension alimentaire qui lui a été attribuée par un jugement; elle n'a pas besoin de remettre cette part au mari. L'enfant majeur étant affranchi de la puissance paternelle, sauf les cas exceptionnels prévus par la loi, est capable de recevoir lui-même ses revenus, et l'intermédiaire du père serait sans aucune utilité.

Les fournisseurs ne peuvent pas en principe s'adresser directement à la femme séparée de biens pour le paiement de leurs fournitures. Mais si la femme a été autorisée par jugement à ne payer sa part qu'aux mains des fournisseurs, ou si, à raison du dénûment complet du mari, elle doit pourvoir seule aux frais du ménage, alors elle peut

(1) Caen, 8 avril 1851 (Dall., 1852, 2, 127).

être poursuivie directement, puisqu'elle a traité elle-même avec les fournisseurs, et que les fournitures ont tourné à son profit, en défrayant une maison qui était à sa charge. Décider autrement, comme le font quelques auteurs, ce serait tendre un piége à la bonne foi des fournisseurs qui, en voyant la femme faire les dépenses du ménage, ont dû croire qu'elle garantissait leur paiement.

La femme n'est pas seulement tenue de contribuer aux charges du mariage dans la mesure de ses ressources pécuniaires, elle doit encore supporter une part dans les aliments et les frais d'éducation des enfants nés de son union. Chacun des époux contracte, par le fait du mariage, l'obligation de nourrir, entretenir et élever les enfants communs (art. 203, C. civ.). C'est cette obligation sacrée qui domine et qui amène des conséquences spéciales. Comme chef du ménage, le mari est seul tenu, en principe, du paiement des dépenses, vis-à-vis des tiers. Mais il n'en est plus de même pour la nourriture, l'entretien et l'éducation des enfants; il n'y a plus alors de supériorité d'aucun côté. L'obligation est la même pour les deux époux, et c'est évidemment une obligation solidaire. Il faut conclure de là que la femme séparée de biens est tenue, en cas d'insolvabilité de son mari, de supporter intégralement les frais d'aliments et d'éducation des enfants, alors même que ces frais ont été faits antérieurement au jugement de séparation. Il serait impossible d'admettre aujourd'hui l'usage où l'on était, dans notre ancienne jurisprudence, d'ordonner qu'une partie de la dot resterait entre les mains du mari pour être employée à l'entretien et à l'éducation des enfants communs.

L'obligation solidaire de la femme est si absolue qu'elle existe indépendamment de tout engagement formel de sa part, de telle sorte que la femme est tenue, lorsque le mari est insolvable, d'acquitter tous les frais d'éducation de leurs enfants, bien que le mari les eût placés seul dans la maison d'éducation où les frais ont été faits (1).

La femme est-elle obligée de recourir à l'intermédiaire de son mari pour acquitter les frais d'éducation des enfants entre les mains des maîtres de pension? Oui, en général, parce que la direction de l'éducation des enfants appartient au mari, et qu'il est dès lors naturel qu'il en acquitte lui-même les frais. Mais il y a une exception dans le cas où la femme séparée de biens ne vit pas avec son mari et a été autorisée à gérer seule ses revenus, et dans le cas où le mode d'éducation choisi par le mari n'est pas en rapport avec les ressources de la famille.

Le droit qui appartient, en principe, au mari d'exiger le versement entre ses mains de la part contributive de la femme, ne l'autorise pas à demander d'elle des sûretés pour garantir cette contribution, attendu qu'il n'est pas à présumer à l'avance que la femme manquera à ses obligations.

Toutefois, il ne faudrait pas tolérer les abus. Si le mari n'avait pas seulement des craintes plus ou moins vagues, s'il était constaté que la femme eût dissipé ses revenus, au lieu de leur donner cette destination sacrée de subvenir aux besoins de la famille, ne serait-il pas juste en pareil cas d'ordonner, soit que la part de contribution de la femme sera touchée par un parent qui la remettra au mari, soit que la femme versera à la caisse des dépôts et consignations les sommes suffisantes, ou bien d'autoriser le mari à recevoir lui-même directement ces sommes des débiteurs de la dot, ou à faire pratiquer des saisies-arrêts? Si la femme parvenait à

____

(1) Agen, 18 juin 1851 (Dall., 1851, 2, 228).

rendre ces mesures illusoires, il ne resterait plus d'autre ressource au mari que de provoquer la nomination d'un conseil judiciaire à sa femme pour cause de prodigalité, conformément aux articles 490 et 513 du Code civil combinés. Ce conseil judiciaire pourrait, selon nous, être une autre personne que le mari ; l'article 506 du Code civil, qu'on pourrait nous opposer, n'a trait qu'au tuteur de la femme interdite.

Nous ne voulons parler ici que de dissipations folles et non d'obligations plus ou moins sérieuses contractées dans la mesure de l'administration et pour lesquelles la femme pourrait aliéner ou engager son mobilier.

Sous le régime dotal une garantie de plus appartient au mari, car alors les revenus de la dot participent du caractère de la dot elle-même, en tant du moins qu'ils sont nécessaires aux besoins de la famille, de telle sorte que, pour la portion correspondant à ses besoins, ils sont inaliénables et insaisissables comme la dot. La séparation de biens, qui, comme nous le verrons, ne fait pas cesser la dotalité, ne change rien à ce résultat parfaitement raisonnable. Si la femme aliénait tous ses revenus, elle serait obligée pour subvenir aux besoins de la famille de recourir à l'aliénation du fonds dotal, et les précautions prises dans son contrat de mariage deviendraient sans portée. Il est donc sage de frapper d'inaliénabilité la portion des revenus de la dot que doivent absorber les besoins du ménage. Pour l'excédant seulement, la femme conservera son droit de disposition.

Les tribunaux sont, du reste, souverains appréciateurs de la portion des revenus dotaux qui est nécessaire aux besoins de la famille, et de celle, au contraire, qui, excédant ces besoins, peut être aliénée par la femme, ou saisie par ses créanciers. Cette inaliénabilité de la partie des revenus dotaux destinée au ménage peut prévenir de graves abus au point de vue de la contribution de la femme aux dépenses que l'administration du ménage nécessite. Mais cette garantie ne serait plus suffisante si la femme, sans engager ses revenus par des obligations, les détournait de leur destination légitime en les employant à de folles dépenses ; il faudrait alors recourir aux mesures que nous avons indiquées précédemment.

Nous pensons que la femme, qui aurait des paraphernaux considérables, pourrait s'affranchir de l'obligation de contribuer par portion égale avec son mari, en offrant d'abandonner tous les revenus de sa dot à ce dernier, alors d'ailleurs qu'il conserverait assez de fortune pour suffire aux charges du mariage. Mais la femme, mariée sous le régime de la communauté, ne pourrait pas, au contraire, abandonner à son mari, à titre de contribution aux charges du ménage, l'administration et la jouissance de ses propres pendant la durée du mariage. Cette convention serait nulle comme constituant soit un rétablissement irrégulier du régime détruit par la séparation de biens, soit une vente illicite entre époux, ou une donation non revêtue des formes légales.

On s'est demandé si le mari, débiteur des intérêts de la dot, peut les compenser avec la part contributive de la femme dans les dépenses du ménage. L'affirmative ne peut souffrir de difficulté quand la part contributive de la femme a été déterminée d'avance, puisqu'il s'agit alors de deux dettes également liquides.

Mais quand cette part n'a pas été fixée, en est-il de même ? La réponse à cette seconde question est plus douteuse, et nous trouvons des décisions judiciaires (1), approuvées par quelques auteurs (2), qui se sont prononcées en faveur de la négative. Les deux dettes n'étant pas liquides, la compensation, a-t-on dit, ne peut s'opérer de plein droit.

(1) Bordeaux, 1er fév. 1845 (Dall., 1845, 2, 469).
(2) Troplong, *Contrat de mariage*, n° 1437.

Cette doctrine nous paraît ici d'une rigueur tout à fait excessive et nous croyons que, sans violer les principes, il est possible d'admettre la compensation. S'il est vrai qu'en droit rigoureux la compensation ne s'opère pas de plein droit entre deux dettes dont l'une n'est pas liquide, il a été apporté un tempérament à cette rigueur, et on a admis que la compensation aurait lieu, quoique l'une des dettes ne fût pas actuellement liquide, dans le cas où le chiffre pourrait en être déterminé facilement et sans retard préjudiciable pour la partie à qui la compensation serait opposée. Or, pourquoi ne pas admettre ce tempérament dans notre hypothèse actuelle, puisque, la base de la contribution de la femme étant établie par la loi, il ne s'agit plus que de vérifier le chiffre de sa fortune, ce qui ordinairement ne sera ni long, ni difficile? D'ailleurs, ici la compensation est en quelque sorte commandée par la situation respective des parties. Si le mari était obligé de payer intégralement les intérêts de la dot à sa femme, celle-ci serait tenue de les lui restituer jusqu'à concurrence de sa part contributive dans les dépenses. N'est-il pas naturel d'éviter ce circuit en décidant que le mari compensera les intérêts de la dot jusqu'à concurrence de la part contributive de la femme, et qu'il ne sera tenu de lui payer que l'excédant ?

Nous ne refuserions la compensation que dans le cas où la détermination de la part contributive de la femme dans les dépenses du ménage n'aurait pu se faire qu'après de longues opérations, par exemple, dans le cas où des complications auraient fait traîner en longueur le partage de la communauté.

Les époux n'ont pas besoin, pour établir, l'un à l'égard de l'autre, leur libération de leur part contributive aux charges du ménage, de fournir des quittances en bonne forme. Si un des époux laisse écouler un temps considérable sans former de réclamation contre son conjoint, il y a présomption de plein droit que celui-ci s'est libéré dans l'intervalle.

La règle posée dans l'article 1448 s'applique-t-elle au cas où la séparation de biens, au lieu d'être principale, n'est que la conséquence de la séparation de corps? Nous pensons qu'il faut répondre par une distinction. Pour tout ce qui concerne la nourriture, l'entretien et l'éducation des enfants, l'affirmative est indubitable. En effet, l'article 303 du Code civil, qui dispose, il est vrai, pour le cas de divorce, mais qui est applicable par analogie à la séparation de corps, décide que, quelle que soit la personne à laquelle les enfants seront confiés, le père et la mère conserveront respectivement le droit de surveiller l'entretien et l'éducation de leurs enfants et *seront tenus d'y contribuer en proportion de leurs facultés.*

Mais il en est tout autrement en ce qui concerne les rapports des époux entre eux ; la règle est alors inapplicable. Quand il n'y a que séparation de biens, en effet, l'existence des époux continuant d'être commune, toutes leurs dépenses doivent être communes aussi, c'est-à-dire que si leurs revenus sont égaux, chacun d'eux doit contribuer par moitié à la totalité des dépenses, quoiqu'à raison de quelque infirmité ou pour tout autre motif les dépenses de l'un soient beaucoup plus considérables que celles de l'autre. La séparation de corps, au contraire, brisant l'existence commune, chacun des époux doit désormais supporter ses dépenses personnelles sur ses revenus et même au besoin sur ses capitaux, et ce n'est que dans le cas d'une impossibilité constatée d'y faire face à l'aide de ses propres ressources, qu'il peut avoir un recours alimentaire contre son conjoint.

La seconde conséquence qui découle du principe que le mari reste, après la séparation de biens comme auparavant, le chef de l'association conjugale, c'est que la femme séparée demeure soumise à l'obligation de résider au domicile conjugal.

Ce principe était déjà certain dans notre ancienne jurisprudence, ainsi que l'attestent plusieurs arrêts rapportés par Denisart (1). La femme ne pourrait se soustraire à cette obligation, soit en offrant au mari une pension alimentaire, soit en prenant l'engagement de laisser dans une maison qui lui appartient en propre des meubles suffisants pour que son mari puisse s'y retirer, mais sous la réserve expresse qu'elle ne serait pas forcée de l'y suivre. Cet engagement serait nul comme subordonné à une condition contraire à l'ordre public.

Si la femme séparée de biens abandonnait le domicile conjugal, le mari pourrait la contraindre à le réintégrer en employant les moyens que la loi et la jurisprudence mettent à sa disposition : en saisissant les revenus de la femme, en ayant recours à la séparation de corps, si tous les autres moyens pour ramener sa femme auprès de lui ont échoué. Il est bien entendu que cette obligation de la femme entraîne l'obligation réciproque pour le mari de la recevoir au domicile conjugal, même après la séparation de biens.

Il résulte encore quelques autres conséquences moins importantes du principe général que la séparation de biens ne fait pas cesser la puissance maritale. — Nous relevons la suivante qui mérite d'être signalée.

Malgré la séparation de biens, tous les meubles qui se trouvent dans le domicile conjugal sont présumés, jusqu'à preuve contraire, être la propriété du mari. Ainsi, lorsque la femme, pour exécuter le jugement de séparation, se fait céder des meubles par son mari en paiement de ses reprises, elle doit exiger qu'ils soient spécifiés en détail dans l'acte de cession, afin que la pro-

____

(1) V° *Femme*, n° 23, et v° *Sépar.*, n°° 3 et 4.

priété ne puisse pas lui en être plus tard contestée. Elle agirait donc imprudemment, si elle se faisait adjuger en masse, et sans désignation détaillée, tous les meubles qui composent la communauté. De même, lorsque la femme séparée fait personnellement des acquisitions de mobilier, elle doit avoir encore la précaution de se faire délivrer par le vendeur des quittances régulières et ayant date certaine ; autrement elle s'exposerait à des difficultés de la part des créanciers du mari.

SECTION III

De la responsabilité du mari quant aux immeubles aliénés par la femme.

La séparation de biens donnant à la femme le droit de ressaisir une administration devenue périlleuse dans les mains du mari, celui-ci n'est plus, en principe, responsable des actes de cette administration. Cependant le législateur a dû tenir compte de la situation de la femme vis-à-vis de son mari, de ses habitudes de déférence, de l'influence qu'elle continue de subir en dépit d'une séparation qui lui a rendu l'indépendance dans la gestion de ses affaires. Il peut arriver que le mari, dans un besoin pressant, arrache à la faiblesse de sa femme séparée la vente de ses immeubles, pour en toucher ensuite le prix, se l'approprier, le dissiper. Il y avait là un danger très-grave qui devait frapper l'attention du législateur ; il fallait le prévenir, ou du moins en diminuer autant que possible les effets désastreux.

C'est dans cette vue qu'a été rédigé l'article 1450 du Code civil, dont voici la disposition : « Le mari n'est

point garant du défaut d'emploi ou de remploi du prix
de l'immeuble que la femme séparée a aliéné sous l'autorisation de la justice, à moins qu'il n'ait concouru au
contrat, ou qu'il ne soit prouvé que les deniers ont été
reçus par lui, ou ont tourné à son profit. Il est garant
du défaut d'emploi ou de remploi, si la vente a été faite
en sa présence et de son consentement; il ne l'est point
de l'utilité de cet emploi. »

Ainsi l'article 1450, après avoir posé le principe général que le mari n'est pas garant du défaut d'emploi ou
de remploi du prix d'un immeuble aliéné par la femme,
pas plus qu'il n'est garant d'aucun des autres actes d'administration qu'elle peut faire, apporte une double
exception à cette règle. Avant d'entrer dans l'étude détaillée et successive de ces deux exceptions, il importe
de rechercher quel en est le fondement, pour quel motif
elles ont été admises par le législateur, et quelle portée
commune doit leur être assignée.

Cette responsabilité du mari pour défaut d'emploi ou
de remploi, bien qu'il soit déchu du droit de disposition
et d'administration, semble, au premier abord, exorbitante, mais elle se justifie complétement par les observations que nous venons de présenter.

Elle existait déjà, d'ailleurs, dans l'ancien droit où
nous en trouvons l'origine dans la jurisprudence du
Parlement de Paris (1). Cette jurisprudence se fondait
sur ce que le défaut d'emploi fait présumer l'appropriation par le mari du prix de vente des immeubles de la
femme; c'était là un abus de la puissance maritale qu'on
avait voulu empêcher. Pothier attestait que tel était bien
le motif qui avait inspiré la jurisprudence du Parlement.
« On ne fait en cela, ajoutait-il, aucun grief au mari,
au pouvoir duquel il est toujours de ne pas autoriser,

(1) Arrêts des 24 mars 1711 et 30 juillet 1744; Pothier, *Comm.*,
n° 635; Lebrun, p. 304, n° 16.

ou, lorsqu'il autorise, de tenir arrêté chez le notaire le prix, jusqu'à ce qu'un emploi ait été trouvé. »

Est-ce encore là le seul motif qui ait inspiré aux rédacteurs du Code civil la disposition de l'article 1450 et qui leur ait fait maintenir la responsabilité du mari pour défaut d'emploi ? ou bien devons-nous en chercher un autre ? Quelques auteurs (1) ont pensé que les motifs qui ont guidé le législateur moderne n'étaient plus les mêmes que ceux de notre ancienne jurisprudence, et que l'article 1450 avait surtout trouvé son fondement dans le devoir de protection du mari envers sa femme, et dans l'intérêt pour la famille de prévenir la dissipation par la femme de la fortune immobilière qui en est souvent la plus grande ressource. La séparation de biens, disent ces auteurs, laissant subsister le lien du mariage et la suprématie maritale, il est du devoir du mari de veiller autant qu'il est en lui à la conservation des biens de la femme, et il manque à ce devoir quand il donne à celle-ci l'autorisation d'aliéner ses immeubles sans s'assurer que le prix n'en sera pas dissipé.

Tel ne nous paraît pas être le point de vue auquel s'est placé le législateur en édictant l'article 1450, et nous croyons que ce point de vue est resté le même que celui qui avait inspiré la jurisprudence du Parlement de Paris et nos anciens auteurs. Nous voyons d'abord la disposition finale de l'article 1450 qui nous dit que le mari n'est pas garant de l'utilité de l'emploi ; ce qui ne saurait se concilier avec l'opinion qui veut que le mari soit responsable de l'emploi, pour prévenir la dissipation du prix de vente par la femme, et par conséquent, qu'il soit garant de son utilité. Mais il y a plus, et nous trouvons dans le texte même de notre article une réponse décisive à l'opinion que nous combattons et en même temps une

(1) Rodière et Pont, iii, n°° 2204 et 2206.

indication de la véritable pensée du législateur. Nous voyons, en effet, qu'il est dit que, quand la femme séparée a aliéné son immeuble sous l'autorisation de la justice, le mari n'est point garant de l'emploi *à moins qu'il n'ait concouru au contrat, ou qu'il ne soit prouvé que les deniers ont été reçus par lui ou ont tourné à son profit.* C'est donc que la préoccupation du législateur a été d'empêcher que le mari ne mît la main sur le prix pour se l'approprier au détriment de sa femme, et, alors même que la vente a été autorisée seulement par la justice, cette préoccupation existe et la responsabilité pèse sur le mari, du moment qu'il a concouru à l'acte et qu'il n'y a pas eu d'emploi du prix. Ces hypothèses, énumérées par la loi, se complètent l'une par l'autre : si on peut prouver directement que le prix de vente a été touché par le mari, ou que, d'une manière ou d'une autre, il en a profité, il est responsable ; s'il a concouru au contrat, aucune autre preuve n'est nécessaire, celle-ci suffit pour faire présumer que le prix lui a été versé, à moins qu'il n'arrive à établir le contraire. Or, si telle est la pensée du législateur en cas de vente autorisée par la justice seule, à plus forte raison cette pensée a-t-elle dû l'inspirer si la vente a été faite avec l'autorisation du mari et en sa présence ; car il est alors avec la femme l'auteur de la vente et son influence est encore plus à redouter.

Bien loin donc d'avoir voulu changer le point de vue auquel s'était placée la jurisprudence ancienne, les rédacteurs du Code l'ont maintenu purement et simplement sans l'étendre en édictant la disposition de l'article 1450. Ils ne pouvaient du reste vouloir que le mari, à qui la séparation a enlevé l'administration des biens de sa femme, fût néanmoins garant de la conservation du prix de la vente d'un de ses immeubles. Celle-ci, chargée seule de l'administration de sa fortune, doit être seule aussi responsable des conséquences de ses actes. Enfin l'opinion même de nos contradicteurs a été présentée au moment de la confection du Code par les Cours de Paris et de Toulouse, qui avaient demandé la suppression de la disposition finale de l'article 1450, affranchissant le mari de toute responsabilité relativement à l'utilité de l'emploi ; cette réclamation ne fut pas admise et l'article fut rédigé tel que nous le voyons aujourd'hui.

Examinons maintenant quelles sont les conséquences du point de vue auquel, croyons-nous, s'est placé le législateur.

Les hypothèses prévues par l'article 1450 sont au nombre de deux : d'abord notre article suppose que la vente de son immeuble a été faite par la femme avec l'autorisation de justice, le mari ayant refusé son consentement. Dans ce cas, le mari n'est pas garant, en principe, de l'emploi ou du remploi du prix de vente ; s'il reste étranger au contrat, sa responsabilité ne peut aucunement se trouver engagée, parce que rien n'autorise à croire qu'il a touché le prix.

Cependant cette responsabilité peut peser sur lui dans deux cas :

1° S'il a concouru au contrat de vente ; alors la présomption de la loi que le prix a été touché par lui revit tout entière.

Le mari ne peut la détruire qu'en prouvant lui-même qu'il n'a pas reçu le prix de vente. Mais nous croyons qu'il a toujours le droit de faire cette preuve, et nous ne saurions admettre le dilemme dans lequel M. Troplong (1) veut l'enfermer : « Ou, dit-il, le mari a reçu les fonds, et il en doit compte ; ou il ne les a pas reçus, et il devait obliger sa femme à faire emploi ou remploi ; il est

_____

(1) *Contrat de mariage*, n° 1151.

coupable d'avoir été négligent. » Cette dernière partie est inexacte, puisque nous avons montré que la loi n'a pas voulu soumettre le mari à une condition d'emploi. Elle a simplement tiré de ces deux circonstances, que le mari a participé à la vente et qu'il n'a pas été fait emploi du prix, la présomption que ce prix a été touché par lui, ou, tout au moins, lui a profité; elle a supposé un abus de la puissance maritale, et elle a voulu le prévenir. Mais, si le mari parvient à prouver qu'il n'a pas commis cet abus, pourquoi le déclarerait-on encore responsable? Serait-ce parce qu'il n'a pas obligé la femme à employer l'argent qu'elle a reçu? Mais il n'a pas à s'ingérer dans son administration, et on ne peut par conséquent lui faire aucun reproche de négligence; c'est pour cela que la loi l'exempte de toute responsabilité relativement à l'utilité de l'emploi. Enfin, on ne saurait soutenir que la présomption légale de l'article 1450 soit au nombre de celles qui excluent toute preuve contraire (art. 1352, C. civ.).

Mais il est bien certain que cette présomption ne saurait s'évanouir devant les déclarations que l'acte de vente renfermerait, et qui porteraient, par exemple, que le prix a été payé antérieurement, ou qu'il a été touché par la femme seule. Ces déclarations, inspirées peut-être par le mari, ne méritent aucune confiance; du reste, elles pourraient dégénérer en clauses de style, et c'est un danger qu'il faut prévenir. Pour échapper aux difficultés d'une preuve toujours chanceuse, le mari peut fort bien s'opposer à ce que la femme reçoive le prix de vente sans en faire emploi.

Lorsque la femme a été autorisée par justice à procéder au partage et à la liquidation d'une succession qui lui échoit, et que plus tard le mari a figuré, *au besoin seulement* et pour l'autoriser, au jugement qui ordonne la licitation des immeubles, il y a là de la part du mari une intervention toute conditionnelle et surabondante, qui ne le rend pas garant du défaut d'emploi de la part du prix revenant à la femme; et il en est ainsi alors surtout que, dans tous les actes postérieurs y compris le procès-verbal d'adjudication, la femme n'a procédé que comme autorisée de justice.

2° Le second cas, où le mari est garant du défaut d'emploi du prix de la vente autorisée par justice, est lorsqu'il a reçu les deniers.

3° Enfin lorsqu'il est établi que le prix de la vente a été employé à son profit.

La seconde hypothèse prévue par l'article 1450 est celle où la vente a été faite par la femme du consentement de son mari et où celui-ci y a participé. La loi déclare que le mari est alors garant du défaut d'emploi ou de remploi du prix, parce qu'elle pense qu'il n'a consenti à l'aliénation que pour en profiter. Autrement, s'il avait voulu que le prix demeurât intact, il aurait veillé à ce qu'il en fût fait emploi.

D'un autre côté, un mari, qui abusant de son autorité veut profiter de la vente faite par sa femme, ne laissera pas subsister de trace de sa spéculation; la preuve du moins en serait fort difficile à une époque qui peut être éloignée de la vente, et même après le décès de la femme. Le mari, au contraire, est libre de se soustraire à la garantie et de prévenir un recours injuste, en exigeant que le prix reste entre les mains de l'acquéreur jusqu'à emploi; il ne peut autoriser que sous cette condition.

De ce que la responsabilité du mari est fondée, non sur sa négligence, mais sur la présomption qu'il a fait un profit personnel, il résulte qu'il n'est pas garant de l'insolvabilité de l'acquéreur, même si elle existait au jour du contrat. Les auteurs (1), qui soutiennent que la

_____

(1) Rodière et Pont, III, n° 2207.

responsabilité du mari est fondée sur ce qu'il doit veiller à l'emploi, objectent que l'autorisation maritale, selon le vœu de la loi, doit être un acte de protection pour la femme. Mais, si la femme avait fait le placement du prix, le mari ne répondrait pas de l'insolvabilité même actuelle de l'emprunteur; on ne voit pas dès lors pour quel motif le mari serait tenu à plus de vigilance, quant à la solvabilité de l'acquéreur. La perte n'est imputable qu'à la femme qui, ayant été saisie de l'administration de ses biens, doit lui donner tous les soins et la prudence nécessaires. Tel est du moins l'esprit de l'article 1450.

Mais le mari pourrait être responsable dans le cas où il se serait rendu coupable d'une fraude; et même, s'il avait profité du prix par suite d'une entente avec l'acquéreur, la femme aurait le droit de faire annuler la vente, sans que l'acquéreur pût exiger d'elle la restitution de ce prix.

Une opinion, fort accréditée dans la doctrine et qui a aussi pour elle des décisions de jurisprudence (1), soutient que la double condition de la présence du mari à la vente et de son consentement, bien que l'article 1450 semble l'exiger, n'est pas nécessaire pour engager sa responsabilité, et que son consentement suffit. Dès l'instant, dit-on, que le mari a déclaré consentir à la vente, elle devient son œuvre, quoiqu'elle soit passée en son absence, et il doit veiller à ce qu'emploi du prix soit fait par la femme.

Cette opinion nous paraît méconnaître complétement la pensée qui a inspiré l'article 1450 et que nous avons reconnue être une présomption de gain retiré par le mari de la vente faite par la femme. Pour que cette présomption puisse raisonnablement exister, il faut, non pas seu-

______

(1) Cass., 1er mai 1818 (Dall., 1818, 1, 220).

lement que le mari ait donné à la vente une autorisation qui est toujours nécessaire à la femme, mais qu'il ait assisté à l'acte ; parce que c'est le fait de sa présence qui peut éveiller des soupçons et qui peut faire craindre que les deniers lui aient été versés au lieu de l'être à la femme. Aussi admettrions-nous très-bien, à l'inverse des auteurs dont nous combattons la doctrine, que le concours seul du mari à l'acte peut donner lieu à la présomption, mais que le simple consentement donné par un mari éloigné, qui n'a qu'une connaissance vague de l'acte accompli par la femme, ne peut engager sa responsabilité quant au défaut d'emploi.

Dans tous les cas, même si on ne voulait pas admettre cette manière de voir, nous repousserions encore l'opinion qui se contente du seul consentement du mari pour le déclarer responsable ; parce que l'article 1450 exige formellement la réunion des deux conditions de présence et de consentement du mari, et parce que nous sommes ici en face d'un texte exceptionnel qui doit être interprété avec la plus grande rigueur.

C'est en restant fidèle à ce procédé d'interprétation étroite que nous arrivons à décider que le mari ne devrait aucune garantie pour le défaut de remploi, dans le cas où la femme, au lieu de vendre son immeuble, en aurait fait l'objet d'une donation à laquelle il aurait consenti. En effet, dans ce cas il n'y a pas de prix à recevoir, et dès lors aucun abus n'est à redouter. « Ce qui a été donné n'est pas sujet à remploi, » disait-on fort bien dans notre ancienne jurisprudence.

Lorsque le prix de la vente de l'immeuble de la femme a servi à procurer des aliments à la famille, on ne peut pas dire qu'il a profité au mari. Si donc le mari revenait plus tard à meilleure fortune, la femme ne pourrait le faire déclarer responsable pour défaut d'emploi.

Certains auteurs (1) ont voulu étendre la responsabilité du mari au cas où il aurait autorisé l'aliénation que
la femme aurait faite de son mobilier, par exemple,
d'un capital ou d'une créance; ils ont allégué l'identité
de motifs. Mais cette identité de motifs, qui, nous le
reconnaissons, existera souvent, ne nous paraît pas suffisante pour étendre la portée de l'article 1450, qui est,
ainsi que nous l'avons déjà dit, un texte exceptionnel,
faisant peser sur le mari une responsabilité exorbitante
et qui ne saurait être aggravée.

Nous avons expliqué pour quel motif le mari n'est pas
responsable de l'utilité de l'emploi fait par la femme.
Mais cette responsabilité existerait, au contraire, si le
mari, ayant reçu les deniers, en avait fait lui-même le
placement, à moins que la femme ne l'eût agréé.

La responsabilité du mari cesse quand il a été fait
emploi ou remploi du prix. L'emploi ne suppose pas
une acquisition nouvelle, tandis que le remploi la suppose toujours. Il y a emploi utile, par exemple, toutes
les fois que le prix de l'immeuble vendu a été consacré
à l'acquittement de quelqu'une des charges du mariage,
telles que les aliments de la famille, la dot des enfants,
ou au paiement de quelques dettes qui grevaient le bien
aliéné.

Quant au remploi, il ne peut être fait utilement qu'autant que le prix de l'immeuble aliéné a été consacré à
l'acquisition d'un autre immeuble. Il ne peut être valablement fait en biens mobiliers, à moins que ce ne soit
en rentes sur l'État (loi du 2 juillet 1862, art. 46).
S'il en était autrement, le but de la loi serait manqué,
puisque la femme séparée, pouvant aliéner son mobilier
sans avoir besoin d'aucune autorisation, et les valeurs
mobilières offrant, dans tous les cas, plus de chances de

(1) Rodière et Pont, iii, n° 2214; Dalloz, *Rép. de doctrine et de
jurispr.*, v° *Contrat de mariage*, n° 2010.

pertés, la conservation du prix ne serait nullement garantie.

Lorsque le mari a concouru à une vente faite par sa femme, moyennant un prix qui n'a pas été payé lors du contrat, et sans qu'aucune stipulation d'emploi ait été faite dans l'acte, l'acquéreur peut certainement se libérer entre les mains de la femme seule et même y être contraint purement et simplement. Mais précisément à cause de la responsabilité que le mari encourt en pareil cas, il est équitable de lui accorder le droit de former opposition entre les mains de l'acquéreur, à l'effet de s'assurer que le prix sera employé par la femme.

L'article 1450 doit être appliqué au cas de séparation de biens prononcée sous le régime dotal. La responsabilité du mari, qui a consenti et assisté à la vente, ou qui a concouru au contrat ou a profité du prix, lorsque la vente a été autorisée par la justice, cette responsabilité existe, quel que soit le régime sous lequel les époux se sont mariés; puisqu'elle repose sur la présomption que le mari a abusé de l'influence qu'il exerce sur sa femme, et qu'il s'est approprié le prix de la vente de son immeuble. Il est vrai que l'article 1450 est placé dans le chapitre de la *Communauté;* mais on est obligé de faire plus d'un emprunt à ce chapitre pour compléter les dispositions relatives au régime dotal, qui, ayant été admis après coup dans le Code civil, n'y obtint pas tous les développements qu'il comportait. Au surplus, l'article 1563, qui appartient au chapitre du *Régime dotal,* renvoie expressément au chapitre de la *Communauté,* pour les dispositions relatives à la séparation de biens.

SECTION IV

Des effets de la séparation de biens relativement aux gains de survie.

La séparation de biens dissout la communauté comme la dissout la mort de l'un des époux ; mais ce n'est pas à dire qu'elle produise, même relativement aux biens, absolument les mêmes effets. C'est ainsi que la séparation de biens ne donne pas ouverture aux gains de survie qui ont pu être stipulés dans le contrat de mariage. « La dissolution de communauté, dit l'article 1452, opérée par le divorce ou par la séparation soit de corps et de biens, soit de biens seulement, ne donne pas ouverture aux droits de survie de la femme ; mais celle-ci conserve la faculté de les exercer lors de la mort naturelle ou civile de son mari. »

En effet les époux, en stipulant ces avantages, n'ont certainement pas prévu le cas de séparation de biens. D'ailleurs, l'expression même de *gains* ou *droits de survie* ne renferme-t-elle pas une indication suffisante de l'époque de leur exigibilité ?

Enfin les avantages promis à la femme étaient soumis à une condition, le prédécès du mari : or, dans le contrat de mariage, les conditions doivent s'accomplir d'une manière rigoureuse. L'article 1452 faisait bien un peu violence à ces raisons, en assimilant la mort civile à la mort naturelle du mari, comme point de départ de l'ouverture des gains de survie ; car il était difficile d'admettre, alors que la mort civile existait, que les époux eussent eu en vue cette conséquence d'un grand crime. Mais, en cette circonstance comme en beaucoup d'autres, la loi avait vu dans la mort civile une image exacte de la mort naturelle, quant aux effets qu'elle produisait. Il n'en pouvait être ainsi à l'égard de la séparation, parce que la même identité n'existe pas.

L'article 1452 ne parle que des droits de survie de la femme, parce qu'il fait suite aux dispositions sur la séparation de biens, qui ont particulièrement pour objet les droits de la femme, et parce que la loi a voulu condamner d'avance la prétention de la femme de s'appuyer sur la mauvaise administration du mari, constatée par le jugement de séparation de biens, pour demander à exercer ses gains de survie provisoirement et sauf restitution. Mais l'article est applicable, par identité de motifs, aux gains de survie du mari, dans le cas, par exemple, où il aurait fait prononcer à sa requête la séparation de corps.

Dans l'ancien droit, la jurisprudence avait longtemps varié sans arriver à s'établir d'une manière uniforme. Dans l'origine, le Parlement de Paris adjugeait à la femme séparée de biens le même douaire qu'à la femme veuve. Plus tard, il ne lui accorda plus qu'un *demi-douaire*, et cette jurisprudence se maintint jusqu'à un arrêt du 11 juillet 1616, qui, rétablissant les vrais principes, déclara la femme séparée de biens non recevable à réclamer son douaire. D'autres arrêts furent rendus postérieurement dans le même sens. — Enfin les coutumes du Nivernais, du Maine et de Normandie accordaient intégralement son douaire à la femme séparée.

Mais, comme les statuts locaux ne faisaient produire cet effet à la séparation de biens que relativement au douaire, les autres droits de survie ne s'ouvraient qu'au décès du mari.

Les mêmes dissidences se retrouvaient à cet égard dans les pays de droit écrit. Dans certains, la femme pouvait se faire attribuer pour *augment* une collocation éventuelle dont elle jouissait à titre d'aliments, mais qui devait disparaître, si le mari lui survivait. — Dans d'autres, la femme ne pouvait, malgré la séparation de biens, obtenir la jouissance de son *augment* avant la dissolution du mariage. Enfin dans quelques-uns la femme séparée ne pouvait toucher les revenus de son *augment* que jusqu'à concurrence des besoins de la famille; l'excédant était attribué aux créanciers du mari.

Le Code civil, comme nous l'avons vu, a fait disparaître toutes ces divergences. Mais il a toujours été admis que la disposition de l'article 1452 ne saurait produire un effet rétroactif, et que l'ouverture des droits de survie, stipulés dans un contrat de mariage antérieur à la promulgation du Code civil dans un pays récemment devenu français, doit être réglée par la loi contemporaine de ce contrat et non point par l'article 1452 (1).

Lorsque le contrat de mariage accorde au survivant un préciput sur les biens de la communauté, l'article 1518 autorise le mari, comme chef du ménage, à garder provisoirement le préciput, à charge de donner caution. Mais l'article 1518 ne doit s'appliquer qu'au cas où le préciput a été stipulé au profit de la femme même renonçante, et où la femme, en effet, renonce à la communauté. Si, au contraire, elle accepte, la communauté doit, en attendant, être partagée comme s'il n'y avait pas eu de préciput stipulé. Autrement, si le contrat de mariage accordait l'entière communauté au survivant, la femme, en attendant, n'aurait rien, ce qui ne saurait

(1) L'application la plus récente de ce principe a été faite à l'époque de la réunion de la Savoie et du comté de Nice à la France en 1860. La Cour de Chambéry, par un arrêt du 28 février 1862 (Sirey, 1863, 2, 7), et, après elle, la Cour de cassation (14 juill. 1863, Sirey, 1863, 1, 333) ont décidé qu'une femme mariée sous l'empire de la loi sarde est fondée, quoiqu'elle n'ait demandé et fait prononcer sa séparation de biens que depuis la promulgation du Code civil et du Code de procédure en Savoie, à invoquer le principe du droit sarde d'après lequel la séparation de biens donne ouverture au gain de survie de la femme.

être. A la vérité, le partage provisoire par égale portion offre cet inconvénient que, quoi qu'il arrive, il y aura toujours une restitution à faire à l'époux survivant par les héritiers du prédécédé ; mais le même inconvénient se présente toutes les fois que le contrat de mariage contient des gains de survie réciproques, et c'est le cas le plus ordinaire.

Pour assurer dès à présent entre leurs mains une portion des biens de la communauté, et mettre la disposition qu'ils en feraient à l'égard des tiers à l'abri de toute contestation, les époux peuvent seulement composer un lot particulier pour le préciput quand il consiste en une quotité de biens de la communauté, partager ensuite définitivement les autres lots, et provisoirement seulement celui du préciput ; de telle sorte qu'au décès de l'un des conjoints le survivant ne puisse réclamer que les biens compris dans ce dernier lot.

La femme peut-elle prendre des mesures conservatoires, dès l'époque de la séparation de biens, pour assurer le paiement de ses gains de survie ? Il faut faire une distinction. Ces actes conservatoires seront possibles, s'il s'agit d'une somme fixe, d'une simple créance dont l'exigibilité serait seulement retardée jusqu'au décès de l'époux donateur ; on appliquera alors l'article 1180 du Code civil. — Mais aucun acte conservatoire ne pourra être permis, si le gain de survie participe de l'institution contractuelle, puisque le donateur alors conserve la libre disposition de tous ses biens autrement qu'à titre gratuit.

Il peut arriver que le mari affecte une somme d'argent à la sûreté des droits de survie de sa femme ; rien n'est plus licite. Mais la femme ne serait pas autorisée à la conserver, placée en son nom et comme lui appartenant, sous la simple condition d'en payer les intérêts au mari. La femme n'est pas maîtresse de la somme ; elle n'a qu'un gage. Autrement ce serait un paiement du gain de survie avant le décès, et, par suite, une violation de l'article 1452.

La femme peut, après la séparation de biens, transiger sur son gain de survie et s'en départir, par exemple, moyennant une somme d'argent actuellement payée, puisque cet avantage constitue pour elle une créance, et qu'elle a la libre disposition de ses droits. Mais il en serait autrement s'il s'agissait d'un gain de survie consistant en une quotité, en propriété ou en usufruit, des biens que le donateur laissera à son décès. Le gain de survie aurait alors le caractère d'une institution contractuelle, et dès lors l'abandon à forfait rentrerait dans la classe des pactes prohibés sur succession future.

Les époux peuvent certainement déroger à la règle posée par l'article 1452, en stipulant, par exemple, que le préciput conventionnel autorisé par l'article 1515 sera touché par la femme dans tous les cas de dissolution de la communauté, ou spécialement en cas de séparation de biens, et alors même qu'elle renoncerait à la communauté. L'article 1452 n'est ni limitatif, ni restrictif.

<hr>

CHAPITRE VI

Des effets de la séparation de biens sur les rapports des époux avec les tiers.

Nous allons étudier dans ce chapitre les conséquences de la séparation de biens sur les pouvoirs de la femme vis-à-vis des tiers, c'est-à-dire sur sa capacité. Ces conséquences varient suivant le régime matrimonial auquel met fin la séparation de biens, et la capacité, qui en résulte pour la femme, a plus ou moins d'étendue suivant les dispositions premières du contrat de mariage.

Voilà pour quel motif nous divisons ce chapitre en trois sections qui auront pour objet : 1° La capacité de la femme séparée de biens, alors qu'elle était mariée sous le régime de communauté; 2° La capacité de la femme séparée, alors que le régime matrimonial dissous était le régime dotal ; 3° La capacité de la femme séparée, alors qu'elle était mariée sous le régime sans communauté.

SECTION PREMIÈRE

De la capacité de la femme séparée de biens, alors qu'elle était mariée sous le régime de la communauté.

La femme séparée de biens recouvre non-seulement la jouissance, mais aussi la libre administration de sa fortune. Toutefois elle n'acquiert pas pour cela une indépendance absolue vis-à-vis de son mari; celui-ci demeure, après comme avant la séparation, le chef du ménage et de la famille; il conserve l'action et l'initiative, et l'unité de direction réside toujours dans ses mains. En un mot, il a perdu l'administration des biens de sa femme, mais il continue d'exercer tous les autres pouvoirs inhérents à sa qualité de chef de l'association conjugale.

Tel est le double point de vue auquel le législateur s'est placé pour déterminer la capacité de la femme séparée de biens : tout ce qui est de l'administration doit lui appartenir, tout ce qui en sort reste au mari.

On ne peut voir à ce sujet un précédent dans les lois romaines, qui ne permettaient pas à l'épouse séparée de disposer de sa dot et lui en rendaient simplement l'administration. Mais ce n'étaient pas les pouvoirs du mari, c'était l'inaliénabilité de la dot, survivant à la séparation de biens, qui enchaînait la liberté de la femme à cet égard. L'autorisation maritale, telle que nous l'entendons aujourd'hui, n'était pas connue à Rome.

Il faut arriver jusqu'à notre ancien droit pour trouver la question de l'autorisation maritale, après la séparation de biens, agitée et résolue, quoiqu'en des sens souvent très-divers.

Nous avons vu que des coutumes allaient jusqu'à reconnaître à la femme séparée le droit de disposer de ses meubles et de ses immeubles comme si elle n'avait pas été mariée. La femme se trouvait ainsi complétement affranchie au point de vue des biens. Mais le droit commun n'allait pas aussi loin et limitait les pouvoirs de la femme. L'article 234 de la coutume de Paris s'exprimait ainsi : « Une femme mariée ne se peut obliger sans le consentement de son mari, si elle n'est séparée ou marchande publique, etc. » On aurait pu conclure de ces termes que la femme séparée avait la faculté de s'obliger pleinement d'autant plus que, d'après l'article 224, elle n'avait pas besoin de l'autorisation maritale même pour

ester en justice. Mais les auteurs et la jurisprudence res-
treignaient sa capacité ; ils maintenaient la nécessité de
l'autorisation maritale pour tous les actes qui engageaient
les immeubles, et n'en dispensaient, quant aux meubles
et revenus, que pour les actes d'administration.

La plupart de nos anciens jurisconsultes s'exprimaient
en ce sens. Lebrun (1) disait que la séparation n'avait
que l'effet de l'émancipation pour le mineur, que la
femme n'était autorisée de plein droit que pour la gestion de ses revenus, et que vainement le créancier,
pour maintenir la solidité de l'obligation de la femme,
aurait déclaré ne vouloir l'exécuter que sur les meubles
et revenus de celle-ci ; car son titre étant nul ne pouvait
produire aucun effet, si ce n'est pour des *sommes modi-
ques*. — Renusson (2), Dulaurière sur Loysel (3), Brodeau
sur Louet (4) tenaient le même langage et en accentuaient
encore parfois le sens restrictif.

Le système, qui formait le droit commun de notre ancienne France, est aussi celui qui a prévalu dans notre
nouvelle législation. Les articles 217 et 1449 du Code
civil l'ont consacré d'une manière toute particulière. L'article 217 dispose que la femme, même non commune ou
séparée de biens, ne peut donner, aliéner, hypothéquer,
acquérir à titre gratuit ou onéreux, sans le concours de
son mari dans l'acte ou sans son consentement par écrit.

Aux termes de l'article 1449, « la femme séparée soit
de corps et de biens, soit de biens seulement, en reprend la libre administration. Elle peut disposer de son
mobilier et l'aliéner. Elle ne peut aliéner ses immeubles
sans le consentement du mari, ou sans être autorisée en
justice à son refus. »

(1) Liv. II, chap. 1, sect. 1.
(2) 1re partie, chap. 9, nos 28 et 36.
(3) Liv. 1, titre 2, n° 24.
(4) Lettre F, somme 30, n° 2.

La discussion de ce dernier article au Conseil d'État ne nous apprend en rien qu'on ait voulu déroger à la doctrine qui avait prévalu dans notre ancienne jurisprudence; comme on s'y est conformé expressément dans la disposition de l'article 217, et que même, moins favorable à la liberté de la femme que la coutume de Paris, l'article 215 l'a soumise à la nécessité de l'autorisation pour ester en justice, nous avons le droit de dire que les rédacteurs du Code se sont inspirés de la même pensée que nos anciens auteurs.

La femme séparée de biens, dit d'abord la loi, en reprend la libre administration. Que signifient ces mots : *la libre administration?* Ils signifient évidemment que la femme reprend l'administration de tous ses biens indistinctement, l'administration *entière*, comme dit l'article 1537 ; qu'elle administre dans son seul intérêt, c'est-à-dire qu'elle a la jouissance, comme le disent les articles 1537 et 1576 ; qu'enfin elle peut faire de sa seule volonté, et sans avoir jamais besoin de l'autorisation de son mari ni de la justice, tous les actes réputés de simple administration : tels que faire des baux dont la durée ne dépasse pas neuf années, recevoir ses revenus et même ses capitaux exigibles, en donner quittance et consentir la mainlevée des inscriptions hypothécaires qui garantissaient les créances dont elle a reçu le remboursement. Le jugement de séparation de biens l'habilite pour ces diverses mesures d'une manière toute spéciale.

Mais l'article 1449 va plus loin. Le législateur avait déclaré, dans l'article 217, que la femme même non commune ou *séparée de biens* ne peut donner, aliéner, hypothéquer, acquérir à titre gratuit ou onéreux sans le concours ou l'autorisation du mari ; et voilà que l'article 1449 déclare qu'en ce qui concerne son mobilier la femme séparée judiciairement peut *disposer de son mo-*

bilier et l'aliéner. Comment concilier ces deux dispositions qui paraissent contradictoires, puisque l'une exige l'autorisation maritale dans tous les cas, et que l'autre en affranchit la femme pour la disposition de son mobilier? On peut y parvenir sans trop de difficulté.

Il est d'abord un point sur lequel tout le monde est d'accord, c'est pour reconnaître que, malgré le sens général du mot *disposer,* la femme ne peut, sans autorisation, faire aucune donation entre-vifs de son mobilier. L'article 905 confirme, en termes absolus et d'une manière toute spéciale, la disposition générale de l'article 217. Il refuse à la femme mariée le pouvoir de donner entre-vifs sans l'assistance ou le consentement de son mari, ou sans y être autorisée par la justice. Ses expressions sont tellement formelles qu'elles ne permettent pas de distinguer entre les femmes communes et les femmes séparées, entre les meubles et les immeubles. Cette prohibition a, du reste, son explication dans cette considération fort grave que le mari, même après la séparation de biens, a toujours un intérêt moral à connaître les donations faites par sa femme. Enfin il importe de surveiller les diminutions que les libéralités feraient subir à la fortune de la femme, souvent sans compensation d'aucune sorte pour la famille (1).

Il faut donc déjà conclure que l'article 1449 ne dispense la femme séparée de biens de l'autorisation maritale que pour les aliénations à titre onéreux.

Mais lui attribue-t-il la faculté de faire ces aliénations d'une manière illimitée? La disposition si absolue et en même temps spéciale de l'article 1449 ne doit-elle pas être restreinte dans sa portée pour s'harmoniser avec la disposition générale de l'article 217?

La question s'élève et demande à être résolue à un

(1) Alger, 22 janv. 1860 (Sirey, 1860, 2, 193).

double point de vue. D'abord la femme peut-elle, sans autorisation et pour quelque cause que ce soit, aliéner directement son mobilier ? Peut-elle, en outre, contracter sans contrôle des obligations dont l'exécution pourra être poursuivie sur ce même mobilier, et arriver ainsi à une aliénation indirecte ?

Trois systèmes se sont produits sur cette question et ont tour à tour prévalu dans la jurisprudence.

Dans le principe, on a donné à l'article 1449 la portée la plus large, sans se préoccuper de l'article 217. Ainsi la jurisprudence de la Cour de cassation validait, sans distinction aucune, les obligations souscrites par les femmes séparées, sans autorisations de leurs maris ou de la justice, en tant qu'elles n'affectaient que le mobilier.

Il y avait dans cette première interprétation de la loi une idée inexacte : c'était de croire que la femme ayant le droit d'aliéner ses meubles directement, elle avait par suite le pouvoir de s'obliger pour une cause quelconque sur ce même mobilier. Si la loi permet à la femme d'aliéner ses meubles à titre onéreux, c'est qu'elle voit là une conséquence de son libre droit d'administration ; mais il ne s'ensuit pas du tout que la femme puisse contracter des dettes sur ses meubles en dehors de l'administration. Ce serait là une faculté tout à fait exorbitante, contraire à l'article 217 qui s'applique à toutes les situations et dont le rapprochement doit tempérer les termes absolus de l'article 1449.

Ainsi, on lit dans le discours du tribun Siméon au Corps législatif sur la disposition de l'article 1449 : « La communauté étant dissoute par séparation de corps ou de biens, la femme recouvre la libre administration de ses biens ; mais elle ne peut les aliéner sans le consentement de son mari ou sans l'autorisation de la justice. La séparation ne détruit pas la puissance maritale, elle en diminue seulement les effets : *la femme séparée est à l'instar d'un mineur émancipé, qui peut gérer ses biens, consommer ses revenus, mais sans disposer du fonds.* »

Voilà la pensée du législateur clairement exprimée. L'article 1449 rend à la femme séparée la libre administration de sa fortune, mais il s'accorde avec l'article 217 pour lui enlever le droit absolu de s'obliger. Le législateur voudrait presque l'assimiler au mineur émancipé.

La jurisprudence n'a pas tardé à reconnaître qu'elle avait, par sa première interprétation, été au-delà de l'intention des rédacteurs du Code, et elle a alors établi une distinction entre les aliénations directes du mobilier et les engagements qui n'en renferment qu'une aliénation indirecte. Elle a reconnu à la femme la faculté d'aliéner directement son mobilier, conformément à l'article 1449 ; mais, restreignant la portée de ce texte par la disposition de l'article 217, on a décidé que la femme ne pouvait faire des aliénations indirectes, sans être autorisée, qu'autant que, par leur destination ou leur modicité, elles paraîtraient entrer dans la catégorie des actes d'administration.

Enfin, plus récemment, la jurisprudence a fait un nouveau pas dans le sens de l'interprétation restrictive de l'article 1449 ; et elle décide aujourd'hui que la femme ne peut aliéner son mobilier ni directement, ni d'une manière indirecte, si ce n'est dans la mesure de l'administration. Dans ce dernier système, on ne distingue pas entre l'aliénation par voie directe et celle qui résulte d'engagements.

Telle est la troisième phase de la jurisprudence, qui a rallié à son opinion un nombre considérable de jurisconsultes éminents (1).

(1) Caen, 6 mars 1844 (Dall., 1845, 2, 110) ; Paris, 28 juin 1851
(Dall., 1852, 2, 22) ; Cass., 30 déc. 1862 (Dall., 1863, 1, 41) ; — Va-

De ces deux derniers systèmes lequel faut-il préférer? Celui qui établit une distinction entre l'aliénation directe, actuelle, qu'il permet à la femme seule, et l'aliénation indirecte par voie d'engagement, d'obligation, qu'il n'autorise qu'avec l'assentiment du mari, invoque le texte du deuxième alinéa de l'article 1449 qui dit : « La femme séparée peut disposer de son mobilier et l'aliéner. » C'est là, ajoute ce système, un pouvoir que le législateur reconnaît à la femme comme la conséquence de la libre administration qui lui appartient. En outre, dit-on, la distinction entre l'aliénation immédiate et l'obligation se justifie d'elle-même : celle-ci est incontestablement plus dangereuse que celle-là. La femme sera plus facilement portée à s'obliger qu'à aliéner directement. Elle n'apercevra pas les conséquences éventuelles d'un emprunt, d'un mandat, tandis qu'elle sent immédiatement la privation résultant de l'aliénation directe. C'est ainsi qu'il est généralement admis que le droit d'aliéner l'immeuble dotal, stipulé dans le contrat de mariage, n'emporte pas le droit de l'hypothéquer. C'est ainsi encore que, dans le droit romain, la loi Julia permettait l'aliénation du fonds dotal et en interdisait l'hypothèque, et que le sénatus-consulte Velléien empêchait la femme de cautionner un tiers, bien qu'elle pût payer sa dette.

Les auteurs, qui soutiennent cette opinion, sont bien obligés de reconnaître que la femme mariée sous le régime de la séparation de biens contractuelle et que celle mariée sous le régime dotal pour les paraphernaux n'ont pas, aux termes des articles 1536 et 1576, des pouvoirs aussi étendus et qu'elles ne peuvent aliéner leur mobilier que dans la mesure de leur administration ou de leur droit de jouissance. Mais ils prétendent que

lette sur Proudhon, I, p. 463 ; Demolombe, IV, p. 185 ; Marcadé, V, p. 501 ; Troplong, *Contrat de mariage*, n° 1417.

c'est là une différence qui peut s'expliquer de la manière suivante : En cas de séparation de corps et de biens, les rapports avec le mari ayant complétement cessé, la nécessité d'une autorisation pour toute aliénation mobilière pourrait devenir fort gênante. En cas de séparation de biens pure et simple, il faut remarquer que les pouvoirs étendus du mari sur les biens mobiliers de la femme étaient établis en vue de faire accroître la fortune de celle-ci aussi bien que celle du mari. Mais, après la séparation, il convient que la femme ait sur ses propres biens les mêmes pouvoirs que possédait le mari pour profiter de tous les avantages attachés au régime qu'elle avait choisi. Enfin on peut penser que le législateur n'a pas exigé le concours du mari pour des actes de nature à se présenter fréquemment, parce que la nécessité de cette autorisation pourrait, de la part d'un mari obéré, devenir plutôt un instrument d'oppression qu'une cause de protection.

Nous ne méconnaissons pas la gravité et la portée théorique des arguments invoqués à l'appui de la distinction entre les aliénations directes et celles résultant d'engagements et d'obligations, à l'appui de la validité des premières faites sans autorisation, et de la restriction aux secondes de la nécessité du consentement marital. Mais nous pensons que le système, qui prévaut aujourd'hui dans la jurisprudence et parmi les auteurs, et qui limite, sans distinction aucune, les pouvoirs de la femme séparée de biens à la simple administration de son mobilier, que ce système, dis-je, est plus conforme à l'intention du législateur que celui que nous venons d'exposer.

Nous allons répondre d'abord aux dernières considérations tirées de l'ordre moral, présentées à l'appui de la distinction que nous combattons, et à la différence qu'on prétend signaler entre les pouvoirs de la femme séparée de biens contractuellement et ceux de la femme, séparée judiciairement, différence qui ne nous paraît nullement fondée ; nous examinerons ensuite si le texte même de la loi est en réalité aussi favorable qu'il peut le paraître au premier abord à la doctrine opposée.

On a dit que le législateur n'avait pas voulu imposer à la femme séparée le concours du mari pour des actes aussi fréquents que les aliénations directes de son mobilier. Mais est-ce que les engagements ne se présentent pas aussi fréquemment que les aliénations immédiates? Est-ce que même une femme, qui n'est pas commerçante, n'a pas bien moins d'occasions de vendre que d'acheter ou de s'obliger? On ajoute qu'il convient que la femme séparée possède, en pouvant disposer de son mobilier, toutes les chances de gain attachées au régime de communauté, et qu'ainsi les pouvoirs du mari sur les biens mobiliers de sa femme passent à celle-ci. Mais, en poussant cette manière de voir jusqu'au bout, il faudrait aller jusqu'à dire que la femme doit être libre de s'engager sur tout son mobilier, et qu'elle doit avoir dans cette limite les mêmes moyens de spéculation que possédait le mari. Ce serait alors revenir au premier système admis par la jurisprudence, et qui permettait à la femme de la manière la plus large de s'obliger jusqu'à concurrence de son mobilier. Or, c'est une conséquence devant laquelle reculent les auteurs qui ont adopté la doctrine que nous combattons ; puisqu'ils reconnaissent que la femme ne peut pas s'obliger d'une manière indirecte et générale sur tout son mobilier présent et à venir, à moins que ces obligations n'aient pour cause l'administration de ses biens ou les besoins du ménage, auxquels elle est tenue de pourvoir.

Il existe, à nos yeux, une analogie complète entre les pouvoirs de la femme mariée sous le régime de séparation de biens contractuelle et ceux de la femme séparée judiciairement ; et la différence, que prétendent relever les partisans de la doctrine opposée, nous paraît purement imaginaire. La capacité de la femme est la même dans un cas comme dans l'autre, parce qu'à vrai dire il n'existe qu'une espèce de séparation de biens, de quelque cause d'ailleurs qu'elle procède, du contrat de mariage ou d'un jugement. Aux termes de l'article 1536, la femme séparée de biens par contrat en conserve l'administration ; or, l'article 1449 a considéré que le droit de disposer du mobilier était une conséquence du droit d'administrer, et apparemment cette proposition-là ne peut pas être vraie dans un cas et fausse dans l'autre. Donc, les règles sur la capacité des femmes séparées de biens sont, en effet, les mêmes dans tous les cas ; et la capacité de la femme séparée judiciairement ne peut pas être plus étendue que celle de la femme séparée en vertu de son contrat de mariage.

Du reste, on ne trouve dans aucune disposition de la loi l'origine de la distinction qu'on a arbitrairement produite entre l'aliénation directe et les engagements. Il est vrai qu'on a dit que le second alinéa de l'article 1449 permet d'une manière générale à la femme de disposer de son mobilier et de l'aliéner. Sans doute, mais cette seconde disposition de l'article demande à être rapprochée de la première, dont elle n'est que la conséquence. Or, la première ne restitue à la femme séparée que le pouvoir d'administrer ; par conséquent, c'est dans cette mesure qu'il faut entendre la permission donnée à la femme d'aliéner son mobilier. Il ne faut pas oublier, en outre, que l'article 1449 est une disposition exceptionnelle, qui doit être entendue dans un sens étroit, et que la règle se trouve posée dans l'article 217 qui décide, d'une manière générale et pour toutes les situations, que la femme ne peut aliéner sans le consentement de son mari. Voilà le texte qui continue de régir la femme séparée de biens à moins qu'il n'y ait été dérogé formellement. Or, l'article 1449 n'y déroge qu'en ce qui regarde l'administration. Donc, pour tout ce qui est en dehors de l'administration, aliénation directe ou engagement exécutoire sur le mobilier, l'article 217 continue de s'appliquer.

Enfin cette doctrine se justifie parfaitement en raison; car, quoique l'aliénation directe offre, à certains points de vue, moins de danger que l'aliénation par voie d'obligation, elle est aussi un moyen d'amoindrir et de dissiper les ressources du ménage; si on l'autorisait, la femme, qui ne pourrait s'obliger, et qui voudrait cependant se procurer de l'argent, y aurait certainement recours; elle céderait des créances, des revenus à échoir, etc. Si la loi a voulu que la femme séparée de biens contractuellement ne pût aliéner son mobilier en dehors des besoins de l'administration, à combien plus forte raison doit-il en être ainsi pour la femme séparée judiciairement, qui, à cause de l'insuffisance probable des biens du mari, est tenue de contribuer dans une proportion plus forte aux charges du ménage, ou même de les supporter seule (art. 1537, 1448, C. civ.)!

Nous concluons donc que la séparation de biens ne donne à la femme le pouvoir soit d'aliéner directement, soit d'engager son mobilier, sans autorisation de son mari, que dans la mesure des besoins de son administration. Nulle différence entre l'aliénation et l'engagement. La femme peut se ruiner par l'un comme par l'autre; par suite, elle n'est libre que pour administrer. Administrer, c'est conserver; aliéner, c'est perdre ou s'exposer à perdre.

Il s'est élevé récemment une question fort délicate à l'occasion des pouvoirs de la femme séparée de biens. A-t-elle le droit de convertir des titres nominatifs en titres au porteur sans l'autorisation de son mari?

Les arrêts, encore peu nombreux, il est vrai, qui se sont prononcés sur cette question, ont décidé l'affirmative (1). Ils se sont fondés sur ce que la conversion n'est pas une aliénation et rentre, par conséquent, dans la classe des actes d'administration permis à la femme séparée.

C'est là une doctrine qui nous paraît absolument contraire à la nature des choses, et qui conduit dans la pratique aux résultats les plus dangereux. Elle est contraire à la nature des choses, car, si la conversion d'un titre nominatif en un titre au porteur n'est pas une véritable aliénation dans le sens théorique et philosophique du mot, parce que le titre ne passe pas d'un patrimoine dans un autre, il est certain cependant qu'elle altère la valeur mobilière dans ses qualités premières et essentielles, qu'elle en change la nature et par suite qu'elle constitue plus qu'un acte de simple administration; elle est tout au moins un acte de disposition; la femme dispose du titre pour le dénaturer. En outre, la conversion d'un titre nominatif en titre au porteur n'a jamais lieu dans la pratique que pour arriver à une aliénation du titre; le propriétaire d'une valeur nominative ne la convertit en une valeur au porteur que pour se procurer un objet d'une réalisation plus facile; l'opération ne peut avoir d'autre but. C'est donc, qu'on nous permette de le dire, une pure chicane de mots de prétendre qu'il n'y a pas ici une aliénation; si elle n'existe pas au moment précis de la conversion, parce que celle-ci est faite par le propriétaire pour son propre compte, l'instant suivant ne trouvera plus le titre dans le même patrimoine, il sera passé dans un autre. La femme séparée pourrait donc

(1) Paris, 12 juillet 1869 (Dall., 1870, 2, 20); Cass, rej., 8 février 1870 (Dall., 1870, 1, 336). — La Cour de cassation (ch. civ.) a décidé de même, par un arrêt du 4 août 1873, que le tuteur peut, sans autorisation du conseil de famille, convertir les valeurs nominatives du mineur en valeurs au porteur.

remplacer par ce moyen, de sa seule initiative, des valeurs qui reposent sur sa tête, et dont elle ne peut se démunir qu'au moyen du transfert, en des valeurs absolument différentes pouvant se transmettre de la main à la main et que l'article 2279 du Code civil ne permet plus de revendiquer, dès qu'elles ont été acquises par un possesseur de bonne foi ! Evidemment elle trouve dans la jurisprudence, qui lui permet d'accomplir une telle opération sans le contrôle de son mari, une voie tout ouverte pour se soustraire à la protection quelquefois gênante que la loi lui impose dans l'intérêt de la famille. C'est à ce point de vue que les arrêts dont nous parlons nous semblent conduire à des conséquences absolument subversives des intentions du législateur et à des résultats pratiques pleins de périls. Aussi croyons-nous qu'un texte législatif ne tardera pas à devenir nécessaire pour arrêter les abus qu'une pareille jurisprudence, si elle persiste, ne peut manquer d'engendrer.

C'est aux tribunaux à rechercher et à décider si l'obligation contractée par la femme séparée, sans autorisation de son mari, rentre dans les limites de l'administration où s'en écarte.

Il importe d'examiner brièvement quelques hypothèses importantes, dans lesquelles s'agite encore la question de savoir si l'autorisation est ou n'est pas exigée pour la femme séparée.

Peut-elle sans autorisation faire le partage amiable d'une succession mobilière ? Ce point est douteux, parce que le partage n'est pas un simple acte d'administration et que le mari a le plus grand intérêt à le surveiller. L'affirmative a pu cependant être enseignée à une époque où on admettait pour la femme séparée le droit absolu de disposer de son mobilier. M. Troplong (1), qui res-

____

(1) *Contrat de mariage,* n° 1421.

treint le droit d'aliéner dans la mesure de l'administration, croit néanmoins que la femme peut faire seule le partage, parce qu'il est déclaratif de ses droits, et qu'il a seulement pour résultat de fixer sa part dans une chose commune. Il lui paraît difficile qu'on puisse le ranger dans la classe des actes d'aliénation défendus à la femme.

Quant à nous, il nous semble que dès l'instant où on décide que la femme ne peut aliéner son mobilier que dans la mesure des besoins de l'administration, on ne saurait lui reconnaître le droit de faire sans autorisation le partage d'une succession mobilière qui n'est pas un acte de cette nature. C'est là le point de vue auquel il faut s'attacher. Si, par une fiction de la loi, le partage n'est que déclaratif des droits de la femme, il n'en est pas moins certain que, dans un partage amiable, la femme peut être amenée à faire des concessions fâcheuses, à accepter dans son lot de mauvaises créances, à reconnaître à ses cohéritiers des avantages qui lèsent ses intérêts et qu'on aurait pu faire réduire ou annuler. A ce point de vue, le partage, en fait, renferme une sorte d'aliénation. C'est pour ce motif qu'à l'égard des mineurs et de leurs tuteurs la loi, ne faisant aucune distinction entre le partage des immeubles et le partage des meubles, a exigé la même autorisation dans l'un et l'autre cas (art. 817, C. civ.). D'autre part, l'article 818, en refusant au mari le droit de provoquer sans le concours de sa femme le partage des objets qui ne tombent pas en communauté, et qui, par conséquent, sont la propriété de la femme, indique bien que le législateur n'a pas considéré le partage comme un acte de pure administration, mais comme un acte touchant à la propriété.

Ajoutons enfin que, la femme ne pouvant pas se passer d'autorisation dans le cas d'un partage judiciaire, il serait contradictoire qu'elle en fût dispensée dans le cas d'un partage amiable qui offre infiniment moins de garantie que le partage en justice.

Le mari est intéressé, au point de vue moral comme au point de vue matériel, à ce que sa femme n'accepte pas de donations à son insu. Les libéralités faites à la femme peuvent avoir une source suspecte ; elles peuvent aussi être subordonnées à des charges compromettantes. Pour cette acceptation, la femme séparée a donc besoin de l'autorisation de son mari. L'article 934 du Code civil est d'ailleurs formel à cet égard et vient confirmer la règle générale de l'article 217. Il en est de même pour l'acceptation d'une succession (art. 217 et 776).

Mais la femme peut-elle, sans autorisation, acquérir à titre onéreux soit des meubles, soit même des immeubles ? Aux termes de l'article 217, la femme, même séparée de biens, ne peut acquérir à titre gratuit ou onéreux sans autorisation. Telle est, ont dit certains auteurs, la règle qu'il faut maintenir dans tous les cas, à moins qu'un autre texte n'y ait dérogé. Or on ne trouve nulle part de dérogation ; l'article 1449 ne dit rien de la faculté d'acquérir, il ne fait exception à l'article 217 que pour la faculté d'aliéner ; donc la femme ne peut acquérir même à titre onéreux, sans autorisation, lors même qu'elle est séparée de biens.

Nous ne saurions admettre cet argument, quelque serré qu'il puisse être, dans sa conclusion absolue. Quant aux meubles d'abord, le droit de libre administration qui appartient à la femme, lui donne évidemment le droit d'en acquérir à titre onéreux sans aucune autorisation. Puisqu'elle peut aliéner ses meubles dans la mesure de l'administration, il faut qu'elle puisse les remplacer par d'autres. On risquerait, en exagérant la portée de l'article 217, de dénaturer l'incapacité de la femme mariée, et de transformer une mesure d'ordre général en une cause grave de perturbation dans la pratique.

Cela posé, et si la femme peut acquérir des meubles, c'est-à-dire des rentes, des créances sur un tiers, des actions plus ou moins aventureuses, serait-il logique de lui refuser la capacité d'employer ses fonds à l'achat d'un immeuble ? On lui reconnaît ce droit pour des économies faites par elle sur ses revenus. Mais si elle peut acquérir un immeuble avec ses économies, elle doit le pouvoir également avec ses capitaux ; car elle a le droit de les placer, de les employer même. La femme, remarquons-le bien, n'est pas un administrateur pour autrui, c'est sa propre fortune qu'elle administre ; et on s'explique très-bien les pouvoirs plus étendus et plus libres que l'administration a pu recevoir entre ses mains. De ce qu'elle ne peut convertir ses immeubles en valeurs mobilières sans autorisation, il ne serait pas logique de conclure qu'il lui faut aussi réciproquement une autorisation pour convertir ses capitaux en immeubles ; ce serait là méconnaître la prédilection toute spéciale, et même trop exclusive, des rédacteurs du Code civil pour les immeubles.

Enfin, il faut concilier la règle de l'article 217, qui dispose que la femme, même séparée de biens, ne peut pas acquérir à titre onéreux, et la règle de l'article 1449, qui permet à la femme séparée d'administrer librement son patrimoine et de disposer de son mobilier. Il nous semble que c'est dans le caractère prédominant de l'acte, dans son intention et dans son but principal, que nous pouvons trouver cette conciliation. Toutes les fois que l'acquisition à titre onéreux constituera un acte de sérieuse et loyale administration, nous la déclarerons valable. Nous exigerons, au contraire, l'autorisation du mari ou de la justice pour les actes de spéculation. Par exemple, la femme a entre les mains un capital dont elle peut faire le placement ; elle achète un immeuble ; nous maintiendrons cet acte qui constitue un emploi normal de la fortune de la femme. Si, au contraire, n'ayant pas de capitaux disponibles, elle vend un immeuble d'un rapport fixe et certain pour acheter des terrains et spéculer sur leur revente ou sur la revente des constructions qu'elle-même y aura faites, nous dirons alors qu'elle *n'administre* plus, quel que soit le sens étendu qu'on donne à ce mot, elle spécule ; elle devra dès lors être munie d'une autorisation préalable.

C'est ainsi que nous ne reconnaissons pas à la femme le droit de placer ses capitaux à rente viagère, parce que c'est là une spéculation. Le contrat de rente viagère renferme une aliénation ; c'est la vente d'un capital moyennant une rente. Or, il pourrait se faire qu'elle aliénât un capital sûrement placé, au profit d'un tiers peu solvable, et qui lui fera inexactement ou qui ne lui fera pas du tout le service de la rente.

On s'est demandé si la femme séparée de biens peut former une surenchère sans y être autorisée par son mari. — Il faut faire une distinction. Si la surenchère est formée sur le prix d'un immeuble frappé de l'hypothèque légale de la femme, et qu'elle tende à assurer le recouvrement de la dot, elle doit être validée ; car le jugement de séparation de biens habilite suffisamment la femme pour tous les actes qui sont faits en exécution de ce jugement. Il importe peu que l'immeuble ait été vendu par le mari ou par un acquéreur de ce dernier (1).

Mais, quand il ne s'agit point pour la femme d'exécuter le jugement de séparation de biens, il ne peut lui appartenir de former une surenchère sans être autorisée ; car un acte de surenchère n'est pas un acte de pure administration, il renferme de la part du surenchérisseur un engagement qui n'est pas sans gravité.

Quels sont les pouvoirs de la femme séparée de biens quant aux obligations personnelles qu'elle veut contrac-

(1) Cass., 29 mars 1853 (Dall., 1853, 1, 103) cassant un arrêt contraire de la Cour de Grenoble du 30 août 1850.

ter? La femme, pour tous les actes nécessaires à son administration, peut valablement, sans autorisation de son mari ni de justice, contracter des obligations personnelles, et ces obligations sont exécutoires sur tous ses biens présents ou futurs, corporels ou incorporels, mobiliers ou immobiliers. On l'a contesté en disant que la femme, étant déclarée incapable d'aliéner ses immeubles par l'article 1449, ne doit pas pouvoir contracter des engagements exécutoires sur cette catégorie de biens. Il est facile de répondre que la femme peut administrer sa fortune avec indépendance et sans recourir à aucune autorisation, et que, par conséquent, toute obligation qu'elle contracte dans cette limite est valable. Or, aux termes de l'article 2092, quiconque s'est valablement engagé est tenu de cet engagement sur tous ses biens. Donc, le créancier de la femme doit avoir ici pour gage tous les biens de sa débitrice.

Mais faut-il aller plus loin et permettre à la femme d'hypothéquer ses immeubles par une convention expresse et spéciale pour la garantie des obligations par elle contractées en vue de son administration ? Nous n'hésitons pas à répondre négativement, parce que la capacité de constituer une hypothèque est toute spéciale, et qu'il faut pouvoir non pas seulement s'obliger personnellement, mais aussi aliéner l'immeuble qu'il s'agit d'y soumettre (art. 2124). Autre chose est d'administrer et de contracter à cet effet de simples engagements, autre chose est d'hypothéquer ; c'est là toujours un acte trèsgrave, qui altère le crédit du débiteur, et à l'égard duquel il importe de maintenir la protection réservée aux incapables.

Si la femme s'est obligée pour une cause étrangère à l'administration, il est bien entendu que les créanciers n'auront pas le droit de faire exécuter ces obligations sur les biens immobiliers de la femme, puisque nous avons établi qu'en pareil cas ils n'auraient même pas action sur les meubles.

Il nous reste à examiner quels sont les pouvoirs de la femme séparée de biens relativement aux instances judiciaires.

La femme, quoique séparée de biens, ne peut ester en justice sans l'autorisation de son mari ; telle est la règle nettement posée par l'article 215 du Code civil. La femme séparée de biens n'est point admise sans autorisation à plaider, soit comme demanderesse, soit comme défenderesse, ni relativement à ses immeubles, ni même relativement à ses meubles.

Cette situation n'est pas sans présenter de graves inconvénients en ce qu'elle oblige la femme à recourir, même pour les procès les plus minimes, à l'autorisation de son mari ou à celle de justice. Mais la règle de l'article 215 est absolue et ne souffre aucune dérogation.

Voici, en effet, comment s'exprimait Portalis dans l'exposé des motifs du titre du mariage : « La femme ne peut ester en jugement sans autorisation de son mari. *Il n'y a d'exception à cette règle que lorsque la femme est poursuivie criminellement ou pour fait de police.* Alors l'autorité du mari disparaît devant celle de la loi, et la nécessité de la défense naturelle dispense la femme de toute formalité. »

Lors donc qu'une femme est demanderesse, le tiers assigné peut la faire déclarer immédiatement non recevable, si elle n'est pas munie de l'autorisation exigée par la loi. Si la femme est défenderesse, le demandeur doit mettre en cause son mari avec elle.

Mais si l'autorisation est exigée de la femme qui veut plaider, elle ne l'est pas pour les actes conservatoires ; par exemple, pour la transcription de l'acte de mariage (art. 171) ou d'une donation entre-vifs (art. 940), ou pour l'inscription d'une hypothèque. Ce n'est pas là ester en justice, c'est pourvoir à la conservation de son droit.

Nous ne pensons pas que la femme puisse se dispenser d'une autorisation même dans le cas où l'action exercée par elle ou contre elle se réfère à un acte rentrant dans les limites de son droit de libre administration. En vain objecterait-on que la liberté d'agir emporte le droit et l'obligation de répondre de ses actes, et que la loi, permettant à la femme séparée de biens d'administrer ses propres affaires, la soustrait pour ces actes à l'autorité de son mari. Nous répondrions que, quand la loi rend la libre administration de sa fortune à la femme, elle la dispense expressément de l'autorisation de son mari pour les actes relatifs à cette administration. Mais la loi n'a nullement dispensé de cette formalité la femme séparée de biens qui veut ester en justice ; et on ne saurait suppléer à son silence, en présence surtout des paroles si impératives de Portalis que nous avons citées plus haut. De plus, autre chose est d'administrer, autre chose est de soutenir un procès, même relativement à un acte d'administration. Il n'est donc pas étonnant que le législateur ait établi une distinction entre ces deux faits, et qu'il ait entouré de plus de garanties celui qui a paru le plus grave.

La règle posée par l'article 215 souffre une seule exception que nous trouvons écrite dans l'article 216, ainsi conçu : « L'autorisation du mari n'est pas nécessaire lorsque la femme est poursuivie en matière criminelle ou de police. »

Ainsi devant les tribunaux de répression la femme, qui ne peut agir sans autorisation devant un tribunal civil, peut résister seule à une action dirigée contre elle ; mais elle ne peut seule intenter une action même de cette nature. Telle est la distinction et la portée de l'exception établie par l'article 216, qui doit d'ailleurs être étendu à toute action dérivant d'une infraction quelconque, que cette infraction constitue une contravention, un délit ou un crime.

On a toutefois mis en question le point de savoir si l'article 216 est applicable, quelle que soit d'ailleurs la personne qui intente l'action. Tout le monde est d'accord pour reconnaître que si l'action est mise en mouvement par le ministère public, aucune autorisation ne saurait être exigée ; il faut laisser alors à la poursuite toute sa liberté, et à la défense tous ses droits. Mais il peut arriver que la femme soit mise en cause par une partie civile ; il y a alors plusieurs cas à prévoir, suivant que la partie civile agit conformément à l'article 3 du Code d'instruction criminelle, en même temps et devant les mêmes juges que le ministère public, et suivant qu'elle agit seule et directement dans les termes des articles 145 et 182 du même Code, suivant enfin qu'elle intente son action devant les tribunaux civils.

Dans cette dernière hypothèse, si la femme est poursuivie par la partie civile devant un tribunal civil, elle doit certainement demander une autorisation. On est alors, en effet, dans les termes de l'article 215 ; l'action intentée est une action purement civile, fondée sur un dommage causé et sur l'article 1382 ; l'action n'a aucun caractère de criminalité, puisqu'elle est portée devant un tribunal qui serait incompétent pour prononcer à ce point de vue.

Si la partie civile agit en même temps et devant les mêmes juges que le ministère public (art. 3 et 359, C. inst. crim.), tout le monde admet encore qu'aucune autorisation n'est nécessaire à la femme poursuivie ; l'action de la partie civile n'est alors en effet que l'accessoire et le complément de l'action publique. Or, pour l'action publique aucune autorisation n'étant imposée à la femme, il faut appliquer ici la maxime : « *Accessorium sequitur sortem rei principalis,* »

Mais, si la partie civile agit seule et directement devant les tribunaux de répression, comme elle en a le droit en vertu des articles 145 et 182 du Code d'instruction criminelle, alors la question devient douteuse de savoir si la femme doit être munie d'une autorisation.

Certains auteurs (1) soutiennent l'affirmative en s'appuyant sur les trois considérations suivantes : 1° l'article 216 contient une disposition exceptionnelle qui doit être restreinte à ses termes rigoureux ; 2° rien n'empêche la partie lésée de mettre en cause le mari ; aucun retard pouvant lui être préjudiciable n'est ici à craindre ; 3° le mari peut avoir en fait le plus grand intérêt à être prévenu, car il proposera peut-être une transaction qui évitera à sa femme le déshonneur d'être traduite devant les tribunaux répressifs.

Il nous semble, au contraire, qu'aucune autorisation ne doit être ici exigée. L'article 216, d'abord, dispose formellement que l'autorisation du mari n'est pas nécessaire, lorsque la femme est poursuivie en matière criminelle ou de police ; or, dans le cas même où c'est la partie civile qui met directement en mouvement l'action devant le tribunal de répression, la femme est réellement poursuivie en matière criminelle ou de police ; l'article 216 est donc parfaitement applicable. Les motifs, qui ont présidé à la rédaction de l'article 216, peuvent être aussi invoqués à l'appui de notre opinion ; l'intention du législateur a été de dégager le droit de défense de toute entrave en présence des poursuites qui entachent l'honneur ou qui attaquent la probité. Cette intention ressort avec la dernière évidence de ces paroles prononcées par Portalis : « L'autorité du mari disparaît alors devant celle de la loi, et la nécessité de la défense naturelle dispense la femme de toute formalité. » Or, ces raisons trouvent leur application, quelle que soit

(1) Aubry et Rau, iv, § 472, note 14, p. 124.

d'ailleurs la personne qui intente l'action devant les tribunaux de répression.

SECTION II

De la capacité de la femme séparée de biens, qui était mariée sous le régime dotal.

La séparation de biens peut être prononcée, ainsi que nous l'avons dit, au profit de la femme même mariée sous le régime dotal (art. 1563). Nous allons rechercher quelle est alors la condition des biens de la femme considérés en eux-mêmes, et quels pouvoirs lui donne sur eux la séparation de biens.

La division des biens, en biens dotaux d'une part et biens paraphernaux de l'autre, continue certainement de subsister. L'administration des biens dotaux est seulement rendue à la femme. Mais le principe de l'inaliénabilité de la dot est-il maintenu dans son intégrité, après comme avant la séparation de biens, de telle sorte que la dot revenue dans les mains de la femme soit encore indisponible comme elle l'était entre les mains du mari ?

Telle est la question capitale qui, dans les premières années qui suivirent la promulgation du Code, avait fait naître de vives dissidences.

Ces controverses ont aujourd'hui cessé, grâce à la jurisprudence constante de la Cour de cassation. Cette Cour, en effet, dès l'année 1819, décida que la séparation de biens ne changeait pas le caractère de la dot ; qu'ainsi lorsqu'elle était inaliénable avant la séparation, elle devait l'être également après ; et depuis, elle s'est toujours prononcée dans le même sens (1). La grande

(1) Req., 29 juillet 1862 (Sirey, 1863, I, 413); Rej., 13 déc. 1863, et Cass., 12 mars 1866 (Dall., 1866, I, 19 et 178).

majorité des auteurs s'est ralliée à cette jurisprudence, qui nous paraît, en effet, très-conforme aux principes.

La stabilité des conventions matrimoniales est toujours dans le vœu de la loi, et ne doit céder qu'en présence des plus impérieuses considérations. La séparation de biens constitue, il est vrai, un de ces événements malheureux qui amènent inévitablement quelques changements dans les conventions matrimoniales; mais ces changements doivent être aussi légers que possible et restreints dans la mesure nécessaire pour atteindre le but que s'est proposé le législateur. Or, quel est le but de la séparation de biens ? C'est de rendre à la femme l'exercice des droits que le contrat de mariage conférait au mari sur sa dot. Pourquoi donc aller au-delà de ce but ? Pourquoi la femme, souvent peu au courant des affaires, acquerrait-elle par l'effet de la séparation un droit de disposition sur ses biens plus étendu que ne l'avait le mari avant cette même séparation? Pourquoi les précautions salutaires servant à la conservation de la dot disparaîtraient-elles précisément au moment où l'isolement de la femme rendrait la perte de cette dot plus probable? Peut-on supposer chez le législateur une telle imprévoyance ?

L'objection principale formulée à l'appui de la doctrine contraire était tirée de l'article 1563, placé au chapitre du régime dotal, qui dit que, si la dot est mise en péril, la femme peut *poursuivre* la séparation de biens de la même manière que la femme commune, ainsi qu'il est dit aux articles 1443 et suivants, en y comprenant l'article 1449 qui dispose que la femme peut aliéner ses immeubles avec le consentement de son mari, ou, à son refus, avec l'autorisation de justice. — Mais l'article 1563 ne renvoie pas spécialement à l'article 1449, et de ce que la femme dotale doit *poursuivre* la séparation de biens de la même manière que la femme commune, il n'en résulte nullement qu'après la séparation prononcée, la capacité de l'une et de l'autre soit nécessairement la même.

Nous concluons donc que l'immeuble dotal reste toujours inaliénable, après la séparation de biens il devient seulement prescriptible (art. 1561-2°), et que la seule modification apportée par la séparation de biens au régime dotal est de faire passer l'administration et la jouissance de l'immeuble dotal des mains du mari dans celles de la femme.

La jurisprudence déclarant la dot mobilière aussi inaliénable, au regard de la femme, que la dot immobilière en vertu des principes du régime dotal, il faut décider que cette inaliénabilité persiste également après la séparation de biens prononcée. Ainsi la femme même séparée ne pourra pas renoncer à ses reprises dotales, ni transiger sur ses droits, ni consentir des subrogations hypothécaires ou des cessions. — La femme n'acquiert sur la dot après la séparation de biens que les pouvoirs possédés par le mari lui-même avant cette séparation.

Ce principe posé, recherchous si l'inaliénabilité de la dot s'étend aux revenus et aux fruits de cette dot, de telle sorte que la femme ne puisse pas en disposer librement et qu'ils soient insaisissables.

La solution ne peut être douteuse quand il s'agit de revenus échus. Ces revenus destinés à subvenir aux charges du mariage sont nécessairement disponibles entre les mains de la femme, comme ils l'étaient entre les mains du mari.

Quant aux revenus non encore échus, il est généralement reconnu qu'ils ne peuvent pas, même après la séparation de biens, être en totalité le gage des créanciers de la femme pour des obligations par elle contractées antérieurement à la séparation.

Mais la question devient très-délicate et donne lieu à

de vives controverses, lorsqu'on ce demande si ces revenus ne sont pas susceptibles d'être saisis en partie par les créanciers antérieurs à la séparation, lorsque d'ailleurs ils présentent un excédant sur les besoins du ménage.

L'affirmative a été soutenue (1) au moyen de l'argumentation suivante : l'excédant des revenus sur les besoins de la famille, disponible entre les mains du mari tant qu'il conserve la jouissance de ces revenus, devient également disponible entre celles de la femme, après la séparation de biens, et dès lors rien ne s'oppose à ce que cette dernière puisse, même avant la séparation de biens, engager cet excédant. En outre, cet excédant peut être dissipé par la femme en objets de luxe, en frivolités, tandis qu'il pourrait servir à payer des dettes sérieuses et contractées de bonne foi. Enfin, on objecterait vainement que la femme n'a pu engager des fruits qui appartenaient au mari, car l'action des créanciers, en ne se produisant qu'après la séparation de biens, s'exerce sur des fruits dont la femme a désormais la propriété.

Malgré cette argumentation spécieuse, nous croyons que c'est avec raison que la majorité des auteurs (2) et des arrêts (3) s'est prononcée pour la négative et a décidé qu'aucune portion des revenus de la femme ne peut servir de gage aux créanciers antérieurs à la séparation de biens. L'argumentation des partisans de l'affirmative nous paraît porter complétement à faux, en ce qu'elle ne tient aucun compte des règles spéciales du régime dotal, dont l'objet essentiel est de faire retrouver

(1) Troplong, iv, 3302 à 3309; Marcadé sur l'art. 1554, n° 4; Paris, 15 juillet 1856 (Sirey, 1857, 2, 433).
(2) Rodière et Pont, iii, n° 1765; Aubry et Rau, iv, p. 510, note 15.
(3) Douai, 27 juillet 1853 (Sirey, 1854, 2, 181); Cass., 28 juin 1859 (Dall., 1859, 1, 247); Cass. (ch. réun.), 7 juin 1864 (Dall., 1864, 1, 201); Agen, 1er fév. 1870 (Sirey, 1870, 2, 311).

à la femme sa dot franche et libre de tout engagement antérieur, au moment de la séparation de biens.

De plus, et au point de vue moral, il ne faut pas que la femme, par des obligations inconsidérées qu'elle aurait souscrites de concert avec son mari et le plus souvent par condescendance pour ce dernier, puisse se réduire d'avance au strict nécessaire pour le reste de ses jours. Les revenus sont, comme la dot, quelle que soit leur quotité, destinés à supporter les charges du ménage et il n'est pas plus permis d'en soustraire une partie à cette destination spéciale, sous prétexte qu'ils excèdent les besoins rigoureux de la famille, qu'il ne serait permis de saisir sous un semblable prétexte, une partie de la dot elle-même.

Enfin, et c'est là, selon nous, un motif décisif en faveur de notre doctrine, la femme n'avait pas, avant la séparation de biens, le droit d'engager les revenus qui devaient être la propriété du mari, et les créanciers de la femme n'ont jamais dû compter avoir pour gage des revenus qui ne sont devenus la propriété de leur débitrice que par suite d'un événement ultérieur et qu'ils ne pouvaient prévoir au moment où ils contractaient.

Lorsque la séparation de biens a été prononcée, la femme peut-elle disposer librement de la totalité des revenus de sa dot ? Cette question a donné lieu aux mêmes discussions que la précédente, et la jurisprudence (1), après de nombreuses variations, paraît s'être arrêtée à la distinction suivante : les revenus de la dot peuvent être saisis seulement pour ce qui excède les besoins de la famille, quand il s'agit d'obligations contractées par la femme depuis la séparation de biens dans les limites de son droit d'administration ; mais tout ce qui est nécessaire à l'entretien du ménage échappe à l'action des

(1) Cass., 4 nov. 1846 (Dall., 1847, 1, 174).

créanciers. Tel est le système auquel s'est ralliée la majorité des auteurs et qui nous paraît, en effet, le plus exact. Les revenus de la dot sont, comme celle-ci, destinés avant tout aux besoins de la famille ; par conséquent, l'aliénabilité, qui tient à leur nature, doit être restreinte de manière à ne pas porter atteinte à leur destination naturelle et légale. Pour tout ce qui dépasse cette limite, la femme doit pouvoir en disposer selon les nécessités de son administration ; car, afin d'utiliser les revenus, il faut le plus souvent les aliéner. Mais aller au delà et permettre à la femme, après la séparation de biens, de disposer de la totalité des revenus dotaux, ce serait enlever à la famille une ressource sur laquelle elle a toujours le droit de compter.

Ce sont les tribunaux qui fixent, en tenant compte des circonstances, des habitudes de vie et des conditions de fortune, le chiffre du revenu nécessaire à l'entretien du ménage. Ainsi, si la femme a fait des réparations utiles ou des améliorations qu'elle n'a pas payées, non-seulement le créancier ne peut avoir d'action que jusqu'à concurrence de la plus-value, mais encore il ne peut saisir les fruits annuels que déduction faite de la somme indispensable pour les aliments de la femme et de la famille.

La femme dotale recouvre, après la séparation de biens, le droit d'aliéner, sans l'autorisation de son mari, la portion des revenus dotaux qui n'est pas nécessaire au ménage, pourvu qu'elle reste dans la mesure de son administration.

Elle peut de même, puisqu'elle reprend la jouissance et l'administration de sa dot, interrompre les prescriptions, faire courir les intérêts, recevoir le remboursement de ses reprises ou le paiement de ses capitaux dotaux, et en donner quittance.

Mais on s'est demandé si la femme dotale séparée de biens ne devrait pas, tout au moins, faire emploi des

capitaux qu'elle reçoit, et si les débiteurs qui se libèrent
entre ses mains ne pourraient pas exiger d'elle l'accomplissement préalable de cette condition.

Il faut d'abord écarter l'hypothèse où la condition
d'emploi ou de remploi a été imposée au mari par le contrat de mariage. En pareil cas, il n'est pas douteux que
la femme, à qui la séparation n'a fait que transporter les
pouvoirs du mari, les prend avec toutes les restrictions
qui y étaient attachées. Elle doit exécuter cette clause
d'emploi introduite dans l'intérêt de la famille entière.
On objecterait en vain que la condition d'emploi ou de
remploi a été stipulée dans le contrat de mariage comme
une mesure de précaution prise contre le mari, comme
une garantie donnée à la femme contre lui, et que la
femme, investie de l'administration de la dot, n'a pas à
prendre de précaution contre elle-même. Il suffit de répondre que les stipulations du contrat de mariage à cet
égard n'avaient pas été arrêtées en vue seulement de
l'intérêt de la femme, mais bien en vue de l'intérêt de la
famille entière, dont la dot est destinée à satisfaire les
besoins. — Ajoutons que les débiteurs de la dot, à l'é-
gard desquels le contrat de mariage est la loi aussi bien
qu'à l'égard des époux, ont le droit et même le devoir de
veiller à l'accomplissement de la clause d'emploi ou de
remploi.

Toutefois, si la condition d'emploi, au lieu d'être prescrite par le contrat de mariage, avait été imposée au
mari dans une donation ou dans un testament, comme
charge de la libéralité, elle ne pourrait enchaîner les
tiers, qui ne sauraient non plus s'en prévaloir; car,
dans cette hypothèse, la condition d'emploi ne fait plus
partie intégrante du statut matrimonial; c'est simplement une précaution prise pour les époux dans leurs
rapports mutuels.

Lorsque la condition d'emploi n'a pas été imposée au

mari par le contrat de mariage, la femme dotale séparée de biens est-elle néanmoins soumise à cette condition pour pouvoir toucher les capitaux de sa dot?

Le droit romain ne l'exigeait pas; il disposait seulement que la femme séparée ne pourrait pas aliéner sa dot, et qu'elle serait tenue d'en consacrer les revenus aux besoins de la famille. Mais notre ancienne jurisprudence crut devoir prescrire certaines précautions pour assurer la conservation de la dot après la séparation de biens. Elle décida donc que la femme séparée ne pourrait toucher le capital de sa dot que moyennant emploi ou bail de caution. Ce principe prévalut dans tous les pays de droit écrit où la dot était déclarée inaliénable.

Sous l'empire de la législation nouvelle la question est controversée.

Les partisans de la doctrine professée dans notre ancienne jurisprudence raisonnent ainsi : Les droits du mari sur la dot ne doivent pas être la mesure de ceux de la femme séparée. La femme a contre son mari, pour la restitution des sommes qu'il a touchées, non-seulement une action personnelle, mais aussi une hypothèque légale. Or, ces garanties de conservation de la dot disparaissent complétement quand c'est la femme séparée de biens qui reçoit elle-même ses capitaux. Par conséquent, il faut remplacer par d'autres ces garanties qui viennent à faire défaut. Le seul moyen de pourvoir à l'inaliénabilité de la dot, c'est de soumettre la femme, comme le faisait notre ancienne jurisprudence, à certaines précautions, autrement le vœu de la loi serait trompé (1).

La grande majorité des arrêts (2) a repoussé avec

(1) Tessier, 1, n° 850, p. 318 et suiv.; Bénech, p. 320 et suiv.; Agen, 9 fév. 1849 (Dall., 1849, 2, 89).

(2) Limoges, 6 déc. 1848 (Dall., 1848, 2, 181); Agen, 2 janv. 1852 (Dall., 1852, 5, 497); Paris, 14 janv. 1850 (Dall., 1850, 2, 141);

grande raison, selon nous, cette doctrine rigoureuse, et
a décidé que, si aucune condition d'emploi n'a été insérée dans le contrat de mariage, la femme dotale séparée
de biens peut toucher ses capitaux sans justifier d'un
emploi préalable.

Aux termes des articles 1549 et 1550, en effet, le mari
ne serait pas obligé, en l'absence de toute clause dans
le contrat de mariage, de présenter un emploi régulier
pour pouvoir toucher le capital de la dot. Or, la femme,
ainsi que l'avons établi comme principe, est entièrement
mise à la place du mari et investie des mêmes pouvoirs
que lui en vertu du jugement qui a prononcé la séparation. Donc, elle ne doit pas être obligée plus que
lui de fournir un emploi. Cette précaution serait d'ailleurs inutile ; car, aux termes de l'article 1553, l'immeuble acquis des deniers dotaux n'est pas lui-même
dotal, si la condition d'emploi n'a pas été stipulée par le
contrat de mariage. Dès lors, la femme, après avoir
justifié d'un emploi, pourrait vendre librement l'immeuble servant d'emploi, puisqu'il n'est pas dotal, et en
dissiper le prix. Enfin soumettre la femme à fournir
caution, ce serait en quelque sorte lui refuser le droit
de recevoir sa dot mobilière ; car elle rencontrerait diffi-
cilement une personne disposée à assumer une pareille
responsabilité.

Toutefois nous apportons à cette doctrine un double
tempérament. Dabord nous pensons que, dans le cas
même où le mari avait la faculté de recevoir la dot sans
emploi, les juges peuvent, en prononçant la séparation,
imposer l'emploi à la femme, s'ils estiment cette précaution utile. Peut-être, en effet, l'emploi n'avait-il pas été
imposé au mari, parce qu'il possédait largement de quoi
répondre de la dot, ou qu'il paraissait lors du mariage

Cass., 21 mai 1807 (Dall., 1807, 1, 207); Cass., 26 juillet 1869 (Sirey,
1870, 1, 17); — Conf., Rodière et Pont, iii, n° 2108.

présenter toute la capacité nécessaire pour la bien administrer. Mais, la séparation de biens faisant évanouir
après son exécution la sûreté que donnait l'hypothèque
légale de la femme sur les biens du mari, il nous semble
que la justice doit pouvoir prescrire d'autres mesures
pour assurer la conservation de la dot, but essentiel du
régime dotal. Ce que nous n'admettons pas, c'est que
ces garanties soient de plein droit imposées à la femme
dans tous les cas de séparation de biens. Lorsque ces
mesures ont été ordonnées par la justice, elles sont incontestablement obligatoires pour la femme. Elles le
sont aussi pour les tiers qui sont toujours présumés en
avoir eu connaissance ; car la prudence leur commande
d'exiger la communication du jugement de séparation
de biens pour connaître d'une manière précise la capacité de la femme.

En second lieu, nous admettons encore que les juges
pourraient, sur la demande du mari, mais du mari seul,
imposer à la femme dotale séparée de biens, par un jugement postérieur, la condition d'emploi que ne contenait pas le contrat de mariage. Il s'agit, en effet, ici des
intérêts de la famille entière dont le mari reste toujours
le gardien, et il ne serait pas juste que l'oubli qu'il aurait commis de ne pas demander que sa femme fût soumise à la condition d'emploi par le jugement de séparation de biens, pût devenir une cause de ruine pour la
famille.

Mais, dans ce dernier cas, pour que l'obligation d'emploi puisse lier les tiers, il faut évidemment qu'elle leur
soit révélée par quelque notification directe ; ils ne sauraient être présumés la connaître, puisque le jugement
de séparation est le seul document dont ils peuvent et
doivent exiger la communication.

Sous le régime dotal, comme sous le régime de communauté, la femme séparée de biens ne peut aliéner ses

immeubles sans l'autorisation du mari ou de justice (art. 1449), en supposant, bien entendu, que l'aliénation en a été permise par le contrat de mariage, puisqu'en principe les immeubles dotaux sont inaliénables après comme avant la séparation de biens.

Il est clair, toutefois, que le principe de l'inaliénabilité ne peut être invoqué quand il s'agit du paiement des frais de l'instance en séparation. Ce sont là des dépenses nécessaires destinées à assurer l'avenir de la famille, ainsi que la conservation de la dot, et rentrant par conséquent dans les cas exceptionnels prévus par l'article 1558. Nous supposons d'ailleurs que la femme n'a pas de biens paraphernaux, ni d'autres ressources susceptibles de faire face au paiement des dépens, et que, de son côté, le mari, véritable débiteur de ces dépens, ne possède pas d'immeubles, sur le prix desquels les frais de l'instance devraient être prélevés, au rang de l'hypothèque légale de la femme.

En dehors de l'hypothèse dont nous venons de nous occuper, la séparation de biens laisse, comme nous l'avons dit, complétement intact le principe de l'inaliénabilité de la dot. La femme a donc le droit de demander la nullité des aliénations de ses immeubles dotaux (art. 1560).

Mais la femme peut-elle, au lieu d'exercer cette action en nullité et en revendication de ses immeubles dotaux illégalement aliénés, invoquer le bénéfice de son hypothèque légale, aux termes de l'article 2121, et requérir collocation dans l'ordre ouvert sur les biens de son mari jusqu'à concurrence du prix de l'immeuble dotal vendu ?

Cette grave question, qui est vivement débattue, ne se présente pas seulement dans le cas de séparation de biens, elle intéresse également la femme dotale non séparée, et c'est le plus souvent à un point de vue géné-

ral que les controverses se sont engagées dans la jurisprudence et parmi les auteurs. L'examen d'une pareille
difficulté ne rentre donc pas nécessairement dans le
cadre de notre sujet, et nous ne pouvons qu'indiquer
son existence et la solution qui nous paraît devoir être
admise.

Un premier système refuse à la femme l'exercice de
son droit hypothécaire, en se fondant à la fois sur les
textes et sur les principes. D'abord on invoque l'article 1554, ainsi conçu : « Les immeubles constitués en
dot ne peuvent être aliénés ou hypothéqués pendant le
mariage, ni par le mari, ni par la femme, ni par les deux
conjointement, sauf les exceptions qui suivent. » — On
invoque, en second lieu, l'article 1560 qui dispose que,
si contrairement à la prohibition de la loi un immeuble
dotal a été aliéné, l'action en révocation est ouverte en
faveur de la femme et du mari. Or, dit-on, aucun autre
texte au titre du régime dotal n'accorde à la femme l'action hypothécaire concurremment avec l'action révocatoire; donc cette dernière est seule ouverte.

Les principes s'opposent, en outre, continuent les partisans de cette doctrine, à ce que la femme dotale séparée
puisse avoir un autre droit que l'action en nullité de
l'aliénation. Il est vrai que les articles 2121, 2135
et 2195 accordent d'une manière générale un droit
d'hypothèque légale sur les biens de son mari à la femme
mariée sous quelque régime que ce soit, par conséquent
à la femme dotale comme à toute autre. Mais ce droit
d'hypothèque légale, dont l'exercice est permis à la
femme par les articles 2121 et suivants, n'a pour objet
que la conservation spéciale de la dot mobilière, le recouvrement des sommes dotales; car l'article 2135 fixe
la date de l'hypothèque pour la vente d'un propre au
jour de l'aliénation seulement, et, s'il avait voulu donner
une hypothèque à la femme pour le prix de l'immeuble

dotal aliéné, il aurait aussi fixé la date de cette hypothèque à l'époque de l'aliénation. En ce qui concerne les
immeubles dotaux, la femme est investie d'un droit de
propriété absolue, dont il ne peut lui être permis de se
dessaisir pour réclamer une simple collocation hypothécaire. L'article 1560, en cas d'aliénation des immeubles,
n'accorde en effet limitativement que l'action révocatoire.

Enfin cette solution, ajoute-t-on, est seule conforme
aux exigences de la pratique : l'inaliénabilité, qui est le
caractère distinctif du régime dotal, a pour but, en
effet, de maintenir à la femme la propriété de ses biens
en nature ; parce que ces biens constituent, pour subvenir
aux besoins de la famille, une ressource bien autrement
solide que celle qui résulterait du recouvrement du prix
d'estimation, dont la dissipation est si facile. D'autre
part, si la femme pouvait choisir l'action hypothécaire
et négliger l'action révocatoire, elle dénaturerait son
régime matrimonial et resterait exposée aux fraudes les
plus graves. Est-ce que ces biens ne pourraient pas
être vendus en apparence à vil prix, tandis que le mari,
au moyen de contre-lettres restées secrètes, stipulerait
un prix supérieur et s'enrichirait aux dépens de la
femme ? Grâce à l'action révocatoire, au contraire, elle
atteint directement son immeuble, et elle le reprend
dans son intégrité sans courir aucune chance de perte.

Quelque solidement étayé que soit ce système, nous
pensons, avec la majorité des arrêts de la Cour de cassation et de diverses Cours d'appel (1), que la femme
dotale séparée de biens a le choix entre l'exercice de
l'action en nullité de la vente, en revendication des immeubles dotaux, et l'exercice de son hypothèque légale

(1) Cass., 28 nov. 1838 (Dall., 1839, 1, 20); Cass., 12 août 1830
(Dall., 1830, 1, 310); Cass., 16 nov. 1817 (Dall., 1818, 1, 16); Riom,
6 déc. 1818 (Dall., 1819, 2, 140); Cass., 2 mai 1853 (Dall., 1853,
1, 231).

sur les biens de son mari jusqu'à concurrence du prix de ses immeubles illégalement aliénés. Nous lui accordons en conséquence le droit de demander immédiatement une collocation conditionnelle et éventuelle, en donnant caution pour la restitution du prix touché en vertu de cette collocation, dans le cas où, après la dissolution du mariage, elle viendrait à vouloir exercer l'action révocatoire. Cette solution nous paraît seule conforme à la tradition historique et aux principes posés par le Code civil.

Sous l'empire du droit romain, la femme avait l'option entre l'action en revendication et l'action hypothécaire.

Notre ancienne jurisprudence consacrait aussi en faveur de la femme le droit hypothécaire, concurremment avec l'action en revendication. La collocation n'était pour la femme qu'une garantie de plus, mettant ses droits entièrement à couvert.

Le Code civil est resté fidèle à ces anciennes traditions ; il a déclaré le fonds dotal inaliénable (art. 1554), et il a donné à la femme une hypothèque légale sur tous les biens de son mari (art. 2121). Puisqu'il y a analogie dans les principes, il doit y avoir aussi analogie dans les résultats ; la collocation met la femme à l'abri des détériorations que le tiers acquéreur peut avoir faites sur l'immeuble dotal ; elle permet aussi à la femme de faire éventuellement face au remboursement auquel cet acquéreur peut avoir droit, à raison des dépenses et des améliorations plus ou moins considérables par lui faites. C'est bien là d'ailleurs ce qui ressort de l'article 2195 *in fine* : « Si les inscriptions, dit ce texte, du chef des femmes, mineurs ou interdits, sont les plus anciennes, l'acquéreur ne pourra faire aucun paiement du prix au préjudice desdites inscriptions. »

Cette interdiction générale faite à l'acquéreur d'un bien du mari d'effectuer aucun paiement du prix au préjudice de l'inscription de la femme, qui doit avoir son terme lorsqu'on remplit à l'égard de cette dernière les formalités à fin de purge de l'hypothèque légale, cette interdiction, disons-nous, vient énergiquement à l'appui du droit hypothécaire de la femme. Si, en effet, l'acquéreur doit ainsi respecter l'existence de cette hypothèque, c'est que la femme peut intenter l'action hypothécaire pour obtenir, à l'encontre des créanciers du mari postérieurs en ordre, la somme qui représente la valeur de son immeuble dotal aliéné.

En vain, pour écarter l'argument que nous tirons des articles 2121, 2135 et 2193, constitutifs de l'hypothèque légale de la femme, prétend-on que ces articles s'appliquent seulement au cas où la femme fait valoir son hypothèque en faveur de sa dot mobilière. Cette objection ne saurait tenir devant la généralité des termes de nos articles, qui accordent aux femmes mariées le bénéfice de l'hypothèque légale « *pour raison de leurs dots et conventions matrimoniales,* » dit l'article 2135, « *pour ses droits,* » dit l'article 2121. Sous ces expressions rentrent évidemment toutes les expectatives quelconques de la femme, soit mobilières, soit immobilières, et se trouve compris le patrimoine immobilier aussi bien que la dot consistant en meubles.

Sans doute les créanciers du mari postérieurs à l'aliénation verront diminuer leur dividende, par suite du concours de la femme; mais ils ne peuvent s'en plaindre, car ils ont accepté le mari pour débiteur en connaissance de cause, et ils ont dû prévoir l'éventualité d'un recours de la part de la femme, puisque la loi lui accorde expressément une hypothèque pour la conservation de ses droits (art. 2121).

Rien ne s'oppose donc à ce que la femme se fasse colloquer provisoirement au rang de son hypothèque légale, pourvu qu'elle donne caution de restituer le montant de cette collocation, si, une fois le mariage dissous, elle préfère intenter l'action en nullité de l'aliénation.

La collocation ne peut être que provisoire quand elle s'opère pendant le mariage, parce que, tant qu'il dure, la dot ne doit pas changer de nature et reste inaliénable. C'est donc au moment de la dissolution du mariage que la femme, qui aura exercé son droit d'hypothèque, aura à considérer si elle doit se contenter de l'allocation qu'elle a reçue ou s'il lui est plus avantageux d'exercer l'action révocatoire.

La dot devant rester immuable tant que dure le mariage, l'immeuble donné par le mari à sa femme, après la séparation de biens et au cours de la liquidation, en paiement de sa dot constituée en argent, n'est pas dotal. L'article 1553 dit, en effet, d'une manière générale : « L'immeuble acquis des deniers dotaux n'est pas dotal, si la condition de l'emploi n'a pas été stipulée par le contrat de mariage. Il en est de même de l'immeuble donné en paiement de la dot constitué en argent. » Cet article est formel et ne distingue pas entre le paiement de la dot effectué par un étranger et le cas où c'est le mari qui la rend ; l'immeuble ainsi acquis par la femme n'est donc pas inaliénable, parce que la dot ne doit subir aucune modification pendant le mariage.

Mais la jurisprudence (1) et beaucoup d'auteurs (2) ont admis à cette doctrine un tempérament qui nous paraît entièrement conforme aux principes. L'immeuble reçu par la femme en paiement de sa dot, quoiqu'il ne soit pas dotal, n'en tient pas moins la place de la dot mobilière, qui était inaliénable. Si on décide d'une manière absolue que la femme pourra aliéner cet immeuble, ne consacrera-t-on pas une infraction au principe

(1) Bordeaux, 14 mai 1857 (Sirey, 1857, 2, 517); Toulouse, 21 février 1860 (Sirey, 1860, 2, 303); Cass., 12 mars 1866 (Sirey, 1866, 1, 159), Grenoble, 4 mars 1868 (Sirey, 1868, 2, 207).
(2) Duranton, xv, n° 430; Aubry et Rau, iv, p. 576.

de l'inaliénabilité de la dot mobilière? C'est pour remédier à cet inconvénient que la jurisprudence a admis l'inaliénabilité des deniers dotaux représentés par l'immeuble, de telle sorte qu'en cas de vente de cet immeuble il y aura lieu à assurer la conservation du prix correspondant au montant de la dot. Les créanciers de la femme, même postérieurs à la séparation de biens, ne pourront, en saisissant cet immeuble non dotal, se payer que sur la partie du prix qui ne représentera pas la dot mobilière de leur débitrice.

Cette doctrine a été contestée par quelques auteurs (1). Ils ont prétendu qu'on ne peut empêcher l'acquéreur, qui se trouve en même temps créancier de la femme depuis la séparation de biens, de compenser son prix avec ce qui lui est dû par la femme ; car, en prêtant son argent à cette dernière, il a fait ce qu'aurait fait le mari, si, conformément au contrat de mariage, il avait restitué la dot en argent au lieu de la fournir en immeubles. Quant au créancier qui n'est pas acquéreur, comment lui refuser le droit de se rembourser, sur le prix de l'immeuble reçu par la femme, de l'argent qu'il lui a prêté postérieurement à la séparation de biens ? La femme ne saurait l'écarter en demandant à être payée de sa dot mobilière ; car elle a été payée (au moins à concurrence) par l'argent que le créancier a versé entre ses mains, et qu'elle a reçu de lui au même titre que si son mari lui avait restitué sa dot en deniers.

Ces objections ne nous paraissent pas concluantes. D'abord les auteurs, qui les soulèvent, sont bien obligés de reconnaître que, si les créanciers de la femme sont antérieurs à la séparation de biens, il ne saurait leur être permis de se prévaloir, au préjudice de leur débitrice, du prix de l'immeuble reçu par elle en paiement de sa

(1) Troplong, IV, nos 3189 à 3193; Marcadé, sur l'art. 1555, n° 4.

dot; car il est impossible de soutenir que le créancier de la femme l'ait payée de sa dot, aux lieu et place du mari, à une époque où la dot ne pouvait pas être restituée.

Si c'est postérieurement à la séparation de biens que le droit des créanciers a pris naissance, le système que nous combattons ne nous semble pas plus juste. Si le mari avait restitué à la femme sa dot mobilière en argent, rien n'aurait été changé à l'inaliénabilité de cette dot. Au contraire, l'argent que le créancier a prêté à la femme n'a rien de dotal; elle a pu en faire tel emploi qu'elle a voulu; rien n'en garantit la conservation dans ses mains. Comment donc l'assimiler à la dot mobilière? D'ailleurs la dette de la femme peut avoir toute autre cause qu'un prêt d'argent, par exemple, elle peut résulter d'un cautionnement; dès lors l'argumentation qu'on nous oppose s'évanouit. Or, comme il ne peut pas dépendre de la femme d'enlever à sa dot mobilière le caractère d'inaliénabilité qui s'y attache, en recevant un immeuble en paiement, il est très-raisonnable et très juridique de décider qu'en cas de vente volontaire ou forcée de cet immeuble, le prix en sera affecté d'abord au remboursement de ces créances dotales, et que le surplus seulement, si surplus il y a, pourra profiter aux créanciers de la femme. Ils conservent du reste leurs droits, pour les faire valoir sur les biens paraphernaux de leur débitrice, si elle en possède.

Si la séparation de biens laisse subsister le principe de l'inaliénabilité, elle détruit au contraire l'imprescriptibilité des immeubles dotaux, ainsi que le dispose formellement l'article 1561-2°, ainsi conçu : « Ils (les immeubles dotaux) deviennent prescriptibles après la séparation de biens, quelle que soit l'époque à laquelle la prescription a commencé. »

Quant aux meubles dotaux, ils sont toujours susceptibles de prescription. Si la dot mobilière est inaliénable, d'après la jurisprudence, c'est en ce sens que la femme dotale ne peut la compromettre par des engagements ou par une renonciation aux garanties destinées à assurer la conservation de cette dot; mais elle est aliénable en ce que le mari ou la femme séparée peuvent en faire tel emploi qu'il leur plaît.

Au contraire, les immeubles dotaux sont frappés d'une inaliénabilité absolue, dont l'imprescriptibilité, édictée par le premier alinéa de l'article 1561 paraît être une conséquence naturelle. Cependant le législateur n'a pas cru que la prescriptibilité des immeubles dotaux fût incompatible avec leur inaliénabilité. Il fait dériver l'imprescriptibilité de l'incapacité qui frappe la femme avant la séparation de biens plutôt que de l'inaliénabilité du fonds dotal. Dès que la femme recouvre par la séparation de biens sa liberté d'action, il enlève à l'immeuble dotal son caractère d'imprescriptibilité, permettant ainsi à la femme de compromettre par sa négligence sa fortune immobilière, dont elle ne peut disposer par ses actes.

Nous ne pouvons nous empêcher de voir là une anomalie difficile à justifier, sinon par ce motif que telle était déjà la législation à Rome et dans notre ancienne France, et que les rédacteurs du Code ont voulu rester fidèles aux traditions.

En droit romain, la loi 30 au Code *De jure dotium* disposait formellement que le fonds dotal était prescriptible à partir du jour où la femme pouvait agir, c'est-à-dire à partir, soit de la dissolution du mariage, soit de la séparation de biens qui rend à la femme le libre exercice de ses droits.

La jurisprudence de nos pays de droit écrit avait appliqué ce principe à la séparation de biens. A dater de cette séparation, la femme était considérée comme investie d'une indépendance d'action suffisante pour que l'imprescriptibilité du fonds dotal pût sans inconvénient être levée à l'égard des tiers. La femme était en quelque sorte mise en demeure d'agir. Cette doctrine était enseignée par Dumoulin (1) et par d'Argentré (2). Elle était admise par tous les Parlements, excepté par ceux de Guyenne et de Normandie.

Au moment de la rédaction du Code civil, l'exception faite à l'imprescriptibilité des immeubles dotaux en cas de séparation de biens fut proposée par le Tribunat, qui se fondait sur les motifs que la femme séparée a la liberté de réclamer ses biens entre les mains des tiers, que le but de la séparation est de lui donner le droit d'en jouir et qu'on ne peut plus la considérer comme retenue par la crainte de son mari. Le Tribunat a donc invoqué, pour faire insérer dans le Code le deuxième paragraphe de l'article 1561, les mêmes considérations que celles sur lesquelles était fondée notre ancienne jurisprudence; et, par suite, il y a présomption que l'intention du législateur moderne a été de maintenir l'esprit de l'ancien droit.

Cependant, quand il s'est agi de déterminer l'étendue de la prescriptibilité qui atteint l'immeuble dotal après la séparation de biens, la jurisprudence et un certain nombre d'auteurs ont proclamé l'existence d'une dérogation aux anciens principes établie par le législateur du Code; en ce sens qu'à leurs yeux les immeubles dotaux ne deviennent prescriptibles après la séparation de biens qu'en ce qui touche la possession de ces immeubles en vertu d'un titre non émané des époux. L'action en nullité de la vente de l'immeuble dotal ne serait alors prescriptible qu'à la dissolution du mariage, selon le droit commun, l'article 1561-2° ne lui étant pas applicable (3).

(1) Sur l'art. 28 du titre des Prescriptions de la coutume du Bourbonnais, et sur l'art. 45 de la coutume d'Auvergne.
(2) Sur l'art. 127 de la coutume de Bretagne.
(3) Cass., 31 mars 1841 (Dall., 1841, 1, 177), 1er mars 1847 Dall.,

Avant d'entrer dans l'examen de cette difficulté des plus graves et dont la solution est très-débattue, voyons certaines hypothèses dans lesquelles il n'y a pas de doute à concevoir.

Il est admis par tout le monde que, dans le cas où la femme séparée a fait une aliénation d'immeuble sans l'autorisation de son mari, la prescription libératoire de l'action en nullité édictée par l'article 1304-2° ne commence à courir que du jour de la dissolution du mariage, ainsi que le dispose formellement cet article. C'est là, en effet, une prescription générale applicable à la femme mariée sous tous les régimes.

Il est encore certain que, malgré l'article 1561-2°, si l'action de la femme était de nature à réfléchir contre le mari, la prescription serait suspendue tant que durerait le mariage. L'article 2280 est venu modifier notablement à cet égard la disposition de l'article 1561.

D'un autre côté, il n'est pas contesté que la prescription acquisitive, dans les termes des articles 2262 et 2265, court à dater de la séparation de biens.

Les dissidences se produisent lorsqu'il s'agit de la prescription libératoire de l'action en nullité d'une aliénation d'un immeuble dotal, consentie par une femme séparée de biens autorisée de son mari, et sans qu'il y ait possibilité de réaction contre celui-ci. Cette action sera-t-elle prescriptible avant la dissolution du mariage, à partir de la séparation de biens? En d'autres termes, la séparation de biens ne fait-elle courir la prescription qu'au profit du tiers qui possède sans titre émané des époux?

La prescription, dont il est question ici comme devant être appliquée à l'action révocatoire, est la prescription

1847, 1, 209), 4 juillet 1849 (Dall., 1849, 1, 330); Caen, 2 juillet 1851 (Sirey, 1851, 2, 428). — Rodière et Pont, iii, n° 1892; Marcadé, sur l'art. 1561, n° 2.

décennale établie par l'article 1304 du Code civil ; car, aux termes du premier paragraphe de cet article, dans tous les cas où l'action en nullité ou en rescision d'une convention n'est pas limitée à un moindre temps par une loi particulière, cette action dure dix ans.

Nous avons déjà dit que, dans l'ancien droit, on regardait la femme séparée de biens comme capable d'interrompre la prescription, et que par conséquent on la soumettait à la déchéance qu'elle avait le pouvoir d'éviter. — La jurisprudence ne croit pas que cette doctrine se soit maintenue sous le Code civil et soutient que l'article 1561-2°, n'est pas applicable au possesseur qui tient son titre d'un des époux, et qui ne pourra invoquer la prescription qu'à dater de la dissolution du mariage selon le droit commun.

Cette doctrine se fonde d'abord sur la disposition de de l'article 1304, qui établit la prescription décennale contre la demande en nullité des actes passés par la femme mariée non autorisée, et qui ne fait courir cette prescription que de la *dissolution du mariage*; cet article, dit-on, n'admet aucune distinction entre les actes consentis par les femmes non séparées de biens ou par celles qui ont obtenu leur séparation.

En second lieu, cette disposition générale de l'article 1304 n'est pas détruite par le droit que l'article 1560 accorde à la femme de faire révoquer, après sa séparation de biens, l'aliénation de son immeuble dotal. Ce droit est une simple faculté qui n'opère pas la déchéance de l'action en nullité, lorsque la femme n'a pas formé sa demande avant la dissolution du mariage ; car la prescription de l'article 1304 a pour unique fondement sa ratification tacite, qui est impossible tant que dure le mariage.

L'article 1561, continuent les partisans de ce système, qui déclare les biens dotaux prescriptibles après la séparation de biens, ne s'applique pas à l'action en nullité ou en rescision prévue par l'article 1304, mais à la prescription venant d'un titre non émané de la femme elle-même ; cela résulte manifestement de ces derniers mots de l'article 1561 : « Quelle que soit l'époque à laquelle la prescription a commencé. »

De plus, l'article 2255 dispose que la prescription ne court pas pendant le mariage à l'égard des aliénations d'un fonds constitué sous le régime dotal, conformément à l'article 1561. Or, cet article est aussi général que le deuxième alinéa de l'article 1304, et il prend également pour point de départ de la prescription la dissolution du mariage. En présence des articles 1560 et 1561 le législateur n'aurait pas omis de faire une exception, s'il eût entendu que la prescription suivrait son cours contre l'action en nullité de la femme dans le cas de séparation de biens.

Enfin le mari peut, contre la volonté de sa femme même séparée de biens, faire annuler la vente de l'immeuble dotal par elle consentie ; et ce droit, conféré par l'article 1560-2°, lui est attribué tout à la fois dans l'intérêt de la femme, dans son propre intérêt et dans celui de leurs enfants. Il ne peut en être dépouillé par une prescription décennale qui s'acquerrait pendant le mariage et reposerait uniquement sur un acte qu'il aurait à peine connu. Or, la prescription, qui ne pourrait être valablement opposée au mari, ne peut l'être davantage à la femme tant que le mariage subsiste.

Malgré l'apparence concluante de cette argumentation, nous ne la croyons pas conforme à la volonté du législateur et nous nous rallions à l'opinion, soutenue par d'éminents auteurs (1), qui fait courir la prescription de

____

(1) Valette, *Revue étrang. et franç.*, 1840, vii, p. 241 ; Toullier xiv, n°ˢ 232, 233 ; Odier, *Contrat de mariage*, n° 1258. — Grenoble, 2 juillet 1842.

l'action en nullité pendant le mariage et à partir de la séparation de biens, au profit d'un tiers qui a acheté un immeuble dotal de la femme autorisée ou de la femme et du mari conjointement.

Nous avons dit déjà que rien n'autorisait, dans les travaux préparatoires du Code civil, à penser que le législateur moderne eût voulu sortir des traditions de l'ancienne jurisprudence ; que, bien au contraire, le Tribunat s'était appuyé, pour demander l'insertion dans la loi du deuxième paragraphe de l'article 1561, sur les mêmes motifs qu'on donnait dans l'ancien droit pour faire courir la prescription de l'action en nullité à partir de la séparation de biens dans tous les cas. Il est donc très-probable que l'esprit des deux législations est le même. Mais il y a plus, et nous avons des textes qui prouvent qu'il en est bien ainsi.

Les termes des articles 1560 et 1561 consacrent formellement les principes. D'après l'article 1560, la femme peut, après sa séparation de biens, exercer l'action en nullité de l'aliénation du fonds dotal ; l'article 1561 ajoute immédiatement, comme pour compléter cet ordre d'idées, que la séparation de biens fait cesser l'imprescriptibilité des immeubles dotaux. Ne faut-il pas conclure de là que, dès le moment de la séparation de biens, la femme, qui a repris le libre exercice de ses droits, est soumise à la prescription de l'action révocatoire ? La conséquence nous paraît absolument inéluctable.

On oppose à cette interprétation la disposition de l'article 1304, qui ne fait courir que depuis la *dissolution du mariage* la prescription de la demande en nullité des actes passés par la femme mariée. Nous répondons d'abord qu'il faut, en général, se défier de ces rapprochements de textes qui n'appartiennent pas aux mêmes sujets ; parce que, n'ayant pas été édictés en même temps, ils ne peuvent avoir la corrélation qu'on leur prête pour les besoins d'un système. De plus, cet article contient une seule règle générale déjà posée dans les anciennes ordonnances de nos rois, à savoir que l'action en nullité ou en rescision dure dix ans, lorsqu'elle n'est pas limitée à un temps moindre par une loi particulière. Voilà toute la portée de l'article, dont le reste n'est relatif qu'à des hypothèses spéciales, dans lesquelles on fixe, pour point de départ de la prescription, le jour où le demandeur a pu agir, par exemple, le jour où la violence a cessé, où le dol ou l'erreur ont été découverts. Si le point de départ de la prescription contre la femme non autorisée a été renvoyé à la dissolution du mariage, c'est pour des considérations qui ne sont nullement applicables au cas d'autorisation. Les rédacteurs du Code qui, en rédigeant l'article 1304, ne pouvaient avoir en vue les changements que la séparation de biens apporterait à la capacité de la femme mariée, ont ensuite reconnu la nécessité de modifier à cet égard les principes généraux de l'article 1304. De là les dispositions des articles 1560 et 1561-2°. Dans les situations ordinaires, l'action en nullité des actes passés par la femme mariée ne se prescrira qu'à partir de la dissolution du mariage ; mais la séparation de biens, qui rend à la femme sa liberté d'action, introduira une exception à ce principe. Les immeubles dotaux, quoique inaliénables, deviendront prescriptibles ; et, par conséquent, la prescription de l'action de la femme mariée en nullité de l'aliénation du fonds dotal commencera à courir.

Comment comprendre, en outre, que le droit accordé à la femme par l'article 1560 de faire révoquer, après sa séparation de biens, l'aliénation de ses immeubles dotaux soit, comme le veut la jurisprudence, une simple faculté n'opérant pas la déchéance de l'action en nullité, lorsque la demande n'a pas été formée avant la dissolution du mariage? La femme pourrait donc exercer son action en nullité à partir de sa séparation de biens, et cette action ne deviendrait prescriptible qu'à la dissolution du mariage, c'est-à-dire peut-être trente ou quarante ans après ! Ce n'est pas admissible, car la liberté d'agir et le droit de prescrire sont corrélatifs, comme l'indique suffisamment la maxime, *contra non valentem agere non currit præscriptio*. Du moment que la séparation de biens investit la femme du droit d'exercer l'action en révocation, les principes obligent à décider que la prescription commence en même temps à courir. Pour qu'il en fût autrement, il faudrait que le législateur ait établi une exception pour la femme mariée ; mais, bien loin de là, l'article 1561, qui n'est que le complément de l'article 1560, fait disparaître tous les doutes en disposant que les immeubles dotaux deviennent prescriptibles à partir de la séparation de biens.

On a prétendu que cet article 1561 ne s'applique pas à l'action en nullité ou en rescision spécifiée dans l'article 1304, mais à la prescription résultant de la possession en vertu d'un titre non émané de la femme elle-même. On croit en trouver la preuve dans les derniers mots de l'article, « quelle que soit l'époque à laquelle la prescription a commencé. » C'est donner à cette disposition de la loi une étrange signification ! Mais où puise-t-on la distinction qu'on essaie d'établir entre les actes émanés de la femme et ceux qui lui seraient étrangers ? Pourquoi la femme séparée de biens pourrait-elle interrompre la prescription dans une hypothèse et non dans une autre ? On ne s'est jeté dans cette distinction, malgré la généralité des termes de l'article 1561, que parce qu'il était impossible d'éviter le deuxième paragraphe de l'article, auquel il fallait bien donner un sens. Mais ce paragraphe ne dit-il pas de la manière la plus absolue que les immeubles dotaux deviennent prescriptibles après la séparation de biens? Et ces mots qu'il ajoute, *quelle que soit l'époque à laquelle la prescription a commencé*, ne démontrent-ils pas eux-mêmes qu'il entend parler de la prescription à tous les points de vue?

Enfin l'article 2255, qui s'applique bien à la prescription de l'action révocatoire, porte que cette prescription ne court point pendant le mariage, *conformément à l'article 1561*. Voilà donc l'article 1561 chargé expressément de régler le point de départ de la prescription de l'action révocatoire de l'aliénation faite par l'un des époux ou par tous deux; car c'est bien là le cas prévu par l'article 2255 comme, avant lui, par l'article 2254. Or, l'article 1561 déclarant les immeubles dotaux prescriptibles après la séparation de biens, l'action révocatoire devient aussi prescriptible à partir de la même époque.

C'est là encore une conséquence nécessaire, et pourtant les partisans du système opposé croient pouvoir s'appuyer eux-mêmes sur l'article 2255, parce qu'il dispose d'une manière générale, comme l'article 1304, que la prescription ne court pas *pendant le mariage*. Ils ne veulent pas voir que cet article bien plus décisif que l'article 1304, parce qu'il a été rédigé à une époque où les effets de la séparation de biens relativement à l'action révocatoire de la femme étaient déterminés, se réfère à la disposition de l'article 1561 qui lui sert de commentaire. Cet argument nous paraît absolument concluant en faveur de notre doctrine.

Nous ne dirons qu'un mot d'une dernière objection qui nous a été faite par les partisans du système de la jurisprudence.

L'action en nullité, a-t-on prétendu, ne se prescrit que du moment où serait valable une ratification expresse de l'aliénation. C'est là une formule beaucoup trop absolue, qui n'est plus vraie lorsque le demandeur en nullité est libre d'exercer son action. Cette objection arriverait, en d'autres termes, à dire que l'action en nullité est imprescriptible, parce que les époux ne pourraient pas l'aliéner. Mais la femme séparée ne perd-elle pas incontestablement par la prescription le droit d'exercer l'action en revendication? Elle ne pourrait cependant pas l'aliéner directement. Or, si l'action en revendication est prescriptible, quoique inaliénable, pourquoi n'en serait-il pas de même de l'action en nullité ou en rescision fondée uniquement sur l'inaliénabilité de la dot? L'objection qu'on nous fait se réduit à dire que ce qui est inaliénable est imprescriptible ; mais, précisément pour le cas de séparation de biens, l'article 1561 fait exception à cette règle, parce que, selon un principe plus général, la prescription court contre celui qui peut agir.

Nous maintenons donc qu'aujourd'hui, comme dans notre ancienne jurisprudence, la prescription libératoire de l'action en nullité court au profit du possesseur d'un immeuble dotal ayant un titre émané soit d'un étranger, soit des époux, à partir de la séparation de biens.

Sous le régime dotal comme sous le régime de communauté, la séparation de biens permet à la femme d'exercer ses actions en reprise ; mais, quant aux gains de survie, elle est obligée, par application de l'article 1452, d'attendre la dissolution du mariage.

SECTION III

**Des effets de la séparation de biens lorsque la femme était
mariée sous le régime sans communauté.**

La séparation de biens ne produit alors aucun effet relativement à l'aliénation des immeubles ; car l'article 1535 du Code civil dispose que les immeubles des femmes mariées sous ce régime ne peuvent être aliénés sans le consentement du mari, et, à son refus, sans l'autorisation de la justice. Or, l'article 1449 reproduit la même règle pour les immeubles des femmes séparées.

La séparation produit-elle du moins quelque effet relativement à l'aliénation du mobilier, appartenant à la femme qui était mariée sans communauté? Avant la séparation, le mari ne pouvait, en principe, aliéner le mobilier de la femme sans son consentement; après la séparation, la femme peut-elle l'aliéner valablement sans le consentement de son mari, pourvu qu'elle agisse pour les besoins de son administration? Nous n'hésitons pas à répondre affirmativement, en appliquant ici par analogie la disposition de l'article 1449. Le régime simplement exclusif de communauté ne frappant en effet la femme d'aucune incapacité analogue à celle où le régime dotal la place à l'égard des biens dotaux, il n'y aurait aucune raison pour établir entre cette femme et la femme commune quelque différence au point de vue de la capacité.

C'est par le même motif et par suite de l'analogie de situation que la séparation de biens augmente les droits de la femme dotale sur ses meubles paraphernaux; en ce qu'elle avait besoin, avant la séparation, de l'autorisation de son mari pour l'aliénation de ces biens, tandis que cette autorisation ne lui est plus nécessaire une fois la séparation prononcée.

CHAPITRE VII

De la cessation de la séparation de biens.

Le mariage une fois célébré, il ne dépend plus de la volonté des époux d'opérer entre eux une séparation de biens ; cette séparation ne peut être que la conséquence d'une décision judiciaire. Mais, la décision judiciaire une fois rendue, il dépend toujours de la volonté des époux d'en détruire les effets et d'en revenir au régime sous lequel a été célébrée leur union. L'article 1451 dispose en effet : « La communauté dissoute par la séparation soit de corps, soit de biens seulement, peut être rétablie du consentement des deux parties. Elle ne peut l'être que par un acte passé devant notaires et avec minute, dont une expédition doit être affichée dans la forme de l'article 1445. En ce cas, la communauté rétablie reprend son effet du jour du mariage ; les choses sont remises au même état que s'il n'y avait point eu de séparation, sans préjudice néanmoins de l'exécution des actes qui, dans cet intervalle, ont pu être faits par la femme en conformité de l'article 1449. Toute convention, par laquelle les époux rétabliraient leur communauté sous des conditions différentes de celles qui la réglaient antérieurement, est nulle. »

Nous avons vu que notre ancien droit admettait, lui aussi, le rétablissement de la communauté sous des conditions analogues. Toutefois, dans l'ancien droit, quand la séparation de biens n'était que la conséquence de la séparation de corps, celle-ci ne pouvait cesser sans que l'autre cessât aussi. On appliquait alors la maxime ordinairement si raisonnable : *Cessante causâ cessat effectus.* Pothier est sur ce point extrêmement explicite (1).

L'article 1451 du Code civil a apporté sur ce point une dérogation à l'ancienne doctrine. La séparation de biens peut cesser, soit lorsqu'elle est le résultat de la séparation de corps, soit lorsqu'elle est prononcée principalement ; mais, dans les deux cas, elle ne peut cesser qu'aux mêmes conditions, c'est-à-dire qu'avec l'accomplissement des formalités prescrites par l'article 1451. Il ne suffit donc pas que la séparation de corps n'existe plus de fait pour que la séparation de biens ait disparu aussi ; l'effet aujourd'hui peut survivre à la cause.

Ce résultat, qui au premier abord paraît étrange, est cependant plus moral que celui qu'on avait admis autrefois. La séparation de corps, en effet, qu'on envisage l'intérêt des époux ou celui des enfants, est un des plus grands malheurs qui puisse affliger une famille, et la séparation de biens, quoiqu'elle ait ses inconvénients, n'est auprès que fâcheuse. Il est donc utile que la loi facilite de tout son pouvoir la réconciliation des conjoints et qu'elle fasse au besoin fléchir les principes pour obtenir ce résultat si désirable. Il ne faut pas, par exemple, qu'un bien acquis par un des époux séparés, ou une succession mobilière qui lui serait échue et dont il ne voudrait à aucun prix se dessaisir, soit un obstacle insurmontable à un rapprochement. Les époux peuvent donc cesser d'être séparés de corps et demeurer séparés de biens.

La communauté dissoute par la séparation, dit la loi, peut être rétablie *du consentement des deux parties.* Aucun autre consentement n'est requis, parce que le

(1) *Traité du Contrat de mariage,* n° 521, et *Comm.,* n° 524.

retour aux conventions du mariage est toujours favorable. La femme mineure, par conséquent, peut, sans le consentement de ses ascendants ou de son conseil de famille, rendre au pouvoir de son mari toute la force que le jugement de séparation lui avait enlevée.

Mais la femme ne peut pas plus aujourd'hui qu'elle ne le pouvait dans l'ancien droit se désister d'une séparation de biens dûment exécutée, si le mari n'y consent ; comme, d'un autre côté, le mari ne pourrait demander la rétractation du jugement de séparation, sous prétexte que les causes qui l'avaient déterminé n'existent plus.

La communauté, continue l'article 1451, ne peut être rétablie que *par un acte passé devant notaires et avec minute*, parce que l'acte qui la rétablit doit avoir autant de fixité que l'acte qui l'a constituée. Un acte sous seing privé, ou un acte notarié passé en brevet ne produirait donc aucun effet. Mais, quoique la loi parle d'un acte dressé *devant notaires* au pluriel, ce qui en supposerait nécessairement deux, il est clair que l'acte peut également être fait, conformément à la règle ordinaire, par un notaire assisté de deux témoins. L'assistance du second notaire ou des témoins n'est pas même indispensable lors de la confection de l'acte, parce que celui-ci ne rentre dans aucune des catégories d'actes pour lesquels la loi du 21 juin 1843 exige cette présence effective.

Il ne suffit pas que le rétablissement de la communauté soit constaté par un acte devant notaire et dont il reste minute, la loi exige encore qu'une expédition de cet acte soit affichée dans la forme de l'article 1445. Nous doutons même qu'un simple extrait de l'acte soit suffisant, puisque la loi parle d'une expédition.

L'article 1451 établissait une corrélation parfaite entre la manière dont la séparation de biens devait être publiée et la publicité à donner à sa cessation. L'article 872 du Code de procédure ayant exigé plus tard une plus grande publicité pour le jugement de séparation, il nous paraît certain que cet article doit s'appliquer à l'acte qui met fin à la séparation. Cependant, comme les nullités ne sauraient être étendues, il serait difficile de considérer comme nul un acte portant rétablissement de la communauté, simplement parce que cet acte n'aurait reçu que la publicité indiquée par l'article 1445 du Code civil. Nous croyons que l'absence des affiches supplémentaires, prescrites par l'article 872 du Code de procédure, pourrait seulement autoriser à valider des actes que des tiers de bonne foi auraient pu faire, dans la pensée que la séparation de biens existait encore (1).

Le défaut de publication peut-il être opposé non-seulement par les tiers, mais encore par l'un des époux à l'autre ? Il est certain que le jugement de séparation de biens, qui n'a pas été publié de la manière prescrite par la loi, est nul non-seulement vis-à-vis des tiers, mais encore dans les rapports respectifs des époux. Mais cela tient à ce que la séparation judiciaire est vue d'un œil peu favorable et semble n'avoir pas été sérieuse quand elle n'a pas été publiée. Le retour au pacte matrimonial étant au contraire très-favorable, le défaut de publicité de l'acte portant rétablissement de la communauté ne nous semble pouvoir être opposé que par les tiers. S'il en était autrement, la femme, qui doit naturellement compter sur son mari pour l'accomplissement des formalités de publication, pourrait souvent être dupe de sa bonne foi, et se trouver à son insu commune ou non commune, suivant qu'il aurait plu au mari de faire ou de retarder la publication.

La communauté rétablie, dit la loi, reprend son effet

(1) Marcadé, sur l'art. 1451, n° 1 ; Troplong, ii, n° 1467 ; Aubry et Rau, iv, p. 347, note 80.

du jour du mariage, et les choses sont remises au même état que s'il n'y avait point eu de séparation. Par conséquent, les acquisitions faites dans l'intervalle par chaque époux tombent dans la communauté; il en est de même des successions mobilières qu'ils ont recueillies, à moins que le contrat de mariage ne déroge en ce point aux règles ordinaires.

Mais une exception est apportée à ce principe par l'article 1451 lui-même, en ces termes : « Sans préjudice de l'exécution des actes qui ont pu être faits dans l'intervalle par la femme en conformité de l'article 1449. » Ce qui veut dire que, par exemple, les baux de neuf ans ou au dessous consentis par la femme doivent être maintenus; que les aliénations de son mobilier et les obligations par elle consenties dans les limites de son administration, et qu'en général tous les actes passés par elle sans qu'elle soit sortie de son droit doivent être respectés.

Il est de même incontestable que la femme, de son côté, ne pourrait faire rétroagir son hypothèque légale sur les immeubles que son mari aurait aliénés, avant que la communauté eût été rétablie et à une époque où toutes ses reprises auraient été payées, car tous les droits acquis méritent d'être maintenus.

Les époux, avons-nous dit, ne peuvent faire cesser la séparation de biens qu'à la condition de se replacer sous la loi de leur contrat de mariage; et l'article 1451 ajoute comme sanction : « Toute convention, par laquelle les époux rétabliraient leur communauté sous des conditions différentes de celles qui la réglaient antérieurement, est nulle. »

Une discussion s'est élevée sur le point de savoir si cette nullité atteint l'acte même portant rétablissement de la communauté, ou seulement la convention illégale qu'il contient, en laissant subsister l'acte lui-même.

Quelques auteurs (1) soutiennent que l'acte entier est nul, et non pas seulement la clause modificative. Ils s'appuient d'abord sur la disposition de l'article 1172, qui dit que, dans les contrats à titre onéreux, toute condition d'une chose impossible ou prohibée est radicalement nulle, et rend nulle la convention qui en dépend ; or, le contrat de mariage et les actes qui ont pour résultat soit de le modifier, soit de le confirmer, sont bien des actes à titre onéreux ; donc l'acte tout entier doit être déclaré nul. En second lieu, on invoque les termes mêmes de l'article 1451, qui exige, comme première condition pour le rétablissement de la communauté, que la volonté des parties soit de réaliser ce rétablissement. Or, dit-on, les parties ne l'ont pas voulu, puisqu'elles ont créé une communauté nouvelle et irréalisable.

Cette manière de voir nous paraît tout à fait inexacte, et nous pensons avec la majorité des auteurs (2) que la convention modificative est seule nulle comme illégale, mais que cette nullité n'atteint pas l'acte lui-même rétablissant la communauté.

Telle était déjà l'opinion de Lebrun et de Pothier dans l'ancien droit, ainsi que cela résulte formellement du passage même de Pothier d'où a été tiré l'article 1451.

« Lebrun, dit-il (3), décide avec raison que ces conventions portées par l'acte de rétablissement de communauté (celles qui dérogent au pacte matrimonial) sont nulles ; les séparations n'ont d'effet qu'autant qu'elles durent ; elles sont détruites et regardées comme non avenues par le seul fait, lorsque les parties ont remis leurs biens en commun ; il ne peut y avoir deux communautés entre des

(1) Delvincourt, iii, p. 46; Troplong, ii, n° 1470.
(2) Duranton, xiv, n° 431; Duvergier sur Toullier, xiii, n° 118; Rodière et Pont, iii, n° 2233; Aubry et Rau, iv, p. 348, texte et note 83.
(3) *Comm.*, n° 529

conjoints par le mariage, l'une qui ait duré jusqu'à la sentence de séparation, et l'autre qui ait commencé lors du rétablissement ; il n'y a entre les conjoints que la seule communauté qui a commencé lors de leur mariage. » La pensée de Pothier est évidemment que les conventions contraires au pacte matrimonial doivent simplement être réputées non écrites, et n'empêchent pas que l'acte qui a rétabli la communauté ne subsiste.

L'intention des rédacteurs du Code a été la même, puisqu'ils ont maintenu les termes dont se servait Pothier. Ils ont supposé, sans doute, que ces conventions accessoires n'étaient pas le motif déterminant du rétablissement de la communauté, qui pouvait dès lors subsister sans elles. Ce qui le prouve, ce sont les expressions mêmes de l'article 1451. En effet, si le législateur avait voulu frapper de nullité l'acte de rétablissement lui-même, il aurait dit *la convention par laquelle*, et non point *toute convention par laquelle*. Cette dernière locution indique que le mot *convention* est pris ici comme synonyme de *clause*.

Enfin l'article 1172, invoqué par les partisans du système opposé, n'est pas applicable ici pour deux raisons : d'abord parce que nous sommes dans une matière toute spéciale ; et ensuite parce qu'il ne s'agit pas de la validité d'un contrat à titre onéreux, comme le serait le contrat de mariage, mais d'un acte d'une nature particulière qui ne fait que rétablir ce contrat déjà préexistant.

A cette doctrine nous admettons un tempérament, lorsque les parties ont exprimé ou indiqué clairement que ces conventions modificatives du pacte matrimonial ont été la cause unique et déterminante du rétablissement de la communauté. Ce rétablissement est nul faute de cause licite. Une convention qui n'a trait qu'aux biens, comme celle dont nous parlons, doit être, conformément aux principes, réputée inexistante, lorsque le motif qui l'a déterminée n'existe pas. La première condition d'ailleurs pour que le rétablissement de la communauté existe, c'est le consentement de deux parties ; et on peut dire avec vérité que, dans l'espèce, ce consentement se trouve vicié par la nullité de la convention à laquelle il était subordonné expressément.

Seulement, quand la clause illégale n'a été insérée qu'en faveur d'une des parties, il nous semble, alors même que le retour au pacte matrimonial y eût été manifestement subordonné, que cette partie peut, en renonçant au bénéfice de cette clause, couvrir le vice de l'acte, et que l'autre partie n'aurait pas qualité pour l'opposer.

Il est bien évident que l'article 1451, quoiqu'il ne parle expressément que du rétablissement de la communauté, est également applicable au rétablissement de tout autre régime, tel que le régime dotal, sous lequel les époux étaient mariés avant la séparation de biens ; il y a en effet identité de motif.

Nous devons dire, avant de terminer, un mot d'une dernière question sur laquelle des doutes pourraient s'élever. Si aucun des époux, rétablissant une communauté dissoute par la séparation de corps ou de biens, n'a des enfants d'un précédent mariage, il est certain que les enfants issus de l'union actuelle ne seraient pas admis à prétendre que l'acte de rétablissement de communauté a été de la part d'un des conjoints une donation indirecte faite à l'autre et qui doit être imputée sur la quotité disponible. Mais, s'il y a des enfants d'un premier lit, l'article 1527 pourrait donner à penser qu'ils ont le droit de contester l'acte de rétablissement de communauté comme contenant une donation indirecte entre époux, et de chercher à faire réduire à une part d'enfant le moins prenant l'avantage que le rétablissement de la communauté aurait procuré à l'autre conjoint sur un conquêt de l'époux remarié.

Ce serait là, suivant nous, une prétention entièrement inadmissible de la part des enfants d'un premier lit dans le cas dont nous nous occupons; car l'acte qui rétablit la communauté ne peut jamais, par lui-même, être considéré comme une libéralité indirecte, puisque cet acte n'a pas d'autre effet que de mettre à néant la séparation judiciaire, et qu'il est en outre considéré très-favorablement par la loi. Par conséquent, le conquêt fait par l'époux remarié depuis la séparation de biens au moyen de ses économies, quoiqu'il puisse procurer un avantage à l'autre conjoint, qui n'a fait aucun acquêt ou qui en a fait de moindres, ce conquêt, disons-nous, tombe dans la communauté rétablie, sans que personne puisse rechercher comme constituant un don indirect la part qui en échoit à l'autre conjoint; car la loi suppose en pareil cas que la communauté a toujours subsisté, et les choses doivent se passer comme si cette fiction correspondait à la réalité.

La séparation de biens une fois effacée conformément à l'article 1451, les époux se trouvent replacés exactement dans la situation où ils étaient lors du mariage. Par conséquent, une nouvelle demande en séparation de biens ne pourra être admise que si elle est fondée sur des causes postérieures au rétablissement du pacte matrimonial.

POSITIONS

DROIT ROMAIN

I. — Les *retentiones* n'étaient pas une application des principes généraux sur la compensation, mais la détermination légale du *quid æquius melius est* contenu dans la formule de l'action *rei uxoriæ* et un vestige de l'ancien principe de la perpétuité de la dot.

II. — Le § 11 du titre 6 des règles d'Ulpien doit être ainsi entendu : une dot sur laquelle une *retentio propter liberos* a eu lieu ne peut pas subir dans le même mariage une nouvelle *retentio propter liberos ;* elle le peut au contraire dans un nouveau mariage.

III. — Il n'y a pas antinomie entre la phrase « *Ceterum hæc res faciet desinere esse fundum dotalem, vel partem ejus.* » (L., 5 princ., *De imp. in res dot. fact.*, xxv, 1) et la première phrase de la loi 56, § 3, *De jure dotium*, xxiii, 3.

IV. — Ulpien, en décidant dans le *principium* de la loi 5, *De imp. in res dot. fact.*, qu'il se produit une diminution matérielle de la dot à la suite des dépenses nécessaires lorsque cette dot consiste en argent, a voulu entendre une dot qui se compose de créances.

V. — Le membre de phrase du § 3 de la loi 56, *De jure dotium :* « *Nisi mulier sponte marito intra annum impensas obtulerit,* » et la phrase qui termine ce paragraphe : « *Et magis est ut ager in causam dotis revertatur, sed interim alienatio fundi inhibeatur,* » sont des interpolations des commissaires de Justinien.

VI. — Dans le droit de Justinien, lorsque les dépenses nécessaires, dont le total dépasse la valeur du fonds dotal, ont été faites par le mari, le fonds cesse d'être dotal du jour où la dernière dépense a été faite ; mais il ne peut être aliéné par le mari dans l'année pendant laquelle la femme a la faculté de restituer au fonds sa dotalité, en désintéressant le mari. (L. 56, § 3, D., *De jure dotium.*)

VII. — Justinien, en supprimant les *retentiones* par la loi unique au Code, V, 13, a conservé cependant la *retentio propter impensas necessarias.* (Institutes, § 37 *in fine*, De action., ɪv, 6).

DROIT FRANÇAIS

CODE CIVIL

I. — L'absence du mari n'autorise pas la femme à demander sa séparation de biens.

II. — L'interdiction judiciaire du mari est une cause de séparation de biens, à moins que la femme ne soit désignée par le conseil de famille pour être tutrice de son mari interdit.

III. — Les créanciers de la femme, autorisés par celle-ci, aux termes de l'article 1446 du Code civil, à poursuivre la séparation de biens, ne sont pas de simples mandataires, mais ont acquis un droit propre et personnel à la poursuite, que la femme ne peut plus entraver en retirant son consentement.

IV. — La faculté accordée par l'article 1446-2° aux créanciers de la femme d'exercer, en cas de faillite ou de déconfiture du mari, les droits de leur débitrice jusqu'à concurrence du montant de leurs créances, cette faculté ne leur permet d'agir que sur la nue propriété des biens de la femme, sans porter atteinte à l'usufruit de la communauté.

V. — Les poursuites dirigées par la femme séparée de biens contre un tiers détenteur des immeubles du mari hypothéqués à la créance de la femme, constituent une exécution du jugement de séparation de biens.

VI. — Les intérêts de la dot sont dus à la femme par le mari du jour de la demande en séparation de biens et non pas du jour du jugement.

VII. — La séparation de biens, résultant comme accessoire d'un jugement qui prononce la séparation de corps, n'a aucun effet rétroactif, soit entre les époux, soit à l'égard des tiers.

VIII. — La nullité de la séparation de biens résultant d'une irrégularité de forme ne peut être couverte par aucune prescription.

IX. — Les créanciers sont admis à invoquer la nullité d'une séparation de biens pour inobservation des formes, alors même qu'ils n'établiraient pas que cette séparation leur cause un préjudice actuel.

X. — Le mari débiteur des intérêts de la dot après la séparation de biens peut les compenser avec la part contributive de la femme dans les dépenses du ménage, alors même que cette part n'aurait pas été déterminée à l'avance.

XI. — La disposition de l'article 1450 n'a pas pour but de rendre le mari responsable de l'emploi que fait la femme du prix de ses immeubles vendus; mais elle se fonde sur ce que le défaut d'emploi du prix de vente fait présumer son appropriation par le mari.

XII. — La femme séparée de biens ne peut, sans autorisation de son mari ou de justice, aliéner son mobilier soit directement, soit par voie d'obligation, si ce n'est pour les besoins de son administration.

XIII. — La femme séparée de biens ne peut opérer

la conversion de valeurs nominatives en valeurs au porteur sans l'autorisation de son mari ou de justice.

XIV. — La femme séparée de biens peut, sans autorisation, acquérir à titre onéreux des meubles et même des immeubles, à moins que cette acquisition ne constitue un acte de spéculation.

XV. — L'inaliénabilité des immeubles dotaux subsiste malgré la séparation de biens obtenue par la femme mariée sous le régime dotal.

XVI. — Les créanciers de la femme antérieurs à la séparation de biens n'ont aucun droit sur les revenus de la dot échus depuis cette séparation. Alors même qu'ils sont postérieurs à la séparation de biens, ils ne peuvent saisir que la portion des revenus dotaux non nécessaire à l'entretien de la famille.

XVII. — Lorsque les immeubles dotaux de la femme ont été illégalement aliénés par le mari, la femme a le choix, après la séparation de biens, entre l'action en nullité et la demande d'une collocation hypothécaire éventuelle, jusqu'à concurrence de la valeur de l'immeuble vendu, dans l'ordre ouvert sur les biens de son mari.

XVIII. — L'immeuble donné par le mari à la femme, après la séparation de biens, en paiement de la dot constituée en argent, n'est pas dotal; mais il ne pourra être saisi par les créanciers de la femme que pour l'excédant de sa valeur sur le montant de la dot mobilière qu'il représente.

XIX. — La prescription de l'action en nullité de l'aliénation d'un immeuble dotal, faite par la femme autorisée ou par le mari et la femme conjointement, commence à courir au profit de l'acquéreur, non pas du jour de la dissolution du mariage, mais à partir de la séparation de biens, par application de l'article 1561-2°.

XX. — Le fait par les époux d'avoir introduit dans l'acte qui rétablit le régime matrimonial antérieur à la séparation de biens une clause modificative de ce régime entraîne, aux termes de l'article 1451, la nullité de cette clause, mais n'atteint pas l'acte lui-même.

HISTOIRE DU DROIT

I. — Pendant les cinq premiers siècles de la fondation de Rome, il n'existait dans la législation ni actions, ni stipulations ayant pour but de permettre à la femme de reprendre sa dot. C'est après le premier cas de divorce que ces stipulations furent introduites.

II. — Dès le commencement du XVIIe siècle, la jurisprudence du Parlement de Paris refusa à la femme séparée de biens même le demi-douaire.

DROIT CRIMINEL

I. — L'action publique est éteinte par la condamnation du prévenu de plusieurs délits à la peine la plus forte.

II. — Celui qui détient des objets perdus avec l'intention de se les approprier commet un vol.

DROIT INTERNATIONAL

I. — Le blocus doit être effectif.

II. — L'étranger légalement divorcé dans son pays peut se remarier en France.

———

Vu par le Président de la Thèse,
BUFNOIR.

Vu par le Doyen,
G. COLMET-DAAGE.

Vu et permis d'imprimer,
Le Vice-Recteur de l'Académie de Paris,

A. MOURIER.

Versailles. — Imprimerie E. AUBERT.

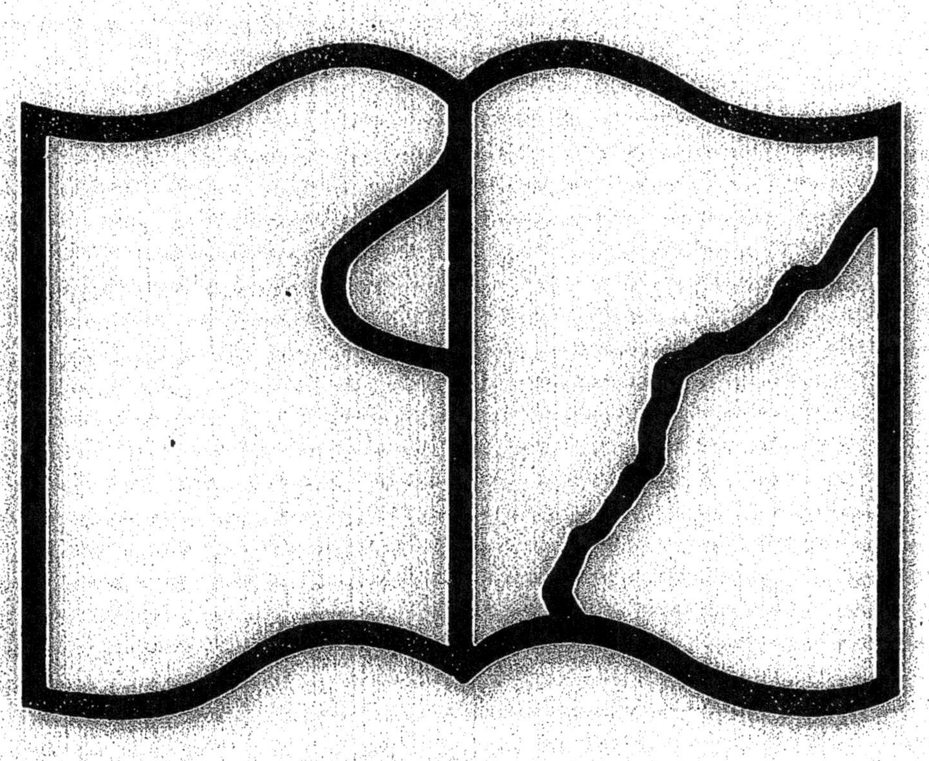

Texte détérioré — reliure défectueuse

NF Z 43-120-11